KOREA
INSIDE OUT

역사편

강휘중 지음

대한민국의
숨겨진 실체를
파헤친다

가랑비

CONTENTS

들어가는 글 ·· 1

일러두기 ··· 7

1부 역사편歷史篇

CHAPTER 1 국가國家 ·· 15

1.1. 국가의 정의定義 ·· 17
  1.1.1. 국가의 요소 ··· 17
  1.1.2. 국가의 기능 ··· 18
  1.1.3. 국가의 형태를 갖추었으나 국가가 아닌 정치결사政治結社 ······· 19
  1.1.4. 대한민국의 기원 ··· 21

1.2. 국가 체제體制의 분류分類 ·· 23
  1.2.1. 군주제君主制 ·· 23
    1.2.1.1. 전제군주제專制君主制 ··· 23
    1.2.1.2. 입헌군주제立憲君主制 ··· 24
  1.2.2. 공화제共和制 ·· 27
    1.2.2.1. 인민공화국人民共和國 ··· 29
    1.2.2.2. 민주공화국民主共和國 ··· 43

CHAPTER 2 대한민국의 탄생 ·· 47

2.1. 한반도에 존재했던 나라들과 그 한계 ··· 49

2.2. 국제정세에 어두웠던 조선과 스스로 노력한 일본 ························ 51

2.3. 일본제국 치하의 한반도 ·· 55

CONTENTS

2.4. 일본제국의 패망과 한반도 해방解放 ·· 58
2.5. 조선민주주의인민공화국의 탄생 ·· 62
2.6. 북한의 후진성 ·· 64
2.7. 새로운 체제의 나라 '대한민국' ·· 66
    2.7.1. 건국준비위원회 ·· 66
    2.7.2. 조선인민공화국(인공) ·· 68
    2.7.3. 한국민주당 창당 ·· 70
    2.7.4. 미군정의 시작과 인공 해체 ·· 72
    2.7.5. 이승만과 임정요인의 귀국 ·· 73
    2.7.6. 대한독립촉성국민회 vs 민주주의민족전선 ························· 76
    2.7.7. 반탁반공反託反共의 나라 세우기 운동 ······························· 77
    2.7.8. 미소공동위원회와 좌우합작左右合作운동 ··························· 80
    2.7.9. 정읍발언井邑發言 ·· 81
    2.7.10. 유엔한국위원단 ··· 83
    2.7.11. 김구와 김일성의 4.30 남북 공동선언 ······························ 86
    2.7.12. 5.10총선거 ··· 90
    2.7.13. 제헌국회와 제헌헌법 ·· 91
    2.7.14. 대통령 선출과 대한민국 건국建國 ··································· 94
2.8. 대한민국 건국의 의의(意義) ·· 97

CHAPTER 3   대한민국은 축복받은 나라 ······································· 101

3.1. 대한민국 건국 방해 사건과 대응 ·· 103
    3.1.1. 조선노동조합전국평의회朝鮮勞動組合全國評議會(이하 전평全評) ·· 104
    3.1.2. 조선공산당 위조지폐僞造紙幣 사건(소위 '정판사' 사건) ············ 106

3.1.3. 박헌영의 극좌폭동 전환(소위 '신전술 투쟁') ················ 112
3.1.4. 9월 총파업폭동 ··· 114
3.1.5. 대구10월 조선공산당 폭동 ···································· 117
3.1.6. 남조선노동당(남로당) 창당 ···································· 123
3.1.7. 제주4.3 남로당 폭동반란 ······································ 125
3.1.8. 여수14연대 남로당 반란(여순반란사건麗順叛亂事件) ······ 142
3.1.9. 국가보안법(國家保安法) 제정 ·································· 148
3.1.10. 6.25 민간인 학살 ·· 151

3.2. 6.25남침전쟁南侵戰爭 ·· 155
3.2.1. 유엔의 도움 ··· 157
3.2.2. 미국의 도움 ··· 159
3.2.2.1. 맥아더 장군 ··· 160
3.2.2.2. 워커 장군 ··· 169
3.2.2.3. 리지웨이 장군 ·· 174
3.2.2.4. 밴플리트 장군 ·· 181

3.3. 대한민국 호국護國의 영웅들 ·· 190
3.3.1. 이승만 대통령 ··· 191
3.3.2. 백선엽 장군과 김백일 장군 ···································· 198

CHAPTER 4 국민으로 산다는 것 ·· 207

4.1. '사람'에 관한 호칭呼稱들과 그 정의定義 ······························ 209
4.2. 대한국민의 탄생 ··· 212
4.3. 헌법에서 정의하는 국민의 권리와 의무 ······························· 214
4.4. 대한국민의 삶을 보장한 두 가지 혁신革新 ··························· 226
4.4.1. 농지개혁農地改革 ·· 227

4.4.2. 교육혁명教育革命 ………………………………………… 229

4.5. 대한국민의 길 ……………………………………………… 234

감사의 글 ……………………………………………………… 237

2부 현실편現實篇

CHAPTER 5   대한민국을 좀먹는 질병과 병자들

5.1. 대한민국을 좀먹는 질병

  5.1.1. 생각하지 않는 병病

  5.1.2. 무조건적無條件的 반일反日 정신병精神病

  5.1.3. 친일파親日派몰이 병

  5.1.4. 주사파(주체사상파主體思想派) 정신병

  5.1.5. 남탓

  5.1.6. 내로남불Naeronambul

  5.1.7. 노예奴隸살이 병

  5.1.8. 민중民衆팔이 병

  5.1.9. 사익추구 멸시와 반기업정서

  5.1.10. 통합(統合)과 연합(聯合)

  5.1.11. 자칭自稱 중도中道병

  5.1.12. 지역주의地域主義와 갈라치기

  5.1.13. 이분법적二分法的 사고思考(All or nothing thinking)

  5.1.14. 거짓말과 약속 지키지 않기

5.2. 대한민국을 좀먹는 병자들

  5.2.1. 정신병자精神病者

5.2.2. 공산주의共産主義 바이러스Virus 감염자
5.2.3. 기생충寄生蟲이 되어버린 자
5.2.4. 암癌의 속성을 가진 자
5.2.5. 좀비Zombie

CHAPTER 6 대한민국 역대 대통령의 이면(裏面)

6.1. 이승만 대통령
6.2. 박정희 대통령
6.3. 전두환 대통령
6.4. 노태우 대통령
6.5. 김영삼 대통령
6.6. 김대중 대통령
6.7. 노무현 대통령

CHAPTER 7 대한국민 vs 반(反)대한국민

7.1. 국가의 상징
   7.1.1. 태극기太極旗
   7.1.2. 애국가愛國歌
7.2. 정신계승精神繼承
   7.2.1. 대한국민의 정신계승
   7.2.2. 반(反)대한국민의 정신계승('폭동', '반란', '투쟁' 및 '항쟁' 정신계승)
      7.2.2.1. '9월 총파업 폭동', '대구10월 조선공산당 폭동' 정신계승
      7.2.2.2. '제주4.3 남로당 폭동반란' 정신계승
      7.2.2.3. '여수14연대 남로당 반란' 정신계승
      7.2.2.4. '광주5.18민중항쟁'(이하 광주5.18) 정신계승

7.2.2.5. '6.10민주항쟁' 정신계승

7.3. 대한민국 내 사상전思想戰과 체제전쟁體制戰爭의 현재

나가는 글

부록

[부록 1] 이승만 대통령 관련 서적
[부록 2] 반국가단체와 이적단체
[부록 3] 북한의 우표로 알아보는 대남공작(對南工作)
[부록 4] 반反대한국민 부부夫婦와 부자父子
  1. 호국부부護國夫婦의 정신
  2. 호국부자護國父子의 정신
  3. 호국형제護國兄弟의 정신
  4. 학도의용군學徒義勇軍 무명용사無名勇士의 정신

[부록 5] 광주5.18 관련 자료
  1. 성명서
  2. 광주5.18의 의문점 2가지
  3. 광주5.18 관련 법률, 서류 및 보훈제도 일부

[부록 6] 소위 '민주화운동'과 민주유공자법 제정 활동

참고도서

경고문

들어가는 글

들어가는 글

'거울'은 실상實像을 비추어주는 역할을 합니다. 평소 세면대나 화장대의 거울 앞에서 우리는 자신의 모습과 마주합니다. 어렸을 때부터 보아왔던 내 모습이 변해있다는 것을 우리는 '알고' 있지만, 종종 '인식認識'하지 못한 채 살아갑니다.

거울을 보니 내 얼굴에 '점'이 보입니다. 이 점을 있는 그대로 볼 수도 있고, '없었으면'하고 바랄 수도 있으며, 자신의 '매력 포인트'라고 생각할 수도 있습니다. 이런저런 생각들은, 생각하는 자유를 가진 자신의 몫입니다. 내가 가진 그 '생각'에 따라서 다른 사람과 마주할 때, 자신의 태도나 행동이 달라질 수 있습니다(여기서 '점'은 자기 모습의 일부 혹은 전부를 '상징象徵'하는 표현입니다).

모든 나라는 그 나라의 '역사歷史'가 있습니다. 그 나라 국민이 자기 나라의 역사를 어떻게 생각하든지 이 역시 그 사람들의 자유입니다. 중요한 것은 자신이 알고 있는 '그 역사'가 사실인지, 거짓인지입니다. 사실을 그릇되게 해석하는 '왜곡歪曲'과 사실이 아닌 것을 사실인 것처럼 꾸미는 '날조捏造'는 거짓이며, 머릿속의 망상妄想인 허구虛構입니다. 이 허구에 근거한 생각과 논의 그리고 그에 따른 감정적 반응 역시 실상이 아닌 허상虛像에 불과하게 됩니다.

오늘날 우리나라 역사교육은 왜곡과 날조로 가득합니다. 이웃나라 중국과 일본의 역사교육에 대해서 왈가왈부曰可曰否할 수 없을 만큼 부끄러울 정도입니다. 반만년의 유구悠久한 역사를 자랑한다고 하지만, 이 땅 위에 처음으로 국가공동체 구성원 한 사람, 한 사람 모두가 주인이 된 '대한민국(大韓民國)'의 역사에 대해서 특히 심합니다. 이러한 허구의 역사로 인해 개인, 가정, 사회와 국가 차원에서의 반복적인 갈등(葛藤)과 에너지 소모(消耗)가 심각한 문제로 대두된 지 오래입니다.

우리는 인생人生을 종종 전쟁戰爭에 비유합니다. 삶이 평탄하지 않다는 표현일 것입니다. 다른 사람과의 다툼과 마찰도 있지만, 내 마음속에서 일어나는 끊임없는 갈등은 인생이 끝날 때까지 지속됩니다. 그래서 크리스천은 매일의 삶을 '영적 전쟁'이라고 부릅니다.

대한민국은 일본제국으로부터 해방된 이후, 만 3년이 경과 한 1948년 8월 15일 건국되었습니다. 대한민국은 건국 과정에서 그리고 한반도의 분단이 지속 중인 지금도 '좌우이념 대립'이 극심한 곳입니다. 이것을 놓친다면(위의 예에서 내 얼굴에 점이 없다고 생각한다면), 역사를 있는 그대로 바라볼 수 없게 됩니다(나 자신의 모습을 바르게 인식하지 못하게 됩니다). 특히 공교육(公教育)이 의도를 가지고 인위적으로 가공(加工)되었기 때문에 지금의 혼란을 마주하게 된 것입니다. 심지어 혼란스러운지도 모르고 잠자고 있는 사람도 많습니다. 이런 상태가 지속된다면, 실상이 아니라 허상에서 살게 되며 결국 후손들에게도 허상을 물려주게 됩니다. 그러한 나라에 미래(未來)는 없습니다. 우리는 필연적으로 역사전쟁의 한복판에 서 있게 되며 진실真實의 편에 설 것인지, 거짓의 편에 설 것인지를 결정해야 합니다. 그 중간은 없습니다.

그런데 역사를 알기 위해서는 '생각'을 해야 합니다. '이성理性'을 사용해야 합니다. 안타깝게도 우리나라는 올바른 '이성 사용하기'보다는 기계적인 '저장'을 유도(誘導)하는 교육이 만연하고, 이로 인해 '질문質問'이라는 것을 하지 못하는 사람을 양성해버렸습니다(이 역시 의도적인 것입니다). 어떠한 사실에 대해서 질문을 하고, 그 질문에 대한 대답을 찾기 위해 노력하고, 그 대답을 가지고 서로 이야기를 나누는 과정에서 이성은 활용되며 길러지게 됩니다. 그 결과 우리나라의 역사를 알게 되면, 그 역사가 부끄러운 일이었든 자랑스러운 일이었든 '감사感謝'하게 됩니다. 지금 나의 '존재存在'가 누군가의 도움으로 이루어진 것임을 알게 되기 때문입니다.

가끔 우스갯소리로도 하는 말이지만, '세상에 공짜는 없다'라는 말이 있습니다. 이 말은 성경 말씀과도 상통相通합니다. 하나님의 모든 자녀는 은혜를 거저 받아 누리지만, 실은 존귀하신 하나님의 아들 예수 그리스도의 피로 값 주고 산 생명입니다. 그래서 우리는 존귀한 존재가 되며, 하나님의 자녀인 모든 인간은 존귀한 존재입니다. 그리고 우리를 자녀 삼아 주신 하나님의 은혜로 모든 일에 감사하게 됩니다. 반면에 '거짓'된 역사를 바탕으로 생각을 하면, 불평(不平)과 불만(不滿)이 생깁니다. 국가와 사회를 부정(否定)하고, 가정은 불화(不和)하며, 자신에 대한 열등감(劣等感)이 쌓여 거칠어지고 폭력적으로 됩니다. '있는 것을 있다'고 하고 '없는 것을 없다'고 하는 것. 이것이 역사를 바라보는 기준基準입니다. 따라서 역사는 '하나'이지, 둘이나 셋이 될 수 없습니다. 참된 역사를 알아야 참된 삶을 살 수 있으며 참된 열매(眞實)를 맺을 수 있습니다.

어떤 어머니가 자식에게 허구한 날 색소와 방부제가 잔뜩 들어있는 정크푸드를 먹이려고 할까요? 자식을 진정으로 사랑하는 어머니는 꼼꼼하게 몸에 좋은 식재료를 구입해서 정성껏 요리한 다음 식탁에 올려놓을 것입니다. 우리는 정크푸드만 먹고 자란 아이와 어머니의 사랑이 가득 담긴 음식을 먹고 자란 아이의 건강 사이에는 헤아릴 수 없는 차이가 있다는 것을 알고 있습니다. 육체뿐만 아니라 정서적 측면에서도 그 차이는 비교할 수 없습니다.

이 책은 그런 어머니의 사랑을 담은 필자(筆者)의 시간과 물질 그리고 육체·정신 활동의 산물입니다. 신뢰할 수 있는 학자들, 언론인들의 강의와 저서를 바탕으로 공부하고 정리해서 독자 여러분께 내어놓습니다. 모든 사료가 하나님 앞에서 진실된 사료이기를 바라지만, 혹 오류誤謬가 있다면 전적으로 저자著者의 책임입니다. 독자 여러분의 조언助言과 충고忠告를 부탁드립니다.

역사(History)는 하나님의(His) 이야기(Story)입니다. 참된 하나님은 한 분이시며, 따라서 그가 주관主管하시는 이 세상의 이야기도 역시 하나일 수밖에 없습니다. 이는 공의公義롭고 정의正義로우신 그분의 속성이기도 합니다. 이러한 하나님께서 유라시아 대륙 동쪽 끄트머리의 조그마한

'대한민국'과 그 땅 위의 사람들을 얼마나 사랑하셔서 이토록 자유를 향유享有할 수 있는 나라로 만들어주셨는지, 인간의 눈으로는 도무지 사산死産될 수밖에 없었던 나라가 어떻게 탄생했는지, 또 지금까지 숱한 고난 속에서도 어떻게 유지되었는지를 알게 된다면, '참 하나님'의 은혜와 사랑에 감사하지 않을 수 없게 됩니다.

반면, 끊임없이 대한민국을 위협하며 기생寄生하는 거짓된 세력들의 민낯과 악한 행실을 통해 각성覺醒과 경계警戒를 촉구합니다. 우리가 밟고 서 있는 이 땅은 해방 이후 지금까지 끊임없이 사상전思想戰과 체제전쟁體制戰爭이 벌어지고 있는 전장戰場이라는 진실을 바라보게 합니다. 우리의 삶은 이 진실을 알기 전과 후로 나뉘게 될 것입니다. 부디 이 책이 독자 여러분께 감사와 감동感動 그리고 악한 세력을 분별分別할 지혜를 더해주는 참된 '거울'이기를 바라며 서문序文에 갈음합니다.

대한민국의 완전한 건국을 바라며

2022년 8월

저자 **강휘중**

일러두기

일러두기

이 책은 대한국민大韓國民으로서 알아야 할 내용內容을 대한민국의 건국建國과정, 6.25남침전쟁에 대처한 호국護國과정과 그 이후 일어난 여러 사건에 대해 비교적 상세하게 서술했습니다. 필자가 약 2년 동안 습득한 지식을 나름대로 해석하고 정리해서 철저하게 '의도(意圖)'를 가지고 집필한 산물입니다. 시중에는 역사(歷史), 정치(政治), 사상(思想) 등 다양한 분야를 다루는 좋은 책들이 있습니다.

이 책이 그런 책들과 차별差別된 점은 대한민국 건국 전후의 역사를 중심으로 벌어진 사상전(思想戰)의 실체를 드러내고, 그것이 끝난 적 없이 지금까지 진행 중이라는 것을 독자 여러분께 전달해드린다는 것입니다. 총칼로 싸우는 물리적 전쟁이 아니라 보이지 않는 정신적 전쟁을 치르고 있는 중임을 알리고, 그러한 전쟁의 한복판에서 대한국민은 어떤 길을 택할 것인가라는 질문을 던집니다.

정답正答은 독자 여러분 각 개인이 이미 가지고 있습니다. 문제를 바르게 인식하면, 그에 대응하는 답이 나오게 됩니다. 하지만 그 과정은 만만치 않습니다. 진실을 안다는 것, 알려고 한다는 것은 굉장한 시간과 물질과 노력을 요구합니다. 그러한 준비와 각오가 된 사람들만이 진실을 마주할 수 있습니다. 그리고 바른 답을 도출할 수 있습니다.

또, 이 책은 우리가 잘못 알고 있었거나, 거의 접해 보지 않았던 혹은 의도적으로 접해 볼 수 없게 만들었던 내용을 포함하고 있습니다. 그러한 내용도 '사실史實'에 바탕하여 실었습니다. 이를테면 '불편한 진실'이라고 할 수 있습니다. 독자 여러분은 '정말 그럴까?', '못 믿겠어.'라는 반응을 나타낼 수도 있습니다. 부탁드리는 바는 반응에 앞서 '내가 알고 있는 것이 사실事實이었을까?'라는 물음을 가지고 진실 추구를 멈추지 마시라는 것입니다.

이 책은 대한민국의 모든 역사를 모두 담지는 못하지만, 대개의 흐름을 포괄했고 특정 사건에 대해서는 상당히 구체적으로 서술했습니다. 독자들이 읽으면서 '왜?', '어떻게?'라는 인과因果관계, 당시 배경 상황 및 관계 등에 대한 질문을 품으면서 접근하시기를 바랍니다. 예컨대 "미군은 왜 49년 6월에 철수했을까?", "북한과 남한 내 좌익 세력들이 그렇게 철퇴하라고 할 때는 안 하다가 왜 했지?"라는 식으로 생각해보고 질문하며 그 답을 스스로 찾아보시기 바랍니다.

특히, 안타깝게도 올바르지 못한 교육 환경에 놓인 초, 중, 고 혹은 그런 교육을 받았을 청장년 분들에게도 미리 조언을 드립니다. 이 책에서 사용하는 어휘語彙나 용어用語가 생소할 수도 있습니다. 그렇다면 스스로 그 정의(定義)와 개념(槪念)을 이해하려고 노력하십시오. 세상은 여러 가지 메시지를 던집니다. 그 메시지는 받아들일 준비가 된 자들에게만 유효有效합니다. 흥미도 없고,

관심도 없고, 어려워서 손도 대기 싫은 것은 그냥 스쳐 지나가게 됩니다. 그런데 그중에는 진정으로 내 삶을 변화시켜줄 '진실'이 담겨 있을 수 있습니다.

어린이에게 사탕과 다이아몬드 중에 갖고 싶은 것을 선택하라고 하니, 달콤한 사탕을 선택했다는 이야기가 있습니다. 이처럼 사람이란 어린이처럼 경험과 지식이 부족하면 '달콤한' 것을 선택하고, 경험이라는 한계 내에서 판단하는 어리석은 존재라는 것입니다. 사람의 이러한 속성을 이용해서 '감성感性'을 자극하는 온갖 것들이 오늘날 우리 사회와 문화에 만연해 있습니다. 「들어가는 글」에서 언급한 것처럼 그 대부분은 정크푸드와 같으며 이내 사라지고 말 것들입니다. '진실'을 담고 있는 내용은 알차기 때문에 무겁습니다. 시간과 노력을 들여서라도 '스스로' 그 길을 선택하고 찾아갈 수 있기를 바랍니다. 단어도 찾아보고, 스마트폰을 스마트하게 활용해서 개념을 바로 세워 보시길 기원합니다. 필자의 손닿는 거리의 책장에는 30여년 전부터 사용하던 '옥편(玉篇)'이 놓여있습니다. 지금도 모르는 한자(漢字)를 찾아보는데 활용하기도 합니다. 이런 습관을 기를 수 있도록 어린 시절, 직접 찾아보라며 옥편을 건네주신 부모님께 감사할 따름입니다.

- 이 책은 대한민국의 주인인 국민의 관점에서 서술했습니다. 즉, 대한민국 건국 후 그 체제로 인하여 조선민주주의인민공화국에서는 누릴 수 없는 수많은 혜택 속에서 자란 대한국민의 시각으로 서술했습니다. 간혹, 서술 내용에 있어 불쾌한 느낌이 든다면 '그동안 내가 좌익사관에 젖어있었구나!'라고 인지하시고 계속해서 읽어 가시기 바랍니다. 역사적 사실에 대한 다양한 관점이 있으나, 우리나라 국민은 대부분 영화, 드라마, 소설을 도구로 삼아 역사지식을 습득한다고 합니다. 이 매체들이 정치적 의도를 바탕으로 만들었다면, 이를 접한 사람들은 그 의도에 맞게 역사관점이 형성됩니다. 역사적 '사실'을 아는 것이 우선이며, 사실에 바탕을 둔 지식을 꿰어 역사관점을 형성하는 것이 자연스러운 과정입니다. 인간은 역사 전체를 알기 어렵고 부분을 알게 되는 한계성을 가집니다. 그래서 각자가 알고 있는 사실을 바탕으로 역사의 인과 관계에 대한 질문과 토론이 필요합니다. 권말卷末의 「참고도서」를 통해 도움을 받으시기 바랍니다.
- 이 책에서는 한자를 병기(倂記)합니다. 다분히 필자의 의도를 반영한 서술 방식입니다. 우리나라는 한자문화권漢字文化圈이기 때문에 한자를 잘 알아야 의미를 올바르게 파악하고 의사소통을 명확히 할 수 있습니다. 그러나 의도적 또는 부주의한 한자교육 폐지로 인하여 이해력과 소통력이 현저히 떨어지게 되었습니다. 적어도 이 책을 접하신 분들은 '항일抗日, 해방解放, 광복光復, 독립獨立, 건국建國'의 개념을 명확하게 이해하고 설명할 수 있게 되시기를 바랍니다.
  • 괄호()를 사용해서 표기한 한자는 독자 여러분이 그 정의를 분명히 알 필요가 있다고 필자가 생각한 단어입니다.
  • 괄호를 사용하지 않고 표기한 한자는 과거 신문에서 일상 용어를 한자로 표기한 것처럼 독자들이 한자에 익숙해지길 바라는 마음으로 필자가 자의적으로 표기한 단어입니다.

- 각 장(章)과 절(節)에 걸쳐 반복되는 서술이 있습니다. 내용의 전개(展開)와 이해(理解)를 돕기 위한 서술이지, 중요도가 높아 반복적으로 서술한 것이 아님을 밝힙니다.
- 개별 사건에 대해서도 당시 상황과 배경을 설명하는데 힘을 기울였습니다. 그리고 그 사건이 현재 어떤 식으로 기억되고, 기념되고 있는지에 대한 측면에 더 주목해주시기를 바라며 서술했습니다. 인간은 과거가 아닌 현재를 살아가는 존재입니다. 과거에 어떤 씨앗이 뿌려져 현재 어떤 열매를 맺고 있는지를 본다면 그 사건의 본질을 명확하게 알 수 있습니다.
- 이 책에는 '~을 찾아보시기를 부탁드립니다.'라는 문구가 등장하며 각주(脚註)를 달아두었습니다. 꼭 한번 찾아보시기 바라며, 이 책을 제대로 이해하고 활용하는데 큰 도움이 될 것입니다. 무엇보다 이를 통해 스스로 질문하고 답하는 습관이 길러지기를 바랍니다.
- 이 책에 등장하는 '좌익左翼 공산주의자共産主義者들과 종북從北 주사파主思派들'이라는 용어는 현재 대한민국에 살고 있으면서(대한민국 국적자이거나 남파된 간첩), 대한민국에 불평과 불만을 품고 있거나 체제 변혁 또는 체제 전복을 획책(劃策)하여 사회주의 내지는 북한 체제 및 북한이 요구하는 체제로 끌고 가려는 친親공산주의, 종중從中, 친북親北, 종북 성향의 인물 및 단체를 지칭합니다. 이들은 거짓된 신념이나 사리사욕(私利私慾)을 위해 나라를 팔아먹는 자들에 불과합니다. 해방공간에서 소련을 등에 업고 신탁통치 찬성(찬탁贊託)으로 돌아선 자들, 현재 중공을 등에 업고 국민의 이익을 팔아넘기는 자들과 김정은의 뜻대로 대한민국 체제를 붕괴시키려는 자들은 매국노(賣國奴)인 것입니다. 독자는 자신이 어디에 속해 있는지, 혹 주변에 그런 사람은 없는지 생각해보며 읽으시기를 부탁드립니다.

끝으로, 필자는 저술과정에서 지인들로부터 '좀 쉽게 써달라'는 이야기를 많이 들었습니다. 그렇게 집필하면 쉽게 전달할 수 있다는 장점은 있지만, '진실'을 드러내기는 어렵습니다. 바깥으로 드러난 사실로서의 역사를 아는 것도 중요하지만, 이면(裏面)에 감춰진 사실事實을 아는 것도 중요합니다. '왜 그런 일이 일어났고, 왜 그런 선택을 할 수밖에 없었는지'에 대한 물음과 답이 없이는 복잡한 역사가 단편적으로 해석(解釋)되기 쉽습니다. 역사 속에는 정치적으로 이용(특히 악용惡用)될 이슈가 가득하며, 역사를 단편적으로 가르치고 학습했기에 오늘날 대한민국과 국민은 그 대가代價를 치르고 있는 것입니다.

필자는 '독자의 수준에 (필자가) 맞춰'라는 말보다는 '대한민국 역사와 대한국민의 수준에 (독자가) 맞춰'야 한다고 생각하고 저술했습니다. 독서는 단순 지식 주입의 수동(受動)적인 과정이 아닙니다. '생각과 질문'을 바탕으로 저자와 혹은 서술된 사실과 대화하는 능동(能動)적인 과정입니다. 독서는 독자 자신의 지식 확장은 물론이고 사고체계를 정련(精鍊)할 수 있는 고귀한 시간을 향유(享有)하는 과정입니다. 그 시간을 잘 활용하시기를 바랍니다. 그리하여 진실을 추구하는 독자 여러분의 의지와 노력으로 자랑스런 대한국민이 이 땅에 가득할 날을 바라봅니다.

1부
역사편歷史篇

진실한 입술은 영원히 보존되거니와
거짓 혀는 잠시 동안만 있을 뿐이니라
(잠언 12장 19절)

CHAPTER 1

국가國家

제1장 국가國家

1.1. 국가의 정의定義

나라 / 國家 / State, Nation, Country
(이하 본서本書에서는 '국가'와 '나라'를 혼용混用합니다. 참고로 우리가 일상에서도 흔히 사용하는 '국가'라는 용어는 '나라'의 법적法的인 호칭呼稱이기도 합니다.)

지구상에는 200여 개의 국가가 있다고 알려져 있습니다. 우리가 살고 있는 대한민국大韓民國도 이러한 여러 나라 중의 하나입니다. 지도나 지구본 상에 그어진 국경선을 통해서 우리는 각 나라의 위치位置와 영토領土를 확인할 수 있습니다. 이처럼 눈에 보이는 부분을 통해 국가의 영토를 인식할 수 있지만, '보이지 않는 부분'도 알아야 국가를 정의定義할 수 있습니다. 『표준국어대사전』에서는 국가를 아래와 같이 정의하고 있습니다.

「일정한 영토와 거기에 사는 사람들로 구성되고, 주권(主權)에 의한 하나의 통치 조직을 가지고 있는 사회 집단. 국민國民·영토·주권의 삼요소要素를 필요로 한다.」

1.1.1. 국가의 요소

몬테비데오 협약(Montevideo Convention)은 아메리카 대륙에서 특정한 나라가 '독립 국가'라고 주장할 때 이것을 어떻게 받아들여야 하는지, 국제법상 어떤 경우 국가가 성립되었다고 봐야 하는지 등을 의논해서 발표한 선언문입니다. 1933년 12월 26일 미국을 포함한 20개국이 참가한 제7회 미주 국가회의(우루과이의 수도 몬테비데오)에서 채택, 다음 해 1934년 12월 26일 발효되었습니다. 정식 명칭은 국가의 권리와 의무에 관한 협약(Convention on Rights and Duties of States)이고 16개 조항으로 구성되어 있습니다. 그 1조에서 다음의 조건(qualifications)을 갖추는 것을 국가로 명시하고 있습니다.

① 영속적 인구(Permanent population) - 상시 거주하는 인구 집단
② 분명한 영토(Defined territory) - 인구 집단이 거주할 수 있는 땅
③ 정부(Government) - 영토에 거주하는 인구를 실효 통치하는 기구
④ 외교능력(Ability for diplomatic acts) - 다른 국가와 관계를 맺을 수 있는 실질적인 능력

③④의 조건은 영토 내 인구 집단에 대한 실효성(법률을 제정하고 집행 가능) 있는 지배력과 다른 국가에 대해서 독립적인 교섭력의 보유를 요구합니다. 곧 제약받지 않는 주권이라고 할 수 있습니다. 정치

학이나 법학에서는 어떤 정치결사가 국가로 되기 위해 갖추어야 할 필수적인 요소 또는 국제사회에서 국가로 대우받기 위해 갖추어야 할 조건을 설명함에 있어서 몬테비데오 협약 제1조를 준거로 합니다.

1.1.2. 국가의 기능

앞 절의 정의에서처럼 국가는 특정 영토를 배타적으로 지배하면서, 영토에 거주하는 주민들에게 특정한 공적 질서를 강제하는 포괄적인 정치결사(結社)입니다. 국가라는 조직이 수행하는 주요 기능은 다음과 같습니다.

① 외부의 물리적 및 문화적 침략으로부터 영토와 국민을 보호하는 것
② 영토 내부의 질서 유지
③ 영토에 거주하는 주민들 사이의 갈등 규제
④ 영토 내에서의 정보 전파 및 규제
⑤ 외국과의 자주적 관계 형성

국가가 지니는 위와 같은 기능은 국가에 속해 있는 국민에게 필연적으로 영향력을 행사하게 됩니다. 이것은 '가정家庭'을 예로 들어 쉽게 이해할 수 있습니다. 모든 사람은 부모父母로부터 태어납니다. 그리고 대개 부모의 영향을 받으며 자라갑니다. 부모의 성향을 닮기도 하고 부모에게 저항 때로는 반항하기도 하면서 성격이 형성됩니다. 어떤 측면에서 자녀는 부모의 거울이라고 볼 수도 있습니다. 건강한 가정에서는 건강한 사람이, 건강하지 못한 가정에서는 건강하지 못한 사람이 길러집니다.

가정은 하나의 체계(體系, system)이므로 나름의 규칙을 가지고 있으며 주변 환경들의 관계 속에서 영향을 주고받게 됩니다. 정상적으로 작동하는 가정은 구성원이 협력하고 자신의 생각과 느낌을 표현하는 것이 자연스러우며 서로 이해할 수 있습니다. 구성원이 서로 성장에 도움을 주고, 각자의 역할에 충실하며 책임감을 갖고 살아갑니다. 딱딱한 표현을 빌리면 자주적, 독립적이며 서로 신뢰할 수 있는 존재가 되는 것입니다. 구성원들의 인격적 성장과 성숙이 잘 이루어지고 각자의 욕구가 적절하게 충족되는 정상적인 가정입니다. 이러한 가정을 건강한 가정 또는 순기능(順機能) 가정이라고 합니다. 순기능 가정에도 위기와 갈등이 없는 것은 아니지만 잘 대처해 나가는 능력이 있습니다. 시간이 지났을 때 오히려 그 문제를 통해 서로의 유대(紐帶)가 튼튼해졌으며 성장했다는 것을 알게 됩니다.

반대로 건강하지 않은 가정은 역기능(逆機能) 가정이라고 합니다. 이러한 가정에서는 문제가 끊이지 않고, '문제아(問題兒)'를 양성하게 됩니다. 구성원 서로가 도움을 주고받지 못하며, 각자의 길을 가는 심각한 예도 있습니다. 대개 부모가 자녀를 양육할 수 없는 정서적, 사회적, 물질적 문제를 가지고 있을 때 자녀에게 오롯이 전가되며 사회에서는 '문제아'로까지 낙인찍힐 수도 있습니다. 부모가 알코올·도박·물질·일·성(性) 등 무언가에 중독(中毒)되었거나 우울증 등 정신질환이 있으며, 극단적으로 부정적·비판적·비관적이고 쉽게 좌절하는 등의 경우 역기능 가정이 되기 쉽습니다.

국가에도 순기능 국가와 역기능 국가가 존재합니다. 위에서 언급한 5가지 기능이 온전히 수행되는 순기능 국가에서는 국민이 안정(安定) 속에서 행복을 추구하며 살아갈 수 있습니다. 반대로 이러한 기능이 작동되지 못하거나 일부러 작동시키지 않는 국가에서는 국민이 그 피해를 감내하게 됩니다. 따라서 국가가 어떠한 체계로 만들어졌는지, 과연 그 체계를 유지할 의지와 능력을 바탕으로 운영되고 있는지가 국민 생활에 직결된다는 것을 이해할 수 있습니다.

1.1.3. 국가의 형태를 갖추었으나 국가가 아닌 정치결사政治結社

특정 영토 내 인구 집단에 대한 자치는 가능하지만, 외교능력이 없는 '정치결사'로는 자치령自治領, 자치구自治区, 특별행정구特別行政區 등이 있습니다. 덴마크의 자치령인 그린란드, 중화인민공화국(중공)의 네이멍구자치구, 신장위구르자치구 등 5개의 소수민족 자치구가 있습니다. 또 중공의 일국양제一國兩制 개념에 따라 성립된 2개의 특별행정구인 마카오와 홍콩이 있습니다. 이들 조직은 외교권이 없으므로 국가라고 불릴 수 없습니다. 참고로 중공은 계속해서 대만台湾(중화민국)의 본도本島와 그에 부속된 섬에 대한 영유권을 주장하며 자국의 1개 성省으로 칭하고 있으나, 실질적 관할권이 미치지 않고 있습니다. 반면, 대만 정부와 대만 사람들은 스스로를 중화민국中華民國으로 칭하며 '연합국의 일원으로 완전 독립된 자주적 민주국가'임을 주장하고 있는 것이 현실입니다. 또 유럽연합(EU)은 독자 화폐, 국경통제, 시민권과 외교에 있어서 마치 하나의 국가처럼 운영되고 있지만, 회원국들의 각 정부보다 그 권한이 제한적이기 때문에 국가라고 볼 수 없습니다.

이외에도 국민, 영토, 주권의 세 가지 요소를 갖추고 있지만, 특정 요인으로 인해 국가로 인정받지 못하는 경우가 있습니다. 법적으로 대한민국은 조선민주주의인민공화국을, 조선민주주의인민공화국은 대한민국을 '국가'로 인정하지 않는 것이 그 예라고 할 수 있습니다. 하나의 중국을 외치는 중공과 대만이 서로를 국가로 인정하지 않는 것도 그러합니다. 국제사회에서도 중공의 영향력이 강화되면서는 대만을 국가로 인정하지 않아, 대한민국과 중공이 수교(修交)할 때(1992년) 다음과 같은 선언을 했습니다.

「대한민국 정부는 중화인민공화국 정부를 중국의 유일한 합법 정부로 승인하며, 오직 하나의 중국만이 있고 대만은 중국의 일부분이라는 중국의 입장을 존중한다.」

대한민국은 중공과 수교하면서 대만과는 단교(斷交)를 한 것입니다. 대만은 대한민국과 중공이 이런 조항이 담긴 '한중 외교관계 수립에 관한 공동성명'에 서명하기 하루 전인 1992년 8월 23일 앞서서 단교를 선언했습니다. 한국 정부가 대만 측에 단교 계획을 통보한 지 이틀 만의 일이었습니다.

대만은 '중화민국'으로서 유엔의 창립국 중 하나이자, 안전보장이사회 상임이사국 중 하나였습니다. 그러나 1971년 10월 25일 알바니아가 제출한 중화민국의 유엔 축출이 명시된 유엔 총회 결의 제2758호가 찬성 76, 반대 35, 기권 17로 가결[1]되었습니다. 이에 대만은 자진 탈퇴를 선택했고, 이후

---

1) 「유엔의 風浪, 3極體制」, 1971년 10월 27일 경향신문.

이 선택은 대만의 외교에 있어 악영향을 미치게 됩니다. 대만은 '중화권의 대표국가'로서의 지위를 중공이 가져가는 것을 허용할 수 없었고, 유엔에 남아서 차이니즈 타이완(Chinese Taiwan)이나 타이완 리퍼블릭(Taiwan Republic)이라는 이름으로 불리는 것도 용납할 수 없었습니다. 이후 1979년에는 미국, 1992년에는 우리나라와 단교함으로써 대만의 대외 관계는 위축되었습니다. 현재 대만과 공식 외교관계를 맺은 국가는 15개국에 불과하며 '대사관'이 아닌 '무역 대표처'라는 이름으로 소통하고 있다고 합니다. (다음 기사[2]를 통해 나라가 존재하지만, 다른 나라로부터 '국가'로 인정받지 못하는 설움을 확인하시기 바랍니다. 대한민국에도 적용해본다면 현재 우리가 누리고 있는 혜택이 거저 주어진 것이 아님을 알 수 있습니다.)

이러한 역사를 보면 대만의 외교적 위상이 국제정세에 따라 변화될 수밖에 없는 모습이 안타깝습니다. 최근에는 미중패권(美中霸權)전쟁으로 다시 미국과의 관계가 회복되는 기류가 보입니다. 또 대만이 탈퇴 50년 만에 유엔 재가입을 시도하고 있다는데 중공의 강력한 반발에 세계 각국은 어떻게 대응할지 지켜봐야겠습니다.

우리나라는 노태우 정부 시절인 1991년 제46차 유엔 총회에서 159개 전 회원국의 만장일치로 북한과 함께 각각 독립된 국가의 자격으로 유엔 회원국이 되었습니다. 1948년 유엔총회에서 한반도 유일의 합법 정부로 승인받은 대한민국과 그렇지 않은 조선민주주의인민공화국이 유엔에 동시 가입했다는 사실은 남북관계와 국제관계 속에서 한반도의 복잡미묘한 상황을 보여줍니다.

끝으로 1932년에 세워져 제2차 세계대전의 종료와 함께 멸망한 만주국滿洲國의 예가 있습니다. 이 나라는 일본제국 관동군(關東軍)과 관리들의 실효 아래에 놓인 괴뢰국傀儡國이었습니다. 한반도의 5배가 되는 광활한 영토의 나라였지만 국제사회로부터 정식 국가로 인정을 받지 못했습니다. 겉보기에는 황제가 다스리는 국가로 보였지만 실제로는 일본제국의 식민지 상태였던 것입니다. 같은 시기 한반도 역시 일본제국의 식민지였습니다[3]. 1910년 한일병합으로 대한제국은 일본제국의 식민지가 되었습니다.

병합조약의 1조는 다음과 같습니다.

「한국 황제 폐하는 한국 전부全部에 관한 일체 통치권統治權을 완전完全하고도 영구永久히 일본 황제 폐하에게 양여讓與한다.」

그런데 대한제국은 1905년 을사조약(乙巳條約)에 따라 이미 외교권을 상실한 상태였습니다. 이 조

---

2) 「〈한중수교20년〉 ⑦한-대만 단교 20년」, 2012년 8월 19일 연합뉴스.
 -1992년 8월 24일 한중수교로 인하여 철수하는 대만대사관. 대만국기인 청천백일기(靑天白日旗) 하강식에서 대만대사관 직원들과 하강식에 참석한 주한駐韓 대만인들의 모습.
3) 본서에서는 편의상 '식민지'라는 표현을 쓰지만, 실제로 그리고 국제정치학 상 두 나라가 하나로 합쳐진 '병합(倂合, annexation)' 상태였습니다.

약의 2조는 다음과 같습니다.

「일본국 정부는 한국과 타국 사이에 현존하는 조약의 실행을 완전히 하는 책임을 지며 한국 정부는 이후부터 일본국 정부의 중개를 거치지 않고 국제적 성질을 가진 어떠한 조약이나 약속을 하지 않을 것을 기약한다.」

이외의 조항에도 대한제국의 독자적 외교권을 인정하지 않는 조항이 들어있습니다. 이처럼 외교능력을 상실함으로써 이 조약 체결 이후 대한제국은 온전한 '독립국獨立國' 기능을 상실한 상태였던 것이 사실입니다. 오늘날 대한민국이 국제사회의 일원으로 누리고 있는 지위와 혜택이 어떠한 것인지 그리고 이 모든 것은 거저 주어진 것이 아님을 알아가는 것이 이 책의 목적 중 하나입니다.

1.1.4. 대한민국의 기원

대한민국이 무엇에 기원을 두고 있는지 잘 나타내고 있는 것이 제헌헌법의 전문(前文)입니다. 이 한 문장文章 속에서는 대한민국이 무엇에 기반을 두고 태어났고, 어떠한 정신으로 건립되었는지, 무엇을 목표로 하는지를 일목요연(一目瞭然)하게 정리하고 있습니다. 이를 통해서 바로 대한국민(大韓國民)의 정체성正體性을 확인할 수 있습니다.

「유구한 역사와 전통에 빛나는 우리들 대한국민은 기미삼일운동으로 대한민국을 건립하여 세계에 선포한 위대한 독립정신을 계승하여 이제 민주독립국가를 재건함에 있어서 정의인도와 동포애로써 민족의 단결을 공고히 하며 모든 사회적 폐습을 타파하고 민주주의제도를 수립하여 정치, 경제, 사회, 문화의 모든 영역에 있어서 각인의 기회를 균등히 하고 능력을 최고도로 발휘케 하며 각인의 책임과 의무를 완수케하여 안으로는 국민생활의 균등한 향상을 기하고 밖으로는 항구적인 국제평화의 유지에 노력하여 우리들과 우리들의 자손의 안전과 자유와 행복을 영원히 확보할 것을 결의하고 우리들의 정당 또 자유로히 선거된 대표로써 구성된 국회에서 단기 4281년 7월 12일 이 헌법을 제정한다.

단기 4281년 7월 12일 대한민국 국회의장 이승만」

대한민국은 국민주권, 개인의 능력개발, 국민생활 균등향상, 세계평화와 인류의 공동번영 등을 목표로 한다는 내용을 싣고 있습니다. 특히 대한민국임시정부가 '건립'될 수 있었던 원동력인 1919년 3·1운동의 '독립정신'을 계승한 것이 대한민국이라고 하는데, 이것이 어떤 의미인지 이해할 필요가 있습니다. 3·1운동 당시의 '독립선언서'는 일본제국의 식민치하를 벗어나, 새로운 국가를 건립하려는 의지를 거족적(擧族的)으로 천명한 것이었습니다. 민족대표 33인의 공동명의로 발표된 이 선언서는 독립선언의 취지 및 배경, 일제로 인한 한민족의 고통, 새 시대에 있어 독립의 정당성과 결의, 우리의 태도 등을 담고 있습니다.

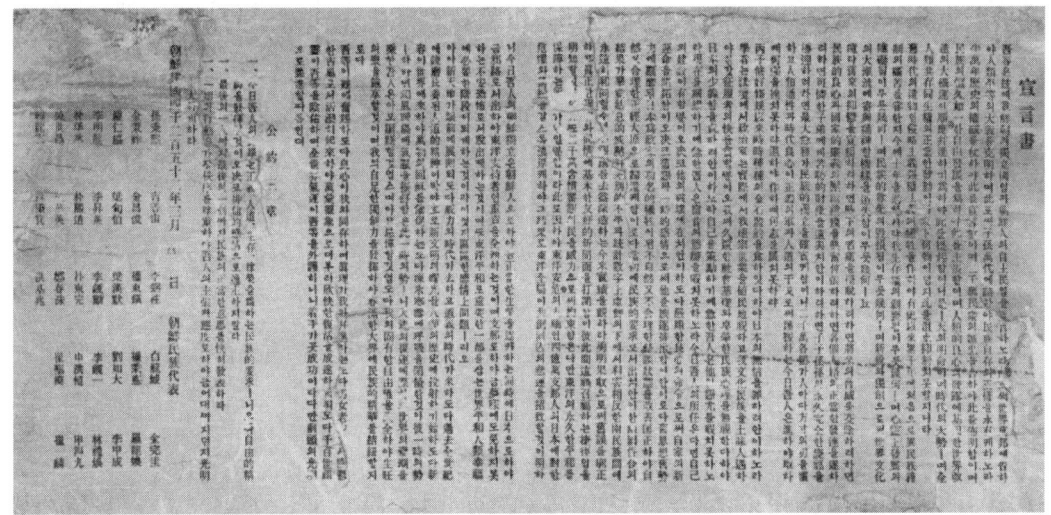
1919년 3·1운동 독립선언서

선언서의 앞 두 문장을 인용해봅니다.

「吾等은玆에我朝鮮의獨立國임과朝鮮人의自主民임을宣言하노라此로써世界萬邦에告하야人類平等의 大義를克明하며此로써子孫萬代에誥하야民族自存의正權을永有케하노라」
'우리는 이에 우리 조선이 독립한 나라임과 조선 사람이 자주적인 민족임을 선언한다. 이로써 세계 만국에 알리어 인류 평등의 대의를 분명히 밝히며, 이로써 자손만대에 깨우쳐 일러 민족의 독자적 생존의 정당한 권리를 영원히 누려 가지게 하는 바이다.'

당시 민족자결주의 흐름을 타고 민족을 대표하여, 조선 사람 스스로가 주인 된 나라, 곧 독립적인 나라임을 선포한 것입니다. 그리고 독립선언의 열매라 할 수 있는 독립국 건립 추진을 위해 한반도 내외 각지에서 독립운동을 전개하던 독립운동가들이 임시정부를 구성하기에 이릅니다. 그해 3월 17일 노령(블라디보스토크)에서 대한국민의회정부, 4월 11일 상해에서 대한민국임시정부, 4월 23일 한성(서울)에서 한성임시정부 등 실체를 가진 3개의 임시정부와 조선민국임시정부·신한민국임시정부·대한민간정부·고려임시정부·임시대한공화정부 등 실체가 없는 5개의 임시정부를 포함하여 8개의 임시정부가 출현했습니다. 특히, 노령의 대한국민의회 정부와 상해의 대한민국임시정부는 '선의회설립先議會設立, 후정부수립後政府樹立'의 과정을 거쳤습니다. 또 한성임시정부는 약법(約法) 제1조 '국체는 민주제를 채택할 것', 제2조 '정체는 대의제를 채택할 것'이라 하고, 국회의 소집과 헌법의 반포를 기약했습니다. 실체를 가진 3개의 임시정부 모두가 의회제도에 기초한 민주공화정을 추구했던 것입니다.

한편, 한성임시정부는 3·1운동이 일어난 수도 서울에서 13도를 대표하는 '국민대회'의 명의로 수립되어 국민대표성과 정체성이 가장 강한 정부였습니다. 각지에서 여러 임시정부가 난립하자, 실체를 가진 3개 임시정부가 통합을 시도하게 되었습니다. 우선 노령정부의 '대한국민의회'와 상해정부의 '임시의정원'이 통합하여 '의회'를 통일했습니다. 그리고 국내 13도 대표와 국민대회를 통하여 수립된 한성 정부의 법통을 계승하여, 1919년 9월 11일 상해에서 3개의 임시정부를 통합한 '대한민국임시정부(통합임시정부)'가 탄생했습니다4)5).

이처럼 통합임시정부는 3·1운동의 '독립정신'에 바탕을 두었습니다. 그리고 각 개인이 주인이 되는 '독립정신'을 계승한 대한민국이라는 국가의 정체성이 헌법전문에 명시된 것입니다. 그러므로 제헌헌법 전문은 1948년 7월 17일, 대내적對內的으로 공포(公布)한 역사적인 문장이라고 할 수 있습니다. 대한민국은 이날을 '제헌절(制憲節)'로 기념하고 있습니다. 또한 이와 함께 유엔을 통해 대외적對外的으로도 한반도의 유일한 합법 정부는 대한민국임을 인정받은 것이 1948년 12월 12일의 일이었습니다(2.7.14. 참조).

1.2. 국가 체제體制의 분류分類

지구상에는 200여 개의 여러 나라가 존재하는데, 그 형태는 다양합니다. 지금도 왕이 통치하는 나라가 있으며, 대통령, 총리, 수상 등의 직함을 가지고 통수권을 행사하는 나라도 있습니다. 여기서는 다양한 국가 체제의 종류를 살펴보면서 대한민국 체제의 탁월함을 알아보겠습니다.

1.2.1. 군주제君主制

표준국어대사전에 따르면 '세습 군주가 나라를 다스리는 정치 형태. 입헌군주제와 전제군주제가 있다'라고 정의합니다. 군주제의 분류와 변천 과정을 살펴보기로 합니다.

1.2.1.1. 전제군주제專制君主制

헌법을 초월(超越)한 존재로서의 군주가 국가의 모든 통치권을 장악하여 단독으로 행사하는 정치제도입니다. 국가와 헌법의 존립 근거의 기반을 군주의 절대적인 권위 아래에 두고 있습니다. 어떠한 문화권을 막론하고 과거에 흔히 볼 수 있는 정치체제였습니다. 그러나 근대 이후에는 헌법으로 군주의 권한을 제한하는 '입헌군주제'와 군주를 인정하지 않는 '공화제'가 등장하면서 현재 전제군주제를 고수(固守)하는 국가는 찾아보기 어려워졌습니다. 지금도 이 제도를 유지하는 국가는 사우디아라비아, 브루나이가 있습니다.

---

4) 유영렬 (2003), "한국에 있어서 근대적 政體論의 변화과정", 국사관논총 제103집, 20~22쪽.
5) 양동안, 『대한민국 건국 전후사 바로알기』, 대추나무 2019, 193-4쪽.

1.2.1.2. 입헌군주제立憲君主制

21세기 대부분의 군주제 국가의 형태입니다. 헌법이 정하는 한계 내에서 군주의 통치권이 행사되는 제도로 전(前)근대, 근대, 현대의 시기에 따른 변화를 볼 수 있습니다.

가. 전근대 입헌군주제

1215년 잉글랜드 왕국의 존 왕에게 실망한 귀족들이 런던 시민들과 함께 국왕 존을 협박해 얻어낸 일종의 계약서인 대헌장大憲章(Magna Carta)에 기반한 군주제입니다. 존은 프랑스 내의 영지를 다 잃었는데도 불구하고 또 전쟁을 일으켜서 패배했고 국가 재정 문제가 생기자 이를 해결하기 위해 귀족들에게 세금을 물리려다가 문제가 된 것이었습니다. 1214년 영주들은 세금 납부를 거부하고, 이듬해에는 무장봉기한 귀족들이 런던시에 무혈입성, 존 왕을 처형시키지 않는 대신 합의를 보는 과정에서 만들어진 서약서라고 할 수 있습니다. 대강의 내용은 다음과 같습니다.

- 교회는 국왕으로부터 자유롭다.
- 왕의 명령만으로 전쟁 협력금 등의 명목으로 인한 세금을 거둘 수 없다.
- 런던과 다른 자유시들은 자체적으로 관세를 정한다.
- 왕은 따로 정해진 사안에 대해서만 의회를 소집할 수 있다.
- 잉글랜드의 자유민은 법이나 재판을 통하지 않고서는 자유, 생명, 재산을 침해받을 수 없다.

대헌장은 귀족들과 런던 시민들의 지지를 얻어 체결된 것이었기에, 귀족만이 아닌 자유민들에게도 권리가 인정되었습니다. 다만 여기서 자유민이라는 것은 어디까지나 상업을 통해 발전하던 도시 시민 계층에게만 인정되었고 당시 잉글랜드 인구의 대다수를 차지한 농노는 포함되지 않았으므로 만민을 위한 계약이라고는 할 수 없었습니다. 그 밖에 여성의 상속권 인정과 강제로 재혼하지 않을 권리를 명시하는 등 여성 권리 신장을 위한 조항도 있었습니다.

하지만 소수 귀족들의 권리를 재확인하고 일부 자유민들의 권리를 인정한 정도에 그치며 대헌장은 잊혀지고 말았습니다. 시간이 흘러 17세기가 되면서 국왕과 의회가 대립하게 되자 대헌장은 다시 주목받게 되었습니다. 특히 에드워드 쿠크 경(Sir Edward Coke)과 같은 재판장들이 대헌장을 연구해 법치주의의 개념을 확립하는 데 사용했습니다. 대헌장은 왕이라고 해도 의회의 동의 없이는 마음대로 세금을 부과할 수 없다고 하며 왕권을 제한하였습니다. 이로써 기존의 전제군주제를 넘어서는 새로운 체제로의 전환을 시사하는 세계 정치사에 큰 획을 그은 사건이 되었습니다.

나. 근대 입헌군주제

"사람에게는 생명권, 자유권 등 절대 침해받을 수 없는 천부인권이 존재한다"는 내용을 보다 분명히 하기 위해 헌법에 천부인권이 반영되기 시작했고, 시간이 지날수록 인권은 단순히 상징적 의미에서 실질적으로 군주의 권력을 제한하는 형태로 발전했습니다. 이제 군주는 인권을 침해하는 방향으로는 마음대로 권력을 행사할 수 없게 되었습니다.

17세기 영국은 이러한 의미에서의 근대 입헌군주제를 권리장전權利章典(Bill of Rights)에 의해 최초로 확립했습니다. 독실한 카톨릭 교도인 잉글랜드의 제임스 2세는 에스파냐와 같은 가톨릭 국가와의 수교를 적극적으로 추진했고, 정치적으로는 왕권 강화에 힘을 쏟았기 때문에 개신교가 주류였던 의회와 대립을 피할 수 없게 되었습니다. 이에 따라 1688년 의회가 제임스 2세를 몰아내고 그의 딸 메리 2세와 그녀의 남편인 네덜란드 총독 윌리엄 3세를 왕으로 옹립한 명예혁명名譽革命(Glorious Revolution)이 일어났습니다. 이 혁명으로 왕에게 맞섰던 귀족 세력의 이권이 보장받았습니다. 그 결과로 권리장전이 통과되면서 '개인의 권리'를 중심으로 국가와 개인의 관계가 재정립되었다는 데 의의가 있습니다.

이로써 영국에서 세계 최초로 시민사회가 형성되었습니다. 이후 권리장전의 조세租稅와 대표권代表權에 관한 내용을 바탕으로 미국 독립전쟁이 시작되었고, 노동자들과 여성들의 참정권 확대 운동이 이어지게 됩니다. 또한 명예혁명 이후 여러 차례에 걸친 개혁으로 정치가 안정되고, 법률로 규정된 개인의 권리에 따라 개인의 경제적 활동의 자유가 보장되기에 이릅니다. 이런 안정된 환경은 당시 진행 중이던 과학혁명과 맞물려 산업혁명이 일어나는 데 큰 도움을 주게 됩니다.

영국 의회에 의해 1689년 승인된 권리장전은 자연권의 적극적인 보장을 추구하기보다는 의회의 왕권 견제를 위한 목적이 강하지만, 최초의 권리에 대한 성문법적 문서라는 데에 큰 의의가 있습니다. 의회의 의결 없이는 왕이 상비군의 징집과 유지, 법의 효력과 집행 정지, 사적 금전 징수 등을 하지 못한다는 등의 내용을 규정했습니다.

다. 현대 입헌군주제

현대에 와서 서구식 민주주의[6]가 성공적으로 자리 잡은 입헌군주제 국가의 군주는 실질적인 권력을 잃게 되었습니다. 즉, 현대 입헌군주제의 군주는 권력자나 정치인이라기보다는 일종의 상징적 존재라고 볼 수 있습니다. 민주주의 이념을 바탕으로 실질적인 권력은 의회와 내각으로 이동했고, 군주가 가지고 있던 정치적 권한은 유명무실하게 되었습니다. 대통령제와 같이 행정부의 수반을 직선제로 선출하면 군주의 지위 및 권위와 충돌한다고 해서 의원내각제를 채택하는 경우가 많습니다.

대표적인 입헌군주제 국가인 영국은 군주가 명목상으로는 총리 임명권 등 여러 권한을 가지고 있지만 이를 관습헌법에 위임한 상태입니다. 따라서 이러한 권한을 내각의 동의 없이 마음대로 행사할 수 없습니다. 군주의 정치적인 영향력은 내각의 결의에 대해서 계속 되묻거나 승인을 지연시키는 식의 극

---

[6] Democracy의 번역어로써 흔히 사용되는 민주주의(民主主義)는 사상(思想)의 접미어인(-ism)에서 이야기하는 주의(主義)로 잘못 번역되어 정착된 것입니다. 민주정(民主政) 혹은 민주체제(民主體制)라고 번역하는 것이 실제 의미에 가깝습니다. 이 책에서는 민주주의, 민주정이 혼용됩니다.

히 소극적인 권한밖에 없습니다.

이웃 나라 일본의 경우, 현재 천황天皇은 어떠한 정치적 권한이 없는 상징적 존재에 불과합니다. 그런데 일본 근대 천황제와 현대 천황제를 비교함으로써 우리는 입헌군주제의 변천 과정을 쉽게 이해할 수 있습니다. 근대화를 추진했던 메이지(明治)천황을 중심으로 굴기한 대일본제국에서 제정된 '대일본제국헌법'과 쇼와(昭和)천황의 항복선언으로 미군정 치하治下에서 제정된 '일본국헌법'을 비교해 봅니다.

메이지유신(維新) 당시 천황의 이름을 빌려 메이지헌법이라고도 불리는 대일본제국헌법은 1890년 11월 29일부터 1947년 5월 2일까지 시행되었습니다. '7장 76조'로 구성된 이 헌법의 전반부는 다음과 같이 구성됩니다.

제1장 천황
제2장 신민臣民의 권리와 의무

이 같은 순서에서 볼 수 있듯이 주권은 신민이 아닌 천황이 가지며 모든 권력은 천황으로부터 비롯된다는 것을 짐작하게 해줍니다.

제1조 대일본제국은 만세일계(萬世一系)의 천황이 이를 통치한다.
제2조 황위는 황실전범(皇室典範)이 정하는 바에 따라 황남자손(皇男子孫)이 이를 계승한다.
제3조 천황은 신성(神聖)하며 침해해서는 안 된다.
제4조 천황은 국가의 원수로서 통치권을 총람(總攬)하고, 이 헌법의 조항에 따라 이를 행한다.

이상의 조항은 천황의 절대권, 남성 권력승계, 신성불가침성과 절대성을 천명하고 있습니다. 입헌군주제를 표방하지만 신민 위의 존재이자 헌법 위에 군림하는 신과 같은 존재로 표현하고 있음을 알 수 있으며, 실질적으로 전제군주제에 가깝다는 것을 알 수 있습니다.

반면, 패전으로 인해 미군정과 일본인 법학자들이 협의해 제정, 1947년 5월 3일부터 시행 중인 현재의 신헌법이라고도 불리는 일본국헌법은 '11장 103조'로 구성되어 있습니다. 전반부를 살펴보겠습니다.

제1장 천황
제2장 전쟁의 포기
제3장 국민의 권리 및 의무

위와 같이 추가·수정되었습니다. 제2장 전쟁의 포기는 일본 내에서도 논란이 많은 '헌법 9조'인데 제8조까지는 천황의 지위를 규정한 조항이므로, 제9조가 다른 민주 국가들의 헌법 제1조에 해당한다고 볼 수 있습니다. 또, 이 조항으로 인해 신헌법이 '평화헌법'이라고도 불리게 되었습니다. 관심있는 분은 더 찾아보시면 일본이라는 나라를 이해하는데 많은 도움이 되리라 생각합니다.

다시 본론으로 돌아와서 제3장은 '신민'이 아니라 '국민'으로 표기가 되어있습니다. 또 제1장의 내용도 많이 수정되었습니다.

제1조 천황은 일본국의 상징이며 일본 국민 통합의 상징으로서 그 지위는 주권을 가진 일본국민의 총의(総意)에 기반한다.
제2조 황위는 세습되며, 국회가 의결한 황실전범(皇室典範)이 정하는 바에 따라 계승된다.
제3조 국사에 관한 천황의 모든 행위에는 내각의 조언과 승인이 필요하며, 내각이 그 책임을 진다.
제4조 ① 천황은 이 헌법이 정하는 국사(國事)에 관한 행위만을 하며 국정에 관한 권한은 가지지 아니한다.
② 천황은 법률이 정하는 바에 따라 국사에 관한 행위를 위임할 수 있다.

이상의 조항을 보면 천황은 더 이상 신이 아니라 상징적인 존재로서 주권은 일본 국민에게 있음을 알 수 있습니다. 내각의 승인과 책임을 강조하며 실질 권력이 이전되었음을 보여줍니다. 이하 제6조 '임명권'과 제7조 '국사國事에 관한 행위'에서 알 수 있듯이 형식적인 권한은 남아있음을 알 수 있습니다. 제2조와 관련한 에피소드로서 일본 내에서 "여성도 천황이 될 수 있도록 황실전범을 개정하자"라는 움직임이 있었는데, 헌법이 바뀌었기 때문이었습니다.

그런데 '총리' 또는 '수상'이라고 하는 일본 내각의 수반의 정식 명칭이 '내각총리대신大臣'인 것처럼, 일본 각료들의 정식 명칭에 여전히 '대신(大臣)'이라는 구시대의 직함을 사용하고 있는 것에서 여전히 천황제의 틀을 벗어나지 못했음을 알 수 있습니다. 제6조, 제7조는 일반적으로 국가의 원수가 수행하는 것으로, 이 권한이 '상징적'으로 천황에게 주어져 있기에 헌법학계에서도 천황을 '국가의 원수'로 보고 있습니다. 또 제1조의 주어가 '천황'으로 시작된다는 것은 그만큼 일본이라는 나라에 있어서 천황이 지니는 상징성과 영향력이 크다고 할 수 있습니다. 이것은 일본 국민의 자력이 아닌 미군에 의해 민주화되었다는 사실과 한계가 남은 흔적이라고도 볼 수 있을 것입니다.

일본의 경우를 살펴보았는데, 이외에도 지구상에는 다양한 형태의 '입헌군주국'이 존재하며 이론상으로는 절대권력을 가진 입헌군주국이 존재할 수 있습니다. 입헌군주제는 '헌법을 따르는 군주제'를 뜻하는 것이지 '의회 또는 내각에 모든 것을 위임한 군주제'라는 제한적 의미를 가지는 것이 아니기 때문입니다. 헌법에 군주의 특정 권한이 명문화되어 있다면, 해당 군주는 이를 법적으로 아무런 문제 없이 행사할 수 있습니다. 그러므로 비민주적인 법으로 통치하는 입헌군주가 존재하는 비민주적인 국가도 얼마든지 존재할 수 있습니다.

1.2.2. 공화제共和制

공화제는 군주제와 상대되는 개념으로 알려져 있는데, 단순히 군주가 없는 체제를 말하는 것이 아닙니다. 국가를 시민권자들이 협의하여 공동으로 소유하며, 개인의 독단이 아닌 시민사회의 합의로 통치되는 체제를 말합니다. '21세기 정치학대사전'에서는 다음과 같이 정의합니다.

「공화(共和)란 '두 사람 이상이 공동으로 함께 화합하여 정무(政務)를 하는 것'으로 공화국이란 공화제를 실시하는 국가이며, 국가의 주권이 다수의 국민에게 있고, 국민이 선출한 대표자가 국가를 통치한다. 역사적으로는 세습에 의한 군주제를 부정한 것에서 비롯된다. 사회주의 국가의 인민공화국과 아시아나 아프리카 등에서의 독재주의공화국도 존재한다.」

공화는 라틴어 Res publica, 즉 '공공(publica)의 것(res)'을 어원으로 하는 것에서도 알 수 있듯이 황제가 통치하는 제정(帝政)시대 이전 고대 로마 정치체제의 하나입니다. 정치사회가 구성원 전체에 속한다는 관념을 가지는데, 근대에 미국이 영국으로부터 독립하며 군주제가 아닌 공화제를 채용했고, 이후 군주제와 대치되는 정치체제로 인식하게 됩니다. 이처럼 군주의 독재를 비판하는 의미가 있었지만, 현대에는 공화제라도 독재 국가가, 군주제라도 민주주의 국가가 존재하여 그 의미가 희석되고 있습니다.

이 용어는 일본의 근대화 과정에서 공화(共和)로 번역되어 한반도에 들어왔습니다. 공화의 기원이 되는 설은 두 가지가 있는데요. 첫 번째는 사마천의 『사기(史記)』에서 비롯됩니다. 주(周)나라 여왕(厲王)이 폭정으로 인하여 백성들에 의해 쫓겨났는데, 주정공(周定公)과 소목공(召穆公)이라는 두 제후가 공동으로 통치했다는 의미로 '공화시기'라고 불렀다는 것입니다. 두 번째는 『죽서기년(竹書紀年)』에서 기인합니다. 주나라 여왕의 폭정에 대해서 공백(共伯) 화(和)라는 제후가 백성들의 폭동을 주도하여 임금을 쫓아냈고 이후 제후들의 추대를 받아 통치하게 되어 그의 이름에서 '공화시기'가 유래했다는 것입니다. 어떤 설이 사실이건 주나라 여왕이 쫓겨난 뒤에 '공화시기'를 거쳐 여왕의 아들 선왕이 즉위하는 사이의 시기인 '공화'를 차용한 것입니다.

근대화 시기의 중국에서는 Republic을 '민국(民國)'으로 번역했습니다. '백성의 나라'로도 번역할 수 있는 이 단어를 살펴보면 약간 섬뜩한 느낌과 동시에 세상이 바뀌었다는 것을 알 수 있습니다. '民'이라는 글자는 자신의 오른손으로 왼쪽 눈(目)을 찌르는 '노예'에서 비롯된 단어입니다. 고대 거북이 등껍질(甲)이나 동물의 뼈(骨)에 새긴 갑골문이나 청동기 시대에 새겨진 '금문'에는 다음과 같이 표기합니다.

'民'의 바탕이 된 '눈을 칼로 찌르는 그림', '갑골문', '금문'과 '한자'(순서대로)

고대 사회에서는 노예의 왼쪽 눈(目)을 멀게 하여 저항하거나 도망가지 못하도록 했는데 그러한 모습을 '民'으로 표현했다는 것입니다. 시야나 원근감이 정상적으로 작동하지 않게끔 한쪽 눈만 가진 노예들은 홀로서기가 불가능한, 누군가에 의존하는 존재로 살 수밖에 없었을 것입니다. 왕이나 귀족 등 높은 신분의 사람에게 백성이란 천한 신분을 타고 난 눈먼 사람이었고, 이는 곧 백성을 어리석은 존재로 인식했다는 것을 의미합니다.

인류의 역사 기간 중 황제가 주인이 된 제국(帝國)에서 백성이 주인이 된 민국(民國)으로의 이행은 피와 땀을 흘리는 순탄치 않은 과정이었습니다. 현재, 이 '민국'이라는 단어는 더 이상 독자적으로 사용되지 않고, 대한민국(大韓民國), 중화민국(中華民國) 정도의 고유명사로 남아있습니다.

이제 공화제라는 체제를 바탕으로 만들어진 나라인 '공화국'의 종류에 대해서 알아보겠습니다.

1.2.2.1. 인민공화국人民共和國

사전에 의한 정의는 다음과 같습니다.

표준국어대사전: 인민이 주권을 갖고 직접 또는 대표 기관을 통하여 주권을 행사하는 국가. 사회주의 국가에서 흔히 쓰는 말이다.
고려대 한국어 대사전: 인민이 주권을 잡고 인민이 직접 대표나 대표 기관을 선거하여 주권을 행사하는 국가.

인민공화국을 논하기에 앞서 소련에 대한 배경지식을 알 필요가 있습니다. 소련이라는 나라의 이름은 '소비에트 사회주의 공화국 연방'의 줄임말입니다. 소비에트는 제정(帝政) 러시아의 노동자·농민·병사들의 대표자가 구성한 자치 기구로 '평의회評議會' 또는 '인민위원회'를 일컫습니다. 1905년 10월 수도 상트페테르부르크에서 노동자 대표 소비에트가 창설된 이래, 각지에서 소비에트가 설립되었습니다. 1917년 2월 혁명에서 노동자勞動者 소비에트와 농민農民 소비에트 간의 연합 세력을 형성하고, 혁명 이후 탄생한 러시아 임시정부에서 소비에트가 실권을 잡게 됩니다.

이후, 레닌이 주도한 10월 혁명을 통해 볼셰비키(다수파多數派라는 뜻으로 구소련 공산당의 별칭)가 정권을 잡고 소비에트 러시아가 됩니다. 볼셰비키는 생산수단과 토지를 관리할 수 있는 체계, 그리고 더 많은 수의 인민들의 요구를 반영할 수 있는 풀뿌리 민주주의, 또는 직접 민주주의적 체제를 대변하는 임무를 노농평의회의 본 임무로 상정했습니다. 노농평의회는 '지역평의회'라는 이름이 붙여졌으며, 주로 한 도시 내의 자치 행정에 관한 업무를 맡았습니다. 지방 분권 사회에서의 '지방 자치제도'와 같은 것입니다.

적백내전(러시아 내전)을 비롯한 혼란 상황을 거쳐 1922년 12월 30일 제1차 전 연방 소비에트 대회에서 러시아, 우크라이나, 벨라루스, 자캅카스의 4개국이 소비에트 사회주의 공화국 연방을 결성하면서 '소련'이 탄생했습니다. 바야흐로 공산주의 종주국 소련이 태어난 것입니다. 제2차 세계대전 후 소련의 공산주의자들은 사회주의 실현 정도에 따라 국가를 분류했습니다. 완전한 사회주의가 실현된 사회주의 공화국과 과도기적(過渡期的) 단계인 '인민공화국'입니다.

소련은 이미 사회주의가 실현되고 있으니 '사회주의 공화국'이란 명칭을 사용했던 반면, 중공, 북한 등의 신생 공산국들은 '인민공화국'이라는 명칭 사용을 요구했습니다. 물론 소련 기준에서 다른 나라를 낮춰본다는 뜻도 있었기에 소련과는 다른 독자노선을 걷던 유고슬라비아, 알바니아, 루마니아는 이에 대한 반발로 국호를 인민공화국에서 사회주의 공화국으로 바꿨습니다. 인민공화국과 사회주의 공화국의 또 다른 차이는 구색정당7)의 유무입니다. 인민공화국은 공산당 외에 구색정당이 있지만, 사회주의 공화국은 오직 공산당만이 존재하는 체제이다. 하지만, 말그대로 구색을 맞추기 위한 정당이기에 인민공화국과 사회주의 공화국은 동의어로 간주할 수 있습니다. 일례로 북베트남이 남베트남을 멸망시키고, 통일을 사회주의의 완성으로 보아 국호를 '베트남 사회주의 공화국'으로 바꾸었습니다. 이후 구색정당들인 민주당과 사회당은 없어졌습니다.

우리는 이제 동북아시아로 초점을 옮겨 '인민공화국'에 대해서 자세히 알아보겠습니다.

1) 일본인민공화국日本人民共和国

일본인민공화국은 일본제국의 패망 후 GHQ(General Headquarters, 연합국 최고사령부) 시기 일본공산당이 1946년에 세우려고 했던 나라입니다(후에 다루게 될 '조선인민공화국'과 유사합니다). 해방 후 한반도에서 그랬듯이, 일제의 항복 이후, GHQ 미군정 당국이 치안유지법을 폐지하면서 일본공산당이 합법적으로 정당을 재건할 수 있었습니다. 이후 일본공산당은 1945년 11월 8일에 전국협의회에서「신헌법의 골자(新憲法の骨子)」를 내부적으로 결의합니다. 공산당이 주체였던 만큼 헌법 내용 대부분이 공산주의에 기초하고 있었습니다. 1946년 6월 29일에 일본인민공화국 헌법 초안을 발표하며 일본인민공화국의 건국을 계획했지만, 패전 직후 구舊헌법에 대한 여러 개헌안 중 하나에 불과했습니다. 공산당이 주체였던 만큼 이 헌법 내용 대부분이 공산주의에 기초하고 있습니다.

일본공산당은 1945년 11월 11일, '인민으로부터 존재하는 주권, 만 18세 이상부터 선거권과 피선거권의 보장, 의회의 정부 견제 조항, 그리고 국민의 자유 및 권리 등'을 명시한 일본공산당의 신헌법의 골자를 발표합니다. 그리고 1946년 6월 29일에는 조문 작업까지 모두 끝낸 헌법 초안을 결정하고 발표합니다. 그 일부를 아래에 옮겨 봅니다.

제1장 일본인민공화국
제1조 일본국은 인민공화제 국가이다.
제2조 일본인민공화국의 주권은 인민으로부터 존재한다. 주권은 헌법에 따라 행사된다.

---

7) 중국처럼 공산당 일당(一黨) 국가에서 자신들도 복수(複數)정당제 민주주의를 시행 중이라는 것을 보여주기 위해 (구색을 맞추기위해) 만든 정당입니다. 이들을 구색정당, 위성정당이라 하며, 정권을 잡을 의지도 없으며 잡을 수도 없는 관제야당이라고 부릅니다.

제3조 일본인민공화국의 정치는 인민의 자유로운 의지에 의하여 선출되는 의회를 기초로 운영된다.
제4조 일본인민공화국의 경제는 봉건적·기생적인 토지소유제의 폐지, 재벌적 독점자본의 해체, 중요기업 및 금융기관인 인민공화정부의 민주주의적 규제를 바탕으로 인민생활의 안정과 향상을 목적으로 운영된다.
제5조 일본인민공화국은 평화를 애호하는 모든 국가들과 긴밀히 협력하여 민주주의적인 국제평화기구에 참가하며, 어떠한 침략전쟁도 지지하지 않고, 또한 이에 참가하지 아니한다.

노동자·농민 등 피지배계급을 지칭하는 인민(프롤레타리아)이라는 용어가 낯설기만 합니다. 하지만, 당시에는 이 용어를 많이 사용했고 한반도에서도 쓰였다고 합니다. 아무래도 다수를 차지하는 이들 계층을 등에 업기 위함이었을 것입니다. 인민이라는 단어를 국민으로 칭한다면 아무런 위화감 없이 볼 수도 있는 조문입니다.

그러나 제4조를 통해 토지 및 산업시설 등 생산수단의 국유화와 자본가의 소유권을 인정하지 않고 재벌해체를 주장하는 인민민주주의의 실체를 확인할 수 있습니다. 여느 공산주의자들이 제창하듯 프롤레타리아가 중심이고 지주·자본가·지식인 등의 부르주아를 배척하는 국가를 세우려고 했음이 드러납니다. 미군정은 당연히 이 헌법을 인정하지 않고 일본의 법학자들과 신헌법을 제정·공포했습니다. 만약, 일본공산당의 의도대로 일본인민공화국이 들어섰더라면 오늘날의 경제대국 일본이 존재하지 못했을 것입니다. 또한, 한반도가 대륙의 공산국들과 해양의 공산국인 일본인민공화국에 의해 포위된 형세에서 6.25남침전쟁을 맞이했다면 여지없이 적화통일이 되었고 유라시아 대륙의 동쪽은 온통 빨갛게 물들었을 것입니다.

2) 중화인민공화국中華人民共和國

중화인민공화국(이하 중국)은 오직 중국공산당만이 여당이 될 수 있는 일당독재 국가입니다. 형식상의 야당이 있으나 관제야당(앞의 구색정당 참조)일 뿐입니다. 따라서 중국에서는 당정(黨政)이 곧 국정(國政)이며, 당직(黨職)이 곧 공직(公職)인 구조로 당이 국가보다 실질적인 우위에 있습니다. 일례로 중화인민공화국 헌법 및 법률 그 어디에도 중국공산당의 지위에 대해서는 언급되어 있지 않지만, 헌법보다도 '중국공산당 규약'이 우위에 있습니다. 이 규약은 중화인민공화국을 통치하는 중국공산당의 당헌으로 헌법과는 확연히 다른 법규며, 중국의 법 체계상 가장 우위에 있는 법령입니다. 헌법의 서언에도 마오쩌둥이 이끈 중국공산당이 험난한 투쟁으로 중화인민공화국을 창건했고, 자신들의 사업과 성과는 당 덕분이며, 중국공산당이 이끄는 정치제도를 유지·발전시켜 갈 것이라고 천명하고 있습니다. 또, '중국에서 착취계급은 계급으로서는 이미 소멸했지만, 계급 투쟁은 아직 일정한 범위 내에서 장기간 존재할 것이다. 중국 인민은 중국 사회주의 제도를 적대시하고 파괴하는 국내외 적대 세력 및 적대분자와 반드시 투쟁해야 한다.'며 계급 투쟁에서 이미 승리를 거둔 인민들이 이룩한 사회주의 체제를 지키기 위해 계속해서 노력해야 한다고 합니다.

이처럼 공산당이 국가에 우선하는 중국은 우리나라의 국군에 해당하는 인민해방군도 국군이 아니라 당군이며, 제1방송인 CCTV도 당영黨營 방송입니다. 모든 것이 당을 위해서 존재하는 것입니다. 그리고 여느 나라의 공산당이 그렇듯 당내에서는 권력투쟁이 치열하게 벌어지고 있습니다. 시진핑(習近平, 1953~)이 속한 태자당(太子黨), 후진타오(胡錦濤, 1942~)가 속한 공청단(共產主義青年團), 장쩌민(江澤民, 1926~)이 속한 상하이방(上海帮) 등이 치열한 계파 다툼을 벌였습니다. 그런데 2018년 3월 전국인민대표대회(이하 전인대)에서 '국가주석직 2연임(連任) 초과 금지' 조항을 삭제하는 헌법 수정안이 압도적 찬성으로 통과되어 국가주석 시진핑에 대한 권력 견제도 무색해지고 있습니다. 이제 중국은 집단 지도체제의 붕괴로 일인독재 체제로 역행逆行하며 그 폐해가 드러날 것입니다.

이러한 중국의 헌법은 4장 138조로 구성되어 있는데 몇몇 조문을 살펴보겠습니다.

전문
서언
조문
제1장 총강
제2장 공민*의 기본권리와 의무
제3장 국가기구
   제1절 전국인민대표대회
   제2절 중화인민공화국 주석
   제3절 국무원
   제4절 중앙군사위원회
   제5절 지방 각급 인민대표대회 및 지방 각급 인민정부
   제6절 민족자치지방의 자치기관
   제7절 인민법원과 인민검찰원
제4장 국기, 국가, 국장, 수도

*공민
  표준국어대사전: 국가 사회의 일원으로서 그 나라 헌법에 의한 모든 권리와 의무를 가지는 자유민. =시민.
  고려대 한국어 대사전: 국가 사회의 일원으로서 그 나라 헌법에서 정하는 모든 권리와 의무를 가지는 독립생활을 하는 자유민.
  반의어 사민私民(옛날에, 귀족에게 예속되어 그 통제를 받고 나랏일에 참여하지 못하던 평민)

제1장 총강
제1조 ① 중화인민공화국은 노동 계급이 지도하고 노농동맹을 기초로 하는 인민민주주의 독재의 사회주의 국가이다.
    ② 사회주의 제도는 중화인민공화국의 근본제도이다. 어떠한 조직이나 개인이 사회주의 제도를 파괴하는 것을 금지한다.

▶ 1조 1항에서는 노동자와 농민 즉 프롤레타리아가 주축이 된 인민민주주의 독재가 이루어진 사회주의 국가라고 선포합니다. 2항에서는 중국의 근간인 사회주의를 지켜야 하며 이것을 파괴하는 개인주의와 그것을 바탕으로 한 어떠한 행위도 허용하지 않음을 천명하고 있습니다.

제2조 ① 중화인민공화국의 모든 권력은 인민에게 속한다. 인민이 국가권력을 행사하는 기관은 전국인민대표대회와 지방각급인민 대표대회이다.
▶ '모든 권력은 국민으로부터 나온다'는 대한민국 헌법 1조 2항을 떠올리게 하지만, '주권은 인민에게 있다'라는 실질적 민주주의에 입각한 표현은 찾아볼 수 없습니다. 형식상의 '인민주권'을 외치고 있는 것입니다.

제3조 ① 중화인민공화국의 국가기구는 민주주의 중앙집권제 원칙을 실행한다.
　　　② 전국인민대표대회와 지방각급인민대표대회는 모두 민주선거를 통하여 구성되며 인민에 대하여 책임지고 인민의 감독을 받는다.
▶ 3조 1항의 '민주주의 중앙집권제'는 결국 공산당일당 독재를 재확인하는 조문에 불과합니다. 2항에서 '민주선거'라는 것도 결국 각 지역 공산당 당원들이 추천을 받아 선출되므로 실질적인 민주선거라고 할 수 없습니다. 선출된 인민대표들이 상위 행정구역의 인민대표를 선출하고, 성급(省級) 인민대표가 전인대의 대표들을 선출하는 형식을 취합니다. 형식상 직접 선거를 하지만, 실질적 민주선거 원칙(보통, 평등, 직접, 비밀)이 성립하지 않습니다. 공산당의 거수기에 불과한 사람들로 인민대표가 구성되고 그들 중에서 전인대 대표가 선출됩니다.

제2장 공민의 기본권리와 의무
제33조 ① 중화인민공화국의 국적을 가진 자는 모두 중화인민공화국 공민이다.
　　　② 중화인민공화국의 공민은 법률앞에서 일률적으로 평등하다.
　　　③ 국가는 인권을 존중시하고 보장한다.
　　　④ 어떠한 공민이라도 헌법과 법률에 규정된 권리를 향유하며 동시에 헌법과 법률에 규정된 의무를 이행하여야 한다.
▶ 중국이 중국인들의 평등과 인권을 보장한다고 하며, 공민은 권리를 가지고 의무를 이행해야 함을 선언합니다.

제34조 중화인민공화국의 공민으로서 만 18세에 달한 자는 민족, 인종, 성별, 직업, 가정, 출신, 종교, 신앙, 교육정도, 재산상황, 거주기간에 관계없이 누구나 선거권과 피선거권을 가진다. 다만 법률에 의해 정치적 권리를 박탈당한 자는 제외한다.
▶ 누구나 정치에 참여할 수 있다고 하지만, 사실상 공산당원이 아니면 피선거권은 없습니다.

제35조 중화인민공화국의 공민은 언론, 출판, 집합, 결사, 행진, 시위의 자유를 가진다.
▶ 중국에서는 공산당에 반하는 일체(一切)의 '표현의 자유'가 인정되지 않음을 알고 있습니다.

제36조 ① 중화인민공화국의 공민은 종교신앙의 자유를 가진다.
② 어떠한 국가기관, 사회단체, 개인도 공민의 종교를 믿거나 종교를 믿지 못하도록 강요할 수 없으며 종교를 믿는 공민과 종교를 믿지 않는 공민을 차별할 수 없다.
③ 국가는 정상적인 종교 활동을 보호한다. 누구든지 종교를 이용하여 사회질서를 파괴하거나 공민의 신체, 건강에 해를 끼치고 국가의 교육제도를 방해하는 활동을 할 수 없다.
④ 종교단체와 종교사무는 외국세력의 지배를 받지 아니한다.

▶ 중국공산당은 유난히 신앙의 자유를 세분해서 이야기합니다. '사회질서 파괴', '국가 교육제도 방해' 등을 이유로 다른 자유까지 '합법적'으로 제한할 수 있음을 시사합니다. 제국주의 시대 외세에 의해 시달린 중화민족의 트라우마가 남은 표현이자 공산당의 생존을 위한 4항이 돋보입니다.

제37조 ① 중화인민공화국의 공민의 인신의 자유는 침해받지 아니한다.
② 어떠한 공민도 인민검찰원의 승인이나 결정 또는 인민법원의 결정을 거친 후 공안기관의 집행에 의하지 아니하고는 체포되지 아니한다.
③ 불법구금 및 기타 방법으로 공민의 인신자유를 불법으로 박탈 또는 제한하는 것을 금지하며 공민의 신체를 불법으로 수색하는 것을 금지한다.

▶ 법률에 의하지 않고는 구속할 수 없다는 현대 민주주의 국가의 법을 갖추었지만, 형식에 불과하다는 것은 누구나가 아는 사실입니다.

제38조 중화인민공화국의 공민은 인격의 존엄성을 침해받지 아니한다. 어떠한 방법으로든지 공민에 대하여 모욕, 비방 및 무고, 모함하는 것을 금지한다.

▶ 위구르족 등 소수민족 탄압의 폐해에서 이 법은 말뿐인 거짓이라는 것을 알 수 있습니다.

제39조 중화인민공화국의 공민은 주택의 침해를 받지 아니한다. 공민의 주택에 대한 불법수색이나 불법침입을 금지한다.
제40조 중화인민공화국의 공민은 통신의 자유와 통신의 비밀은 법률의 보호를 받는다. 국가의 안전이나 형사범죄수사상의 필요로 공안기관이나 검찰기관에서 법률의 규정된 절차에 따라 통신에 대한 검사를 할 경우 이외에는 어떤 조직이나 개인도 어떠한 이유로든 공민의 통신의 자유와 통신의 비밀을 침해할 수 없다.

▶ 위 2개 조는 주거 침해, 통신의 자유와 통신비밀 보호에 대한 조문인데, 무엇보다 우위에 있는 공산당에게 있어 '불법'은 존재하지 않습니다. 그들은 무엇을 하든 '합법'이기 때문에 이 조문 역시 말뿐인 거짓이라는 것을 알 수 있습니다.

중화인민공화국의 국기國旗인 오성홍기(五星紅旗)

;붉은 바탕은 피를 흘린 '혁명', 노란 별 다섯 개는 붉은 대지로부터 밝아오는 '광명'을 상징합니다. 작은 별은 각각 노동자, 농민, 소자산계급, 민족자산계급을 의미하며 큰 별은 중국공산당을 상징합니다. 입으로는 '평등'을 외치지만 실제로는 특정 계급(공산당)의 우월성을 인정하는 '불평등'이 전제되었음이 그대로 드러납니다.

3) 조선민주주의인민공화국朝鮮民主主義人民共和國

마지막으로 대한민국 국민이 흔히 북한(北韓)[8]이라고 지칭하는 '조선민주주의인민공화국'입니다. 김일성, 김정일, 김정은으로 이어지는 김씨 삼부자가 1인 독재체제를 공고히 함으로써 지금까지 운영되고 있는 단체입니다.

이 단체가 스스로를 국가로 선포한 것은 1948년 9월 9일입니다. 1948년 제정되어 4차에 걸쳐 개정된 헌법을 '인민민주주의헌법'이라고 부르고, 1972년 12월 27일 이후는 사회주의헌법으로 불리고 있는 북한의 헌법에 대해 살펴보겠습니다.

북한은 1972년(주체61년) 12월 27일 최고인민회의를 통한 제6차 개정에서 조선민주주의인민공화국 사회주의헌법(1972년 헌법)을 제정했습니다. 북한을 '자주적인 사회주의 국가'로 규정하고 **혁명의 단계가 인민민주주의 단계에서 사회주의 단계로 넘어왔음**을 명확히 한 것입니다. 이에 따라 수도를 '서울'에서 '평양'으로 변경, 조선로동당의 우월적 지위 명시, 사회주의적 소유제도의 확립, 주체사상의 헌법 규범화, 국가주석제 도입 및 권한 강화, 내각 폐지 및 중앙위원회, 정무원 설치, 집단주의 강조를 통해 일인독재를 강화했습니다.

1992년(주체81년) 4월 9일 최고인민회의를 통한 제7차 개정에서 특이할 것은 국방위원회 독립, 김정일 후계체제 강화, 마르크스-레닌주의를 주체사상으로 대체 등이 있습니다.

1998년(주체87년) 9월 5일 최고인민회의를 통한 제8차 개정에서는 주석·정무원 폐지, 내각 부활, 국방위원회 권한 강화, 김일성을 공화국의 영원한 주석으로 규정하며 '죽은 자가 산 자를 다스리는 사회'를 만들었습니다. 개정된 헌법은 '김일성 헌법'이라고도 불립니다. 헌법의 서문은 다음 문장으로 시작합니다.

「조선민주주의인민공화국은 위대한 수령 김일성동지의 사상과 령도를 구현한 주체의 사회주의 조

---

[8] 본서에서는 편의를 위해 북한에 대해서 '국가', '나라'라는 호칭을 사용하지만, 대한민국 헌법(제3조) 상 한반도 상에 '정부'를 참칭하는 불법단체이자 전쟁범죄를 일으킨 조직(조선노동당)을 지칭합니다.

국이다.
위대한 수령 김일성동지는 조선민주주의인민공화국의 창건자이시며 사회주의 조선의 시조이시다.」

그리고 다음 문장들로 마무리되고 제1장이 시작됩니다.

「김일성동지를 공화국의 영원한 주석으로 높이 모시며 김일성동지의 사상과 업적을 옹호고수하고 계승발전시켜 주체혁명위업을 끝까지 완성하여나갈 것이다.
조선민주주의인민공화국 사회주의헌법은 위대한 수령 김일성동지의 주체적인 국가건설사상과 국가건설업적을 법화한 김일성헌법이다.」

2009년 헌법 개정에서는 '공산주의'라는 단어를 헌법에서 삭제하고 '주체사상'을 유일한 지도이념으로 확정했습니다. 2012년 4월 13일 최고인민회의를 통한 제11차 개정에서는 김정일 찬양 추가, 영원한 국방위원장으로 규정했습니다. 2011년 12월 사망한 김정일을 두고 이런 식의 개정을 했다는 것은 무엇을 의미하는 것일까요? 가히 대를 이어 죽은 자가 산 자를 지배하는 어둠의 세상이라고 할 수 있을 것입니다. 이 개정 헌법은 김일성-김정일 헌법으로 불립니다. 서문의 첫 문장에 '위대한 령도자 김정일동지'가 삽입되어 다음과 같이 변경되었습니다.

「조선민주주의인민공화국은 위대한 수령 김일성동지와 위대한 령도자 김정일동지의 국가건설사상과 업적이 구현된 주체의 사회주의 국가이다.」

그리고 마지막 부분에는 김일성과 김정일의 시신이 박제되어있는 '금수산태양궁전'이 추가되어 성역화했고, '위대한 령도자 김정일동지'가 삽입되었습니다.

「위대한 수령 김일성동지와 위대한 령도자 김정일동지의 위대한 사상과 령도업적은 조선혁명의 만년재보이고 조선민주주의인민공화국의 륭성번영을 위한 기본담보이며 위대한 수령 김일성동지와 위대한 령도자 김정일동지께서 생전의 모습으로 계시는 금수산태양궁전은 수령영생의 대기념비이며 전체 조선민족의 존엄의 상징이고 영원한 성지이다.
조선민주주의인민공화국과 조선인민은 위대한 김일성동지와 위대한 김정일동지를 주체조선의 영원한 수령으로 높이 모시고 조선로동당의 령도밑에 위대한 수령 김일성동지와 위대한 령도자 김정일동지의 사상과 업적을 옹호고수하고 계승발전시켜 주체혁명위업을 끝까지 완성하여나갈것이다.
조선민주주의인민공화국 사회주의헌법은 위대한 수령 김일성동지와 위대한 령도자 김정일동지의 주체적인 국가건설사상과 국가건설업적을 법화한 김일성-김정일헌법이다.」

이런 우상숭배 체제 북한 정권의 옹호를 위한 헌법은 2019년 4월과 8월 두 차례 개정이 이루어졌습니다. '국무위원회 위원장'을 '국가대표'로 명시하고 명실상부한 국가수반으로 확정했고, '위대한 김일성

위대한 김정일'을 '위대한 수령 김일성 위대한 령도자 김정일'로 수정했습니다. 또, '국무위원회 위원장 명령'이 '최고인민회의 법령'보다 우선하고, 아래에서처럼 군의 사명을 '혁명 수뇌부 보위'에서 '김정은 동지를 수반으로 하는 당중앙위원회 결사옹위'로 변경하는 등 자신들의 여건에 맞게 바꾸었습니다.

> 「제59조 조선민주주의인민공화국 무장력의 사명은 위대한 김정은 동지를 수반으로 하는 당중앙위원회를 결사옹위하고 근로인민의 리익을 옹호하며 외래침략으로부터 사회주의제도와 혁명의 전취물, 조국의 자유와 독립, 평화를 지키는데 있다.」

집단중심, 국가중심의 전체주의를 상징하며, 나아가 김씨 일가에 대한 찬양을 명시한 세계 유일의 헌법을 살펴보겠습니다. 북한 헌법은 7장 172조로 구성되어 있습니다.

제1장 정치
제2장 경제
제3장 문화
제4장 국방
제5장 공민의 기본 권리와 의무
제6장 국가 기구
제7장 국장, 국기, 국가, 수도

아래에서는 제1장과 제5장의 내용 일부를 살펴보도록 하겠습니다.

제1장 정치
제1조 조선민주주의인민공화국은 전체 조선인민의 리익을 대표하는 자주적인 사회주의국가이다.
▶ 북한이 사회주의 국가임을 천명합니다.

제2조 조선민주주의인민공화국은 제국주의침략자들을 반대하며 조국의 광복과 인민의 자유와 행복을 실현하기 위한 영광스러운 혁명투쟁에서 이룩한 빛나는 전통을 이어받은 혁명적인 국가이다.
▶ 일정기日政期 공산주의자들이 외치던 '반제국주의'와 '항일'을 뿌리로 탄생한 '나라'이기 때문에 이러한 정신을 기본으로 하고 있음을 설명하고 있습니다. 대한민국 내 좌익세력들이 끊임없이 왜 반일과 반미를 외치는지를 알 수 있는 대목입니다.

제3조 조선민주주의인민공화국은 위대한 김일성-김정일주의를 국가건설과 활동의 유일한 지도적지침으로 삼는다.
▶ 김씨왕조 일가(一家)의 통치에 정당성을 부여하는 조문입니다.

제4조 조선민주주의인민공화국의 주권은 로동자, 농민, 군인, 지식인을 비롯한 근로인민에게 있다. 근로인민은 자기의 대표기관인 최고인민회의와 지방 각급 인민회의를 통하여 주권을 행사한다.

▶ 근로인민 즉 프롤레타리아에게 '주권'이 있다고 포장을 합니다. 그리고 그들의 대표자인 '인민회의'라는 모임(소비에트)을 통해 주권이 행사된다고 하는데, 이 모임은 당연히 조선로동당원들로 구성된다는 것을 알고 있습니다.

제5조 조선민주주의인민공화국에서 모든 국가기관들은 민주주의중앙집권제원칙에 의하여 조직되고 운영된다.

▶ 조선로동당 '일당독재' 체제를 헌법에서는 '민주주의중앙집권제'라고 부릅니다. 전형적인 용어혼란 전술이자, 자기 합리화라고 볼 수 있습니다.

제6조 군인민회의로부터 최고인민회의에 이르기까지의 각급 주권기관은 일반적, 평등적, 직접적원칙에 의하여 비밀투표로 선거한다.

▶ 일반적인 민주국가에서 시행되는 선거의 4원칙인, 보통, 평등, 직접, 비밀투표를 설명하는 조문입니다. 실제로는 당에서 정한 사람이 후보자로 등록하고 이 사람에 대한 찬반투표를 당원의 감시하에 치른다는 것은 모두가 아는 사실입니다.

제5장 공민의 기본권리와 의무
제62조 조선민주주의인민공화국 공민이 되는 조건은 국적에 관한 법으로 규정한다. 공민은 거주지에 관계없이 조선민주주의인민공화국의 보호를 받는다.

▶ 과연 공민들이 보호를 받는지, 당으로부터 감시와 통제를 받는지 우리는 명확한 용어를 이해하고 조문을 들여다 보아야 합니다.

제63조 조선민주주의인민공화국에서 공민의 권리와 의무는 《하나는 전체를 위하여, 전체는 하나를 위하여》라는 집단주의원칙에 기초한다.

▶ 개인이 아닌 집단 우선이라는 '체제의 원칙'을 천명하고 있는 조문입니다. 과연 이러한 나라에서 62조에서 말하는 국가의 '보호'를 기대할 수 있을까요? '인간의 존엄성과 행복 추구권의 인정'을 바탕으로 제정된 '대한민국 헌법 제2장의 국민의 권리와 의무'와 북한 헌법 제5장을 비교해서 본다면 체제의 차이가 '개인의 삶'에 미치는 영향이 얼마나 큰지를 알 수 있습니다. 대한민국 헌법의 내용은 '제4장'에서 상세하게 다룹니다.

제64조 국가는 모든 공민에게 참다운 민주주의적 권리와 자유, 행복한 물질문화생활을 실질적으로 보장한다. 조선민주주의인민공화국에서 공민의 권리와 자유는 사회주의제도의 공고발전과 함께 더욱 확대된다.

▶ 우리는 굶어 죽고, 얼어 죽고, 맞아 죽는, 비참한 북한 주민의 실상을 알고 있습니다. 심지어 그들의 '행복한 물질문화생활'을 실질적으로 보장한다고 하는 이치에 맞지 않는 말을 합니다. 문재인 정권이 '대한민국 국민의 행복한 삶'을 보장하겠다고 외친 것을 떠올리면 이것이 얼마나 꺼림칙한 발언인지를 알 수 있습니다. 더 나아가서 '내 삶을 책임지는 국가'를 5대 국정목표의 하나로 두고 있습니다[9]. 개인의 행복은 개인이 정의하고 스스로가 책임지는 것이지, 국가가 나서서 규정하고 책임질 대상이 아니며 국가는 그런 일을 할 수 없습니다. '개인의 삶을 책임진다'라는 표현은 국가가 나서서 '개인의 삶을 통제하겠다'라는 말을 듣기 좋게 꾸민 것에 불과합니다. 이런 삶이 가능한 곳은 '천국天國' 혹은 '전체주의 국가' 중 하나입니다.

제65조 공민은 국가사회생활의 모든 분야에서 누구나 다 같은 권리를 가진다.

▶ 있으나마나 한 조문이라는 것을 대한민국 국민은 알고 있습니다. 북한은 당원 여부나 출신성분 등에 의한 차별이 존재하며 '누구나 다 같은' 권리를 누릴 수 없는 곳입니다.

제67조 공민은 언론, 출판, 집회, 시위와 결사의 자유를 가진다. 국가는 민주주의적 정당, 사회단체의 자유로운 활동조건을 보장한다.

▶ 마찬가지로 어떠한 표현의 자유도 보장되지 않는 곳이 북한입니다.

제68조 공민은 신앙의 자유를 가진다. 이 권리는 종교건물을 짓거나 종교의식 같은 것을 허용하는 것으로 보장된다. 종교를 외세를 끌어들이거나 국가사회질서를 해치는데 리용할수 없다.

▶ '기독교=외세'라는 프레임과 함께 북한 체제를 위협하는 어떠한 모임도 허용하지 않는다는 것과 신앙의 자유가 보장되지 않는 곳이 북한이라는 것을 우리는 알고 있습니다.

제70조 공민은 로동에 대한 권리를 가진다. 로동능력있는 모든 공민은 희망과 재능에 따라 직업을 선택하며 안정된 일자리와 로동조건을 보장받는다. 공민은 능력에 따라 일하며 로동의 량과 질에 따라 분배를 받는다.

▶ 모든 공민이 희망과 재능에 따라 직업을 선택하는 일은 극소수 특권층에게만 존재하며, 북한은 스스로를 '모든 것을 평등하게 분배하는 사회'라고 거짓 선전해 왔다는 것도 익히 알고 있는 사실입니다.

제71조 공민은 휴식에 대한 권리를 가진다. 이 권리는 로동시간제, 공휴일제, 유급휴가제, 국가비용에 의한 정휴양제, 계속 늘어나는 여러가지 문화시설들에 의하여 보장된다.

▶ 권리를 가진다고 하지만 무효한 권리이며, 보장된다고 하지만 보장되지 않는 곳이 북한임을 잘 알고 있습니다.

---

9) 국정기획자문위원회, 『문재인정부 국정운영 5개년 계획』, 2017년 7월, 12-13쪽.

제72조 공민은 무상으로 치료받을 권리를 가지며 나이많거나 병 또는 신체장애로 로동능력을 잃은 사람, 돌볼 사람이 없는 늙은이와 어린이는 물질적방조를 받을 권리를 가진다. 이 권리는 무상치료제, 계속 늘어나는 병원, 료양소를 비롯한 의료시설, 국가사회보험과 사회보장제에 의하여 보장된다.

▶ '무상의료'라고도 하는데, 그들의 낙후된 의료기술, 의료시스템을 거론하지 않더라도 그나마 받을 수 있는 혜택도 당원들이 우선이라는 것을 알고 있습니다.

제74조 공민은 과학과 문학예술활동의 자유를 가진다. 국가는 발명가와 창의고안자에게 배려를 돌린다. 저작권과 발명권, 특허권은 법적으로 보호한다.

▶ 이들의 과학, 문화, 예술은 당과 김씨왕조의 선전을 위한 수단과 보조품에 불과하다는 것을 알고 있습니다.

제75조 공민은 거주, 려행의 자유를 가진다.

▶ 당원 등 특정 계급인에게만 제한적으로 제공되는 극히 부자유한 사회라는 것을 알고 있습니다.

제76조 혁명투사, 혁명렬사가족, 애국렬사가족, 인민군후방가족, 영예군인은 국가와 사회의 특별한 보호를 받는다.

▶ 대한민국 헌법 11조 2항과 3항에서 제한하는 특수계급과 가족에 대한 특권이 북한에서는 허용되고 있음을 알 수 있습니다. 이는 김씨왕조 체제 유지를 위해 노력한 사람들을 치하하고 이들을 통해 체제유지를 공고히 하기 위함입니다.

제77조 녀자는 남자와 똑같은 사회적 지위와 권리를 가진다. 국가는 산전산후휴가의 보장, 여러 어린이를 가진 어머니를 위한 로동시간의 단축, 산원, 탁아소와 유치원망의 확장 그밖의 시책을 통하여 어머니와 어린이를 특별히 보호한다. 국가는 녀성들이 사회에 진출할 온갖 조건을 지어준다.

▶ 겉보기에는 남녀평등과 모자母子보호를 외치고 있는 법이지만, 실제는 여성들에 대한 차별이 존재한다는 것을 알고 있습니다.

제80조 조선민주주의인민공화국은 평화와 민주주의, 민족적독립과 사회주의를 위하여, 과학, 문화활동의 자유를 위하여 투쟁하다가 망명하여온 다른 나라 사람을 보호한다.

▶ 평화, 민주, 민족, 독립, 자유 등 좋은 말을 써 놓지만, 결국 김씨왕조 체제 유지에 힘을 쓴 사람, 특히 대한민국에서 반체제 활동을 하고 월북越北한 사람을 보호한다는 내용입니다.

제81조 공민은 인민의 정치사상적 통일과 단결을 견결히 수호하여야 한다. 공민은 조직과 집단을

귀중히 여기며 사회와 인민을 위하여 몸바쳐 일하는 기풍을 높이 발휘하여야 한다.

제82조 공민은 국가의 법과 사회주의적생활규범을 지키며 조선민주주의인민공화국의 공민된 영예와 존엄을 고수하여야 한다.

제84조 공민은 국가재산과 사회협동단체재산을 아끼고 사랑하며 온갖 탐오랑비현상을 반대하여 투쟁하며 나라살림살이를 주인답게 알뜰히 하여야 한다. 국가와 사회협동단체재산은 신성불가침이다.

제85조 공민은 언제나 혁명적 경각성을 높이며 국가의 안전을 위하여 몸바쳐 투쟁하여야 한다.

제86조 조국보위는 공민의 최대의 의무이며 영예이다. 공민은 조국을 보위하여야 하며 법이 정한데 따라 군대에 복무하여야 한다.

▶ 상기 다섯 조문은 개인보다 사회, 국가 나아가 김씨왕조를 위해 몸을 바쳐야 한다고 합니다. 국가가 주인이며, 북한 주민은 주인을 섬기는 '종'이라는 것을 규정하고 있습니다.

이상 보기만 해도 숨이 막히는 북한의 헌법을 대략적으로 살펴보았습니다. 일반적으로 한 국가의 최고규범은 헌법입니다. 하지만 프롤레타리아 독재를 내건 사회주의·공산주의 국가에서는 당이 국가보다 우위에 있으므로 '당의 규약'이 헌법보다 더 상위의 규범이 됩니다. 우리는 이 사실을 앞 절의 〈중화인민공화국〉에서 확인했습니다. 현재 북한 헌법 제11조의 '조선민주주의인민공화국은 조선로동당의 령도 밑에 모든 활동을 진행한다.'라는 조문을 통해서 조선로동당의 일당독재를 규정하고 있습니다.

그렇다면 북한에서는 '조선로동당 규약'이 북한의 최고규범일까요? 그렇지 않습니다. 북한은 개정을 통해 헌법에서 '공산주의'를 삭제했고, 수령에 대한 충성을 강조하는 '주체사상'을 국가의 공식이념으로 규정했습니다. 겉으로는 공화국이라고 하지만 실은 인류 역사의 흐름에 반하는 '전제군주국'입니다. 이 때문에 김씨일가一家에 대한 맹목적 충성을 강요하는 '당의 유일적 령도체계확립의 10대 원칙(이하 10대 원칙)'이라는 규범이 북한 주민의 삶을 옥죄는 최고규범입니다.

10대 원칙은 말그대로 헌법 위에 군림하는 초헌법적(超憲法的)인 법입니다. 이는 60년대 말, 김정일의 정권 승계와 정적들에 대한 대규모 숙청 과정에서 만들어졌고, 1974년 4월 김정일이 공식 발표한 '당의 유일사상체계확립의 10대원칙'의 개정판으로 알려져 있습니다. '서문'과 10개조의 원칙, 부연설명, 각 원칙에 따른 60개 항목으로 구성됩니다. 정치범수용소에 갇힌 사람들 대부분이 실질적인 헌법이라고 할 수 있는 이 '10대 원칙' 위반 때문이라고 합니다. 여기서는 지면상의 관계로 '서문'과 '10개조'만 살펴봅니다. 서문에서는 김일성, 김정일의 업적에 대한 평가와 칭송을 하며 다음과 같이 마무리합니다.

「우리는 위대한 김일성동지와 김정일동지를 영원히 높이 모시고 충정을 다 바치며 당의 령도 밑에 김일성·김정일주의 위업을 끝까지 계승완성하기 위하여 다음과 같은 당의 유일적령도체계확립의 10대 원칙을 철저히 지켜야 한다.」

1. 온 사회를 김일성-김정일주의화하기 위하여 몸바쳐 투쟁하여야 한다.
2. 김일성과 김정일을 우리 당과 인민의 영원한 수령으로, 주체의 태양으로 높이 받들어모셔야 한다.
3. 김일성과 김정일의 권위, 당의 권위를 절대화하며 결사옹위하여야 한다.
4. 김일성과 김정일의 혁명사상과 그 구현인 당의 노선과 정책으로 철저히 무장하여야 한다.
5. 김일성과 김정일의 유훈, 당의 노선과 방침 관철에서 무조건성의 원칙을 철저히 지켜야 한다.
6. 영도자를 중심으로 하는 전당의 사상의지적 통일과 혁명적 단결을 백방으로 강화하여야 한다.
7. 김일성과 김정일을 따라 배워 고상한 정신도덕적 풍모와 혁명적 사업방법, 인민적 사업작풍을 지녀야 한다.
8. 당과 수령이 안겨준 정치적 생명을 귀중히 간직하며 당의 신임과 배려에 높은 정치적 자각과 사업실적으로 보답하여야 한다.
9. 당의 유일적 영도 밑에 전당, 전국, 전군이 하나와 같이 움직이는 강한 조직규율을 세워야 한다.
10. 김일성이 개척하고 김일성과 김정일이 이끌어온 주체혁명위업, 선군혁명위업을 대를 이어 끝까지 계승·완성하여야 한다.

처음부터 끝까지 김일성과 김정일을 찬양하며 북한에 있는 사람을 포함한 모든 존재는 령도자를 중심으로 해야 한다고 강제하고 있습니다. 그 어디에도 '자유'는 찾아볼 수가 없습니다. 조선민주주의인민공화국의 기본 국가 운영 원칙은 국가는 조선로동당이 '령도'하고 당은 수령이 '령도'하는 '전제군주제' 형태를 취하고 있습니다. 실질적 헌법이라고 할 수 있는 '10대 원칙'조차도 령도자의 말 한마디로 개정할 수 있으므로, 결국 '국무위원장 김정은의 말'이 북한 최고규범이라고 할 수 있습니다. 실제로 2019년 8월의 헌법 개정을 통해 '국무위원장의 명령이 최고인민회의가 정한 법령보다 우선한다'는 것을 명시했습니다. 대한민국에 대입한다면 '대통령령'이 '헌법'보다 우선한다는 것으로 결코 민주적民主的이라고 할 수 없으며 존재할 수 없는 법입니다[10].

북한과 같은 나라에서는 개인이 아무리 우수한 재능을 가지고 있어도 자신의 꿈을 이룰 수가 없고 행복할 수가 없습니다. 개인의 자기 계발이 제한되고 하향평준화 되어 버리는 사회는 계속해서 발전할 수 없으며, 결국 나라의 발전도 정체停滯되고 퇴보할 수밖에 없습니다. 이 모습을 여실히 나타낸 것이 다음의 위성사진입니다.

---

[10] 송인호 (2019), 북한의 '당의 유일적 영도체계 확립의 10대 원칙'에 대한 고찰, 법학논총, 43(1), 145-176.

1948년에 건국을 선포한 한반도의 두 나라, 대한민국과 조선민주주의인민공화국의 명암明暗이 이처럼 극명하게 차이가 나는 이유는 무엇이었을까요? 다음 절에서 살펴봅니다.

1.2.2.2. 민주공화국民主共和國

사전에 의한 '민주공화국'의 정의는 다음과 같습니다.

표준국어대사전: 주권이 국민에게 있고 주권의 운용이 국민의 의사에 따라 이루어지는 나라.
고려대 한국어 대사전: 주권이 국민에게 있고 국민이 선출한 국가 원수 및 대표에 의하여 국정이 운영되는 나라.

이제 민주공화국을 대표하는 '대한민국'의 헌법을 통해 위에서 서술한 군주제 국가, 인민공화국과의 차이를 알아보겠습니다.

대한민국헌법[시행 1988. 2. 25.] [헌법 제10호, 1987. 10. 29., 전부개정]

전문(前文)
제1장 총강
제2장 국민의 권리와 의무
제3장 국회
제4장 정부
제5장 법원
제6장 헌법재판소
제7장 선거관리
제8장 지방자치
제9장 경제

제10장 헌법개정

'전문'은 '1.1.4. 대한민국의 기원'에서 다루었고, 이 절에서는 '제1장 총강'의 일부를 살펴보며, 4.3.에서 헌법 제2장 '국민의 권리와 의무'를 알아보도록 합니다.

제1장 총강

제1조 ①대한민국은 민주공화국이다.

▶ 민주정民主政이란 구성원들이 의사 결정을 직접하거나, 구성원에 의해 선출된 대표들이 대신 행하는 형태를 의미합니다. 공화국이란 앞에서 살펴보았듯이 1인에 의한 독재가 아니라 국민들이 추대한 대표들이 공동으로 화합하여 행하는 정치체제를 말합니다. 민주정과 공화제를 함께 실시하는 오늘날 민주공화국은 대부분 선거 제도를 통해 대표자를 선출하는 대의(代議)민주주의 형태를 취합니다.

②대한민국의 주권은 국민에게 있고, 모든 권력은 국민으로부터 나온다.

▶ 표준국어대사전에서는 주권과 권력을 다음과 같이 정의합니다.

주권	권력
국가의 의사를 최종적으로 결정하는 권력. 대내적으로는 최고의 절대적 힘을 가지고, 대외적으로는 자주적 독립성을 가진다.	남을 복종시키거나 지배할 수 있는 공인된 권리와 힘. 특히 국가나 정부가 국민에 대하여 가지고 있는 강제력을 이른다.

특히 권력은 다른 사람을 그 사람의 뜻에 반하더라도 복종시키거나 지배할 수 있는 힘으로, 강제성을 내포합니다.

▶ 2항은 국가권력의 정당성이 국민에게 있고 모든 통치권력의 행사를 최후적으로 국민의 의사에 귀착시킬 수 있어야 한다는 등 국가권력 내지 통치권을 정당화하는 국민주권주의를 이야기합니다. 2항 후반의 '모든 권력'은 통치권을 의미하는데 통치권이란 국민과 국토를 지배하는 국가 고유의 권력으로 입법권, 집행권(행정권), 사법권의 총합을 말합니다.

▶ 헌법제정권이란 헌법을 창조하는 힘으로 헌법을 만드는 헌법 이전의 권력을 말하는데, 2항은 헌법제정권의 주체가 국민이라는 것의 헌법적 근거가 됩니다. 헌법학자인 김학성 교수는 '헌법 이전의 권력을 통해 법질서가 창조되므로, 헌법제정권력은 정치가 규범으로 바뀌는 교착점에 위치하는 권력이다.'라고 말합니다.

제2조 ①대한민국의 국민이 되는 요건은 법률로 정한다.

②국가는 법률이 정하는 바에 의하여 재외국민을 보호할 의무를 진다.

▶ 1항의 법률은 '국적법'으로 국적은 국민으로서의 신분 또는 국민이 되는 자격을 말합니다. 국적은 국가와 그 구성원 간의 법적 장치로서 보호와 복종관계를 뜻하므로 이를 분리해서 생각할 수 없습니다. 국적은 국가의 생성과 함께 발생하고 국가의 소멸은 곧 국적 상실로 이어집니다. 2항은 국가의 재외국민 보호의 의무를 말하고 있습니다.

제3조 대한민국의 영토는 한반도와 그 부속도서로 한다.

▶ 대한민국의 영토를 정의함으로써 북한에 존재하는 사람들 또한 대한민국 국민으로 정의하고 있습니다. 또 김정은과 조선로동당 등 통치세력의 실체를 '인정하지 않음'으로써 이들을 불법집단으로 정의할 수 있도록 하는 조문입니다.

제4조 대한민국은 통일을 지향하며, 자유민주적 기본질서에 입각한 평화적 통일 정책을 수립하고 이를 추진한다.

▶ 대한민국의 일부를 불법 점거한 김정은과 조선로동당 치하의 북한과 어떤 방법으로 통일을 이룩할지를 명시하고 있습니다. 그렇기 때문에 3조와는 달리 통치세력의 실체를 '인정'하여 남북관계의 특수성을 이해할 수 있으며 분단된 현실을 직시하고 최종적으로는 통일을 지향하고 있음을 나타내는 조문입니다.

▶ 이처럼 3조와 4조를 통해 대한민국은 북괴 집단에 대해서 '이중적 지위'를 부여합니다. 또, 각 조문은 입법목적과 규제대상을 다르게 규율하는 '국가보안법'과 '남북교류협력에 관한 법률' 제정의 바탕이 됩니다.

▶ 자유민주적 기본질서(자유민주 체제)는 자유주의와 결합된 정치원리로서 국가권력으로부터의 간섭을 줄이고 개인의 자유를 최대한 보장하여 주권을 가진 국민의 의사에 따라 국가의 중요한 일을 결정하는 체제를 말합니다. 자유롭지 않은 민주정 또는 민주적이지 않은 자유주의에 대해서 생각해본다면, 자유민주 체제가 얼마나 잘 다듬어진 체제인가를 알 수 있습니다. 이렇게 소중히 다루어야 할 '자유민주적 기본질서'에 위해를 준다는 것에 대한 의미를 헌법재판소가 판시한 것을 뒤(제7장)에서 다루도록 하겠습니다.

제5조 ①대한민국은 국제평화의 유지에 노력하고 침략적 전쟁을 부인한다.
②국군은 국가의 안전보장과 국토방위의 신성한 의무를 수행함을 사명으로 하며, 그 정치적 중립성은 준수된다.

▶ 대한민국 국군의 역할을 명시하고 있습니다. 인민공화국처럼 일당이나 일인 독재자를 위해 존재하는 것이 아니라 국민의 생명과 국민의 생활공간인 국토를 지키는 신성한 임무가 부여됩니다. 침략전쟁은 부인되지만, 허용되는 자위(自衛)전쟁이 있음을 알 수 있습니다.

제7조 ①공무원은 국민전체에 대한 봉사자이며, 국민에 대하여 책임을 진다.
②공무원의 신분과 정치적 중립성은 법률이 정하는 바에 의하여 보장된다.

▶ 공무원은 직접 또는 간접으로 국민에 의하여 선출되거나 임용권자에 의하여 임용되어 국가 또는 공공단체와 공법상의 근무관계를 맺고 공무를 담당하고 있는 자로 정의합니다. 이런 공무원의 의무와 책임 그리고 이들에 대한 법률보장을 명기합니다. 공산사회에서 갑질하는 공무원이 아닌, 국민을 주인으로 섬기는 자로서의 공무원을 정의하고 있습니다.

제8조 ①정당의 설립은 자유이며, 복수정당제는 보장된다.

②정당은 그 목적·조직과 활동이 민주적이어야 하며, 국민의 정치적 의사형성에 참여하는데 필요한 조직을 가져야 한다.
③정당은 법률이 정하는 바에 의하여 국가의 보호를 받으며, 국가는 법률이 정하는 바에 의하여 정당운영에 필요한 자금을 보조할 수 있다.
④정당의 목적이나 활동이 민주적 기본질서에 위배될 때에는 정부는 헌법재판소에 그 해산을 제소할 수 있고, 정당은 헌법재판소의 심판에 의하여 해산된다.

▶ 정당은 정치에 대한 이념이나 정책이 일치하는 사람들이 정치적 이상을 실현하기 위하여 조직하는 단체를 말합니다. 이는 국민의 의사와 국가의사를 매개하는 중개체가 됩니다. 대한민국은 일당독재 체제가 아닌 복수정당제이며 국민의 의견을 반영하는 정당을 국가가 보호하며, 정당의 목적이 국가에 해악을 끼친다면 해산시킬 수 있음을 명시합니다. 이는 자유민주적 기본질서(자유민주체제)에 입각한 대한민국이라는 울타리를 허물려고 하는 세력11)을 견제하기 위함입니다. 4항은 대한민국 체제를 위협하는 정당에 대한 해산을 제소(提訴)할 수 있는 정부와 심판할 수 있는 헌법재판소의 역할을 명기하고 있습니다. 따라서 정부와 헌법재판소가 반대한국민 세력에 장악된다면, 정당한 제소와 심판이 이루어질 수 없으며, 특정 정당의 폭주를 저지하기가 어려워지며, 체제 전복이 될 수 있음을 추론할 수 있습니다.

대한민국의 헌법은 제1장에서부터 언급한 '인민공화국'들의 헌법과 현격한 차이를 가집니다. 계속해서 강조하는 것은 일당一黨이나 일인一人에게 권력이 집중되지 않으며, 국민이 주인 된 나라가 대한민국입니다. 이 나라는 다른 체제와는 비교할 수 없을 만큼 격이 다른 나라라는 것을 확인할 수 있습니다. 대한민국은 제2차 세계대전이 끝나고 해방을 맞이한 뒤 독립한 식민지 국가였습니다. 건국 후 2년이 채 되기도 전에 발생한 전쟁의 폐허를 딛고 세계 10대 경제 대국이 된 나라이기도 합니다.

반면에 일당 혹은 일인 독재체제로 국민의 자유를 억압하는 기형적인 공산주의 체제는 부정부패가 만연하게 됩니다. 특히, 북한은 세계사에 유래 없는 세습·독재 체제를 확립하며 폐쇄사회를 만들고 고립을 자처하고 있습니다. 김정은이 주인인 북한의 정식 호칭에는 옛 '조선'과 '민주주의인민공화국'으로 구성됩니다. 모든 인민이 노예가 된 나라가 민주民主를 운운하고 있으니 거짓말도 이런 거짓말이 없는 것입니다. 중세시대 어떠한 전제군주제보다 더 잔혹하게 인민들을 탄압하는 북한은 조선보다 더 후진적인 체제를 공고히 하며 그에 합당한 열매를 맺고 있습니다.

이처럼 한반도는 순기능 국가와 역기능 국가의 단적인 모습을 대비(對比)할 수 있는 현장입니다. 이 차이는 각 나라의 뼈대라고 할 수 있는 헌법과 그 헌법을 지키려는 의지와 노력으로 빚어진 결과입니다. 다음 장에서는 우리에게 순기능 국가의 혜택을 누리게 해준 대한민국이 어떻게 탄생했는지를 살펴봅니다.

---

11) 반(反)대한국민 세력으로 부릅니다.

CHAPTER 2

대한민국의 탄생

제2장 대한민국의 탄생

우리가 속해 있으며, 살아갈 수 있는 터전을 마련해 주고 있는 '국가'가 어떤 나라인지 아는 것은 매우 중요합니다. 국가는 국민의 생각과 생활의 테두리를 만들어주기 때문입니다. 우리는 앞 장에서 다룬 각국의 헌법을 통해 국가는 국민에게 일정한 자유를 제공해주기도 하지만 그 자유를 제한하기도 하며, 심하면 통제하고 노예로 삼기도 한다는 것을 배웠습니다. 이제 우리가 발을 딛고 있는 이 땅 위에 어떤 나라가 존재해왔으며, 대한민국은 그런 나라들과 무엇이 다르며, 어떻게 탄생했는지 알아봅니다.

2.1. 한반도에 존재했던 나라들과 그 한계

'대한민국'이라고 불리는 국가는 저절로 만들어진 나라가 아닙니다. 그 전에 '한반도' 위에는 여러 나라가 존재했다가 사라져 갔습니다. 우리는 대략, 이 땅 위에 고조선, 고구려, 백제, 신라, 통일신라, 대진국(발해), 고려, 조선, 대한제국 그리고 일본제국이 존재했다고 배웠습니다.

이러한 나라들은 임금이라 불리는 절대군주가 통치하며 그 나라에 속해 있는 모든 사람을 다스리는 권력을 지녔습니다. 즉 그 나라의 주인主人은 임금이고, 그 나라의 영토 위에 존재하는 사람들은 그 임금을 섬기는 신민臣民이었습니다. 임금의 칭호는 왕, 대왕, 태왕, 황제, 천황 등 다양하게 불렸고, 그 나라 백성들은 왕정王政체제 하에 있는 다스림을 받는 객체客體일 뿐이었습니다.

따라서 진정한 자유를 누리는 사람은 임금이었고, 그 임금으로부터 인정을 받은 세력과 사람들은 그보다는 적지만 자유를 누릴 수 있었습니다. 조선시대 양반兩班이 그 대표적 예라고 할 수 있습니다. 전 인구의 10% 미만을 차지하던 이들은 글을 읽고 공부를 해서 과거시험을 통해 관직에 나아갈 수 있는 지위를 갖고 있었습니다. 하지만 인구 90% 이상의 중인中人, 상민常民과 노비奴婢들은 그러한 기회를 얻을 수 없었습니다. 책이 비싸서이기도 했지만, 이들에게는 글을 읽을 수 있는 자유와 배움의 기회가 허락되지 않았습니다. 나라에서는 책을 만들거나 유통하는 일도 허가하지 않아 일반 백성들은 책을 구할 수도 없었습니다.

조선은 지식이 곧 권력으로 이어지는 사회였습니다. 그러한 지식은 양반이 독점해야 하는 금단의 영역으로 성리학(性理學) 질서로 유지되는 조선에서는 당연한 일이었습니다. 지식의 독점은 곧 자유의 제한이었고 빈부의 세습으로 이어졌습니다. 신분상승은 꿈도 꿀 수 없는 폐쇄사회였습니다.

이에 더해 소중화사상小中華思想에 빠져 허상에서 정신승리를 갈구하는 나라가 조선이었습니다. 청淸나라에게 항복했지만, 여진족인 그들을 얕보고 임진왜란 때 자신을 구해준 명나라를 섬기는 사대주의에서 조선 왕조의 명분을 찾겠다는 생각이었습니다. 한족(漢族)이 세운 명나라도 청나라에 망했지만, 명나라의 문명을 계승한 적통이 조선이라는 것이었습니다. 명나라를 충효로 섬기고 의리를 지킨다는 명분으로, 강력한 청나라를 '만주족 오랑캐'로 업신여기고 스스로를 '소중화'로 여겼습니다. 이에 따라 만동묘(萬東廟)와 대보단(大報壇)을 짓고 명나라 황제에게 해마다 제사를 지내는 것이 조선의 실상이었습니다. 현실에서는 청나라에 머리를 숙였지만, 정신적으로는 멸망해버린 명나라에 머리를 조아렸던 것입니다.

조선은 주자학(朱子學)만을 고집하며 형이상학적 세계에 머무르며 다른 학문을 이단으로 여기고 멸시했습니다. 심지어 정적(政敵)을 제거하기 위해 실학자들을 사문난적(斯文亂賊)으로 몰았습니다. 반면 청나라와 일본은 고증학(考證學)과 실학(實學)을 받아들였습니다. 서양과의 교류를 통해 도시 경제가 발전하고 상업이 융성하게 되었으며 출판업의 발달로 지식이 급격하게 확산되었습니다.

조선은 외적(外的)으로는 중화의 새로운 질서에 편입되어 청나라로부터 서양 문물을 포함한 새로운 문물을 받아들이기를 거부했습니다. 내적(內的)으로는 정신승리에 도취된 상태에서 폐쇄적인 사회를 유지하고 고립(孤立)을 선택했기에 근대화(近代化)의 길은 요원한 것이었습니다.

우연히도 조선의 고종황제와 일본의 메이지천황이 태어난 해는 1852년입니다. 두 군주는 다른 길을 걸었습니다. 가장 큰 차이점은 스스로의 의지로 결정하고 개혁을 했는지의 여부(與否)입니다. 이 차이점이 향후 두 나라와 그 신민들의 장래를 결정하게 된 것입니다.

근대화를 이루지 못한 구한말舊韓末, 자립하지 못하고 외세에 의존하여 왕정을 유지하려던 순종황제가 일본의 메이지천황에게 나라를 양여讓與한 것이 1910년 8월의 한일병합(경술국치)입니다. 대한제국은 다시 조선으로 불리며, 일본제국의 식민지가 되었습니다. 메이지천황은 대한제국 황실을 '왕공족(王公族)'이라는 신분으로 편입 및 격하시키고 일본 황족에 준하는 대우를 부여했습니다. '대한제국 황실은 한일병합 후에도 그 지위를 유지하며 일본 천황가(天皇家)에 속한 '이왕가(李王家)'로 책봉된다.', '대한제국 황제 순종은 '창덕궁 이왕(昌德宮李王)'으로, 태황제 고종은 '덕수궁 이태왕(德壽宮李太王)'으로 삼는다.'는 등의 조서(詔書)를 통해, 일제가 패망할 때까지 이왕가의 사람들은 일본천황의 봉록俸祿을 받았습니다.

대한제국의 황제와 대신들은 제대로 된 저항 한번 하지 않고 자신들의 명예와 대우를 보장받으며 이천만 대한제국 신민의 운명을 통째로 일본제국에 내어준 것입니다. 이에 따라 순종황제에게 속해있던 신민이 일본천황의 신민으로 그 지위가 변경되었으며, 일본 본토의 내지인內地人과 차별받는 2등 신민으로 살아가게 된 것이 이 땅 위의 '일정기日政期[12]'였습니다.

---

[12] 왜정기倭政期라고도 불리며, 좌익(左翼)사관(史觀)을 가진 사람들은 '일제시대'가 아닌 '일제 강점기'로 지칭하고 거의 모든 교과서와 역사서에서도 이렇게 서술하고 있습니다. 이 글을 작성 중인 한글 프로그램에서도 "표 없이 '일제시대'라고 쓰면, '일제 강점기'로 자동 변환됩니다.

2.2. 국제정세에 어두웠던 조선과 스스로 노력한 일본

국제정세에 어두웠던 구한말의 조선을 풍자한 삽화

조선은 왜 이렇게 일제의 식민지가 될 수밖에 없었을까요? 이 질문에 답하기 위해서는 한반도의 역사를 알아야 하며, 이를 통해 오늘날 대한민국이 처한 상황도 이해할 수 있습니다. 한반도는 주변에 자리한 중국, 러시아, 일본의 이해관계에 있어서 커다란 변수로 작용하게 됩니다. 삼국시대 신라의 통일을 전후로 한 시기에 당(唐)나라와 왜(倭)가 삼국과 함께 전쟁을 치렀습니다. 원(元)나라의 침공에 저항하던 고려는 마침내 항복하고, 원나라군과 함께 두 차례에 걸쳐 일본을 공격하기도 했습니다. 조선시대에는 일본을 통일한 도요토미 히데요시(豊臣秀吉, 1537~1598)가 명(明)나라를 치러가기 위해 길을 빌려달라(征明假道)며 임진왜란을 일으켰습니다. 이후 정묘호란과 병자호란을 맞이하여 조선은 청나라에 무릎을 꿇게 됩니다.

한반도는 대륙과 해양 세력이 부딪치는 지리적인 위치에 있기에 큰 전쟁터가 되었습니다. 6·25남침 전쟁도 단순히 남북한의 전쟁이 아니라 대륙과 해양 문명의 충돌이기도 했습니다. 이러한 사실을 통해 볼 때, 대한민국은 국제정세에 민감하게 대응해서 살아남아야 하는 위험성을 안고 있다는 것을 알게 됩니다. 그와 동시에 이러한 지정학적 이점을 잘 활용한다면 현명한 대처도 가능함을 시사(示唆)합니다. 적절한 외교력과 군사력이 뒷받침되었을 때는 대비할 수 있었고, 그렇지 못했을 때는 큰 피해를 입었다는 것을 알 수 있습니다. 대개 큰 피해는 주로 대비하지 못한 전쟁에 동원되거나 포로로 끌려가는 등 백성의 몫이었습니다. 이처럼 한반도에 살았던 사람들은 대륙과 해양 사이에서 모질게 버텨냈습니다. 그리고 대한민국의 영토가 확장되지 않는 이상 우리의 후손들도 그럴 것입니다.

19세기는 자국의 우월한 군사력과 경제력으로 다른 나라를 정벌하여 대국가를 건설하려는 제국주의(Imperialism)의 시대였습니다. 영국의 산업혁명으로 자본주의가 확립되자 더 넓은 시장이 필요해진 것입니다. 영국, 프랑스, 독일, 러시아 등 유럽 열강은 새로운 시장개척, 자원 확보와 자본의 투자 대상을 찾아 아프리카와 아시아를 침략하고 식민지를 확장, 거대 제국을 만들었습니다.

유럽 열강들은 거대한 제국 청나라를 조금씩 잠식해 들어갔습니다. 청나라는 아편전쟁을 계기로

1842년 영국과 난징조약을 맺고 자국 항구를 서구 열강들에 개방한 이래, 프랑스·미국·러시아·독일 등으로부터 굴욕을 당했습니다. 난징조약을 시작으로 이어지는 여러 조약은 근대로 편입하게 되는 중국이 국제관계에서 불평등 조약을 맺는 단서가 되었습니다. 영국을 비롯한 유럽 열강의 정치·경제·문화뿐만 아니라 영토 면에서도 중국 침략의 길을 열어준 결과가 되었습니다. 중국은 점점 유럽과 일본 등 자본주의 세계에 종속된 시장으로서 재편되고 말았습니다. 난징조약을 통해 세상의 중심은 중국이라는 중화사상이 깨어지게 되었습니다. 결과적으로 중국인들이 현실을 직시하고 '근대화'라는 의식이 태동하게 되었습니다.

일본도 미국의 페리 제독이 이끄는 흑선(黑船)의 포함(砲艦)외교에 굴복하고 조약을 맺었습니다. 1854년 일미화친조약(日米和親条約)으로 불리는 가나가와조약(神奈川条約)을 맺고 개항하여 쇄국의 문을 열었습니다. 4년 후, 일미수호통상조약(日米修好通商条約)을 시작으로 네덜란드, 러시아, 영국, 프랑스와 안세이 5개국 조약(安政五カ国条約)을 맺었습니다. 이 조약은 불평등 조약이었지만 일본은 국제질서에 편입되면서 서구와의 자유무역이 시작되었습니다. 한 연구13)에 의하면 이 통상조약에 의한 무역개방으로 일본이 얻은 이득은 국내총생산(GDP)의 약 7%를 차지했다고 합니다.

서구 열강들의 강요로 국제사회에 편입했고 자유무역을 시작한 중국과 일본은 새로운 세상에 눈을 뜨기 시작했습니다. 두 나라는 내부적으로 진통을 겪기도 했고, 불평등 조약을 맺으며 국제사회를 알아가기 시작했습니다. 하지만 씨를 뿌리면 열매를 맺는 법, 근대화를 이루려는 열망이 백성을 일깨우고 사회와 제도에 변화를 가져오게 됩니다.

한반도는 중국·일본보다 늦은 1876년 서구 열강이 아닌 일본과 조일수호조규(강화도조약)를 체결했습니다. 1882년 미국과 조미수호통상조약을 체결하며 근대적 국제질서에 편입되었지만, 근대화가 일어나기에는 요원했습니다. 조선의 배타적이고 폐쇄적인 신분제로 인한 높은 문맹률, 자주의식自主意識 결여는 근대화의 필요성을 느낄 수 없게 만들기에 충분했습니다. 조선의 신민들은 물론이요, 권력자인 임금과 양반들도 캄캄한 어둠 속에서 헤매는 한반도였습니다.

한편, 일본은 1868년 메이지유신明治維新으로 서양의 문물과 제도를 도입, 정치·경제·군사 등 여러 면에서 근대화를 이루어 나갔습니다. 이러한 과정에는 많은 사람의 희생과 헌신이 따랐습니다. 내부적으로도 인적·물적 쇄신의 과정을 거쳤고 때로는 서로 죽고 죽이는 일도 벌어졌습니다. 또, 신문물을 받아들이기 위해 유럽과 미국에 유학생들을 파견(이와쿠라사절단岩倉使節團)하여 각 나라의 제도·학문·기술 등을 배워오도록 국가 차원에서 힘을 기울였습니다.

---

13) Daniel M. Bernhofen, John C. Brown (2017), "Gains from trade: evidence from nineteenth century Japan", Microeconomic Insights.

(좌) 조선(물고기)을 두고 입질하는 일본과 청나라, 관망하는 러시아의 삽화
(우) 일본과 러시아 사이에 끼인 조선을 풍자한 삽화

당시에는 패권국가인 대영제국과 이에 도전하는 제정 러시아 사이에서 벌어지는 유라시아 대륙 차원의 '그레이트 게임(Great Game)'이 한창 진행 중이었습니다. 러시아는 무역을 하기 위한 해상 진출을 위해, 얼지 않는 항구(부동항不凍港)를 목표로 애쓰고 있었습니다. 이러한 러시아의 남진을 영국이 막는 형국이 그레이트 게임이었습니다. 유럽의 발트해를 통해 대서양으로, 흑해를 통해 지중해로 진출하려는 러시아의 계획은 좌절되었습니다. 마지막 카드는 시베리아를 통해 유라시아 동쪽 끝의 태평양으로 진출하는 전략이었습니다. 제2차 아편전쟁의 결과 맺어진 북경조약(1860년)으로 청나라로부터 연해주를 할양받은 러시아는 조선과 국경을 마주하게 되었습니다. 한반도에 대한 영향력 확대를 통해, 그토록 염원하던 부동항을 손에 넣을 기회가 찾아온 것입니다. 지금도 러시아 태평양함대의 거점인 블라디보스토크의 의미가 '동방의 지배자'라는 것에서부터 러시아의 야욕을 짐작할 수 있습니다. 그리고 1891년, 모스크바에서 블라디보스토크를 잇는 시베리아 횡단철도가 착공됩니다. 이러한 러시아의 팽창이 주변 나라들에게는 위협적인 남진 정책으로 받아들여졌습니다.

위협을 느낀 일본은 국제정세의 흐름을 보는 눈을 갖게 되면서 영국의 편에 서기로 결정했습니다. 그리고 자국의 안전보장을 위해서는 한반도에 친일 정권이 들어서야 함을 주장하며 대한제국에 영향력을 행사했습니다. 결국 영국을 대신한 러일전쟁(1904년~1905년)에서 일본군 11만 이상의 전사자를 내며 승리하고 국제사회에서 한반도에 대한 영향력 행사를 인정받게 됩니다. 일본은 러일전쟁 후반 가쓰라-태프트 협약(Katsura-Taft Agreement), 제2차 영일동맹(Anglo-Japanese Alliance)을 통해 미국과 영국과의 관계를 돈독히 하고 있었습니다. 또 전쟁이 끝나고 미국의 중재로 포츠머스 조약(Treaty of Portsmouth)을 맺어 러시아로부터 한반도에서의 우월권을 인정받았습니다.

(좌) 조선 땅에서 청일전쟁에 승리한 일본과 이를 바라보는 러시아를 묘사한 삽화
(우) 영국의 지원을 받으며 러일전쟁으로 내몰리는 일본과 이를 바라보는 미국을 묘사한 삽화

　10년 전 청일전쟁에서 승리하고도 러시아, 프랑스, 독일의 삼국간섭에 의해 요동반도를 반환해야 했던 일본은 외교의 중요성을 통감痛感하고 되풀이하지 않았던 것입니다. 일제는 능란한 외교력을 바탕으로 열강들과 조약을 맺은 뒤, 대한제국의 외교권을 박탈한 을사조약을 체결했습니다. 한 국가가 다른 국가와의 외교를 함에 있어 스스로 결정할 수 없다면, 이미 국가로서의 기능을 상실한 것으로 볼 수 있습니다. 이러한 관점에서 대한제국은 한일병합이 이루어지기 5년 전에 이미 독립 국가로서의 정체성을 상실했습니다.

　조선은 왜 청일전쟁과 러일전쟁의 전장(戰場)이 되어야 했을까요? 앞서 이야기한 지정학적 요소를 고려한 외교력을 바탕으로 국제질서의 세력 균형에 대응할 수 있는 통찰력 있는 리더가 없었기 때문입니다. 냉정한 약육강식의 현실을 마주한 조선은 결국 일본의 손아귀에 들어가고 맙니다. 이런 일이 일어나기 전 일국의 군주인 고종은 몸부림을 쳤습니다. 나라와 백성을 위한 몸부림이 아니라 자신의 안위를 위해 영국, 미국, 프랑스의 공사관으로 피신하려다 거절당하였으며, 성공한 것이 아관파천(1896)이었습니다. 민비(閔妃)를 등에 업은 민씨 척족들은 요직(要職)을 차지하고 부패했으며, 매관매직(賣官賣職)이 성행해 국정은 온전하지 못했습니다. 민비와 고종은 거금을 들여 제사를 지내고 무녀에게 미혹되어 국고를 탕진하는 등 망국(亡國)을 향하여 열심히 달려갔습니다.

　이처럼 조선은 내부로부터 썩어 있었습니다. 그리하여 전라도 고부(古阜)에서 탐관오리의 학정(虐政)에 견디다 못해 발생한 고부민란을 발단으로 일어난 것이 1894년의 동학민란(소위 '동학농민운동', '갑오농민전쟁', '동학농민혁명'으로 불림)이었습니다. 폐쇄적인 신분제에서 쌓여있던 내부모순과 부패가 참다못해 터진 사건이었습니다. 그런데 이 사건은 우리나라에서 좌우를 막론하고 심하게 왜곡되어 있습니다. 농민들이 학정에 반대하여 들고일어났다는 측면에서 저항정신을 긍정적으로 평가할 수 있습니다. 하지만, 거기까지였습니다. 12개조 폐정개혁안이 사실이고 그 시도에 의의를 둔다고 하더라도 당시 조선 사회에는 '개인'이라는 개념이 존재하지 않았습니다. 따라서 현재 우리가 누리고 있는 자유민주체제 민주정치라는 개념도 존재하지 않았던 것입니다. 결국 민란조차도 막을 힘이 없을 정도로 무능했던 고종은 청나라와 일본의 군대를 끌어들이게 됩니다. '조선 내부의 부패로 인하여 농민과의 갈등이 생겼고, 이를 진압할 수 없을 정도로 무력했다. 결국, 외세를 끌어들이고 조선이 청일전쟁의 전장이 되었다.'는 것이 객관적인 사실입니다.

반면, 일본은 착실하게 변혁을 추진해나갔습니다. 메이지유신 이후 일본은 유럽과 미국 등 선진국의 문물과 제도를 도입했습니다. 그리고 앞서 언급한 안세이조약과 같은 불평등조약을 개정해 나가면서 독립국의 면모를 갖추었으며 국제적 지위 상승을 목표로 했습니다. 메이지 정부에 의한 위로부터의 개혁이 추진되면서 관영공장(官營工場)을 건설해 나갔습니다. 특히, 에도시대(江戶時代, 1603~1867년에 걸친 도쿠가와 막부의 봉건시대)로부터 계속되는 미쯔비시(三菱)·미쯔이(三井)·스미토모(住友)14) 등의 상업자본과 협력해서 청일전쟁 시에는 경공업, 러일전쟁 시에는 중화학공업을 발전시켰습니다.

무엇보다도 중요한 변화는, 1890년 메이지헌법이라고 불리는 '대일본제국헌법'을 제정하여 시행한 것이었습니다. 이는 동아시아 최초의 근대헌법으로, 입헌군주제로의 국가체제 변화를 위해 일본의 자력으로 이룩한 결실이라고 할 수 있습니다. 이러한 바탕 위에 러일전쟁의 승리로 당시 서구열강들과 어깨를 나란히 할 정도로 성장한 나라가 되었습니다.

참조
김용삼, 『세계사와 포개 읽는 한국 100년 동안의 역사1』, 백년동안 2020.
김용삼, 『지금 천천히 고종을 읽는 이유』, 백년동안 2020.

2.3. 일본제국 치하의 한반도

1910년 한일병합 조약 체결로 한반도는 일본제국의 식민지가 됩니다. 나라 잃은 설움과 분함으로 일본제국에 무력으로 대항하는 식민지 조선인들. 어쩌면 이것이 오늘날 우리가 떠올리는 일제 치하의 모습을 대표하는 상징(이미지)이지 않을까 합니다. 그런데 과연 모든 조선인이 그러했는지 생각해 보아야 합니다.

앞 절에서 우리는 조선이 양반, 중인, 상민, 노비의 구분이 있는 신분제 사회였다는 것을 이야기했습니다. 문벌門閥과 신분제 타파, 노비제 폐지 등을 천명한 1894년 갑오개혁(당시엔 갑오경장甲午更張으로 불림)이 이루어졌지만, 실질적인 평등 사회는 이루어질 수 없었습니다. 사람들의 의식이 바로 바뀌지 않은 것도 있지만, 환경도 따라갈 수 없었기 때문입니다. 당시 주를 이룬 농민들은 농작지를 가진 지주(地主)와 농사를 위해 땅을 빌리는 소작농(小作農)으로 나눌 수 있었는데, 먹고사는 생존의 차원에서 소작농은 지주에게 예속(隸屬)될 수밖에 없었습니다. 또한, 배움의 기회 역시 균등하게 주어질 수 없었습니다. 교육기관도 제한적이었으며 기존의 양반이나 지주 또는 상업을 통해 경제적 여유가 없는 사람들은 교육을 받을 수 없었습니다. 무엇보다 교육에 대한 필요성을 인지하고 있는 사람들보다는 지금 당장 먹고사는 것이 어려운 처지에 놓인 사람들이 대부분이었다는 것이 문제였습니다.

---

14) 스미토모는 서점, 제약업으로 시작한 약 400년의 역사를 가진 기업입니다.

한일병합에 대한 메이지천황의 조서(詔書)를 전하는 조선총독부관보 제1호(1910년 8월 29일)의 1면(오른쪽, 일본어)과 17면(왼쪽, 조선역문朝鮮譯文)

일부 지식인들이 자력自力으로 혹은 외세를 통해 개혁을 추진하려고 했지만 기득권 세력(왕과 대신들)의 힘에 밀렸고 끝내 이 땅 위에서 이루어지지 못했던 것입니다. 결국 일제의 식민지로 전락한 상황에서 조선총독부의 주도하에 근대화가 진행됩니다. 이는 그 당시 국제정세를 읽지 못했고 백성들의 향상된 삶보다는 자신들의 이익을 우선시한 임금을 비롯한 소위 수구 세력들의 어리석음이 맺은 열매였습니다.

이러한 어리석음에 대해 1909년 10월 30일자 영국의 이코노미스트지는 다음과 같이 보도합니다. "일본이 한국을 완전히 지배하면 대한제국의 황제는 권력을 남용하여 국민을 착취하지 못하며, 양반도 더 이상 백성을 착취하지 못하게 될 것이다. 합병이 되면 대한제국은 사라지지만, 일본의 지배하에서 현대적 행정 시스템의 도움을 받는 것이 신민의 이익에 도움이 될 것이다." 또, "조선의 국정은 희망이 없는 혼란 상태다. 정부는 부패했고, 국민들은 노력을 하고자 하는 자극이 전혀 없다. 조선의 화폐 시스템에서는 정직한 거래가 불가능하다."라는 말도 남겼습니다15).

병합 당시 대한제국의 신민은 아무런 저항도 하지 않았습니다. 지체 높으신 나리들도 양반들도 상놈들도, 그 누구도 거국적인 항쟁(抗爭)을 일으키지 않았습니다. 이것이 산소마스크에 의지하여 헐떡이는 호흡을 유지하고 있던 대한제국의 말로였습니다.

그렇다면 일정기 조선은 어떠한 사회로 변모했을까요? 식민지 백성으로 수탈당하고 굶주리고 배움의 기회를 상실한 어둡고 퇴보한 사회였을까요? 우리는 '감정(感情)'이 아니라 '사실事實'에 기반하여 그 시대를 편향되지 않은 시각으로 돌이켜 볼 수 있어야 합니다. 그렇게 할 때에 역사 속에서 배울

---

15) 최성락, 『100년 전 영국 언론은 조선을 어떻게 봤을까?』, 페이퍼로드 2019.

점과 반성할 점을 찾아, 보다 발전된 미래로 나아갈 수 있기 때문입니다.

1912년 조선총독부는 조선민사령朝鮮民事令을 발포, 일본에서 시행 중인 민법民法을 조선에서도 시행하였습니다. 다만, 조선인의 능력, 친족, 결혼, 상속 등 일본의 법을 그대로 시행할 수 없는 영역은 공적(公的) 질서에 저촉되지 않는 한 조선의 관습법(慣習法)을 용인했습니다. 민법은 '사권私權의 주체'로서의 개인을 성립하게 합니다. 민법은 자신의 의지대로 스스로를 다스릴 수 있는 '자유인'을 존재할 수 있도록 보호합니다. 이러한 자유인은 생명권, 소유권을 보장받고, 자신의 능력에 따라 계약(契約)할 수 있는 자유와 권리를 가집니다. 조선시대에는 개인이나 자유인이라는 개념이 존재하지 않았으며, 신분제도로 인하여 상민과 천민은 차별대우를 받거나 양반에 예속될 수밖에 없었습니다.

조선총독부의 민법 시행으로 '법 앞에서의 평등'이 실현되면서 근대화되기 시작했습니다. 천민들은 해방되어 교육을 받을 수 있었고, 양반들의 특권도 사라졌으며, 여성들의 사회적 권리도 강화되었습니다. 경직되었던 기존 조선사회의 구조는 변화를 받아 자유와 평등에 기반한 역동적 사회로 변모하기 시작했습니다. 조선 사회는 민법에 따른 사유재산권 확립을 통해 능력과 노력에 따라 대우받을 수 있는 사회로 변모되었습니다. 철도·항만·도로 등 교통망과 전신·전화 등 통신망을 확충했고, 도량형 제도를 통일했습니다. 일본은 이러한 기반 위에 조선에서 초기에는 농업, 이후에 광공업의 개발을 꾀했습니다. 국가 정책으로 산미증식계획, 생산력 확충계획이 추진되었습니다. 이에 따라 총생산량이 지속적으로 증가하였고 2차산업과 3차산업의 비중이 증가하도록 산업구조가 개편되는 근대 경제성장이 일어났습니다.

조선시대와 비교하여 위생·의료환경도 개선되어 평균수명과 인구가 증가했습니다. 족보에 기록된 출생과 사망을 바탕으로 조사한 결과에 따르면, 조선후기 평균수명이 23세 정도였습니다[16]. 1925~1930년간 37세에서 1940~1945년간 41세로 증가했습니다[17].

낙성대경제연구소는 일정기(1910~1940년간)의 인구 추계작업과 국내총생산GDP을 조사했습니다[18]. 이 연구에 의하면 인구가 연 1.3%씩 증가하여 1910년 16,272,203명에서 1940년 23,547,465명이 되었습니다. 30년 사이에 인구가 45% 증가한 것입니다. 같은 시기 국내총생산은 연 3.6%였습니다. 1인당 GDP 증가율은 경제성장률(3.6%)에서 인구증가율(1.3%)을 뺀 수치로 연 2.3% 증가한 것으로 나타났습니다. 매디슨 통계(Maddison Project Database)에 의한 이 시기 전세계 1인당 평균인 0.9%를 넘어선 연 2.3%의 성장은 고도성장이라 평가할 수 있습니다.

일정기 조선사회는 신민들이 실질적으로 사회 전반에 참여하고 그 결과도 누리는 사회였습니다. 좌익사관에 젖은 사람들이 주장하는 '일정기는 잔인무도한 압제자에 의한 통치기였다.'라는 말은 성립하

---

16) 차명수 (2009), "조선후기의 출산력, 사망력 및 인구 증가", 한국인구학 32.
17) Kwon, Tai-Hwan, 『Demography of Korea, Seoul』, Seoul National University Press 1977.
18) Cha, Myung Soo and Nak Nyeon Kim (2012). "Korea's first industrial revolution, 1911-1940", Explorations in Economic History 49.

지 않습니다. 엄연히 법치국가로서 근대화된 일본제국을 통해서 식민지 조선도 늦게나마 근대화의 흐름에 편승할 수 있었기 때문입니다. 내지인으로부터 받는 차별대우에 대해서 불평·불만을 가진 조선인들도 분명 있었을 것입니다. 그런데 생활면에서 이루어진 전반적인 사회 시스템 개선으로 대부분의 조선인들이 혜택을 누리고 있었다는 것도 사실입니다. 종주국(宗主國)과 식민국(植民國), 내지인과 조선인이라는 구별에서 발생하는 차별은 자력으로 주권을 가지지 못했다는 현실적인 한계로부터 당시 사람들이 겪어야 했던 시대의 아픔이었습니다. 현재에도 울분과 비통이라는 감정에 매몰되어 사실을 보지 않으려 하고, 곱씹어가며 일본과 미래를 함께 바라보는 동반자가 되지 못하는 현실이 안타깝습니다. 특히, 정치적으로 이를 이용해서 반일反日감정을 부추기고, 반일교육을 일삼는 것은 매우 잘못된 일이며, 결코 우리나라와 국민을 위한 일이 아님을 인식할 필요가 있습니다.

참조
이영훈 외, 『반일 종족주의와의 투쟁』, 미래사 2020.

2.4. 일본제국의 패망과 한반도 해방解放

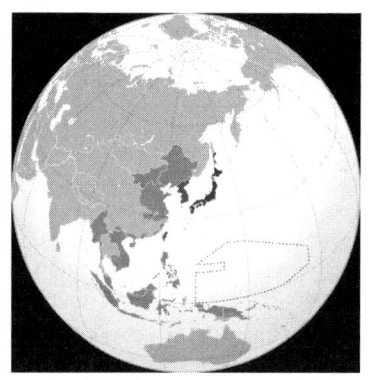

1940년대 일본제국의 최대 영토

일제의 군국주의로 팽창정책이 가속화되면서 결국 미국과의 전면전을 피할 수 없게 됩니다. 피하고 싶었지만, 일제 군부는 돌이킬 수 없는 선택을 하게 된 것입니다. 미국 유학경험과 주미 일본대사관 근무를 통해서 미국 경제력과 기술력, 산업생산력을 목도했던 야마모토 이소로쿠(山本五十六, 1884~1943) 일본 해군 연합함대 사령장관은 미국과의 대결에서 결코 이길 수 없다는 것을 알고 있었지만, 군부로부터 전쟁을 강요받게 되었습니다. 1941년 12월 7일 진주만 기습으로 시작된 태평양전쟁은 1945년 8월 6일과 9일 각각 히로시마와 나가사키에 떨어진 원자폭탄으로 막을 내리게 됩니다. 이 전쟁으로 양국의 수많은 젊은 군인들이 목숨을 잃었고 민간인들의 피해도 컸습니다.

우리나라 근현대사 교육에서는 태평양전쟁에 대해서 크게 다루지 않지만, 일제의 식민지였던 한반도 해방에 있어 이 전쟁이 가지는 의미는 매우 큽니다. 만주와 연해주에서 항일투쟁을 벌이며 국내

진공작전을 꿈꿨던 여러 독립군 단체들이 흘린 피도 있었지만, 태평양전쟁에서 미군이 흘린 피에는 비할 바가 되지 않습니다. 그리고 이러한 '무장투쟁'으로는 군사강국 일본으로부터 조선의 독립을 이룰 수 없다는 것이 당시의 현실적 상황이었습니다.

다음 표에서 보듯 일본군의 규모는 전쟁을 거듭할수록 커지며, 2차 세계대전의 정점에 와서는 800만 대군을 자랑합니다. 반면, 독립군은 최대로 강성했을 시기인 1920년의 봉오동전투와 청산리대첩 때에 많게 잡아 5천 명 정도였으며, 그나마도 1921년 자유시참변으로 괴멸당하고 맙니다. 일제의 패망 당시 조선 주둔군이 약 30만 명이었다는 것을 보아도 무장투쟁으로 독립을 이룩하는 것은 불가능했다는 것을 알 수 있습니다.

> 「미군의 추산에 의하면 당시 한반도 주변 일본군의 병력은 다음과 같다. 먼저 만주-한국-중국 지역에 가용한 일본군 항공전력은 약 2,000대였다. 한국에 주둔한 지상 병력을 총 37만 5,000명으로 추정했는데, 이 가운데 12만 명은 서울지역에 주둔하고 있었다. 북중국의 일본 병력은 총 40만 명이었다.」

(이상호, 『인천상륙작전과 맥아더』, 백년동안 2015, p31)

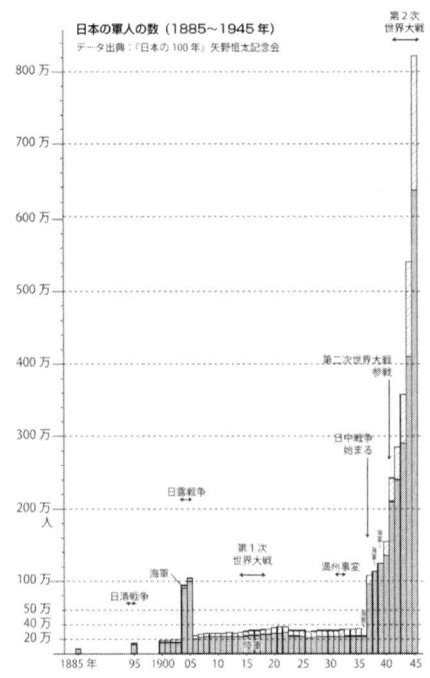

1885년~1945년 사이 일본의 군인수. 중일전쟁(1937년) 시 100만 명을 넘어 종전 무렵 800만 명이 넘었다는 것을 확인할 수 있습니다(진한 색: 육군, 옅은 색: 해군)[19].

---

19) 『日本の100年』, 矢野恒太記念館.

우리는 미군이 3년 8개월여의 태평양전쟁 기간에 태평양의 여러 섬에서 일본군과 싸웠다는 사실을 잘 알지 못합니다. 산화한 십만여 명의 미군 덕분에 한반도가 일제 식민지로부터 해방될 수 있었다는 사실을 기억하지 않고 가르치지 않습니다. 한반도 해방은 미군의 희생으로 일본이 패망하면서 거저 주어진 부산물이었다는 사실을 잊지 말고 감사해야 하겠습니다.

이에 반해 소련은 8월 8일 일본에 선전포고하여 만주와 연해주를 기습적으로 침범했고, 일제의 식민지였던 한반도까지 침입했습니다. 이들은 전통적으로 얼지 않는 항구, 즉 부동항(不凍港)에 대한 야욕과 '전세계 공산화'라는 목표를 가지고 한반도에 진주한 것입니다. 일본이 조기 항복할 것을 예견하고 서둘러 참전하면서 죄질이 나쁜 수감자들에게 군복을 입혀 진격을 거듭했습니다. 한반도 이북에 진주한 이들은 각종 설비와 물자를 약탈했고 기계류는 해체해서 실어 날랐습니다. 또, 완공 당시 아시아에서 가장 컸던 수풍댐의 발전기를 떼어갔다는 사실은 잘 알려져 있습니다. 이들은 조선은행 각 지점을 장악, 현금을 강탈했고 대낮에도 술에 취해 있을 정도로 군기가 문란했습니다. 사람들로부터 반지와 손목시계 등 값이 나가 보이는 물건들을 빼앗고 부녀자들을 추행, 강간하는 일들이 벌어졌습니다. 이러한 일탈 행위를 전리품 획득이라고 정당화하며, 산업시설을 반출한 소련군은 해방군이 아니라 야만적 약탈군이었던 것입니다.

1945년 8월 24일 함흥에 도착한 북한 점령군 사령관 치스차코프 대장

소련의 북한에 대한 경제적 수탈 사료들[20]

문건	시기	내용
북한주재 소련군정청 문서	1945년 8~9월	금속가공공작기계, 발전설비, 기계제작설비 등 소련반출
소련 국방부 '조선그룹'	1945년 9월	북한의 산업실태 조사 및 북한 내 공장 생산물과 공업설비의 소련 반출 건의
소련 연해주군관구 사령관 메레츠코프 명령서	1945년 11월	소련 반출을 위해 북한 내 갑종(甲種) 중공업공장들 생산 개시
소련 외교부 '조선에서의 일본의 군비와 중공업에 관한 보고'	1945년 12월	북조선 군사중공업 공장은 붉은 군대의 희생으로 쟁취한 전리품
월남한 조선민주당 인사들의 '북조선실정에 관한 조사보고서'	1945년 12월	수풍발전소 발전기와 쌀 등 7억~8억 달러 상당의 물품 소련으로 반출

소련군의 약삭빠른 참전과 질풍과도 같은 한반도 진격에 당황한 미국은 특별 대책을 마련합니다. 미국이 소련군의 남진을 저지하기 위해 38도선을 획정劃定하지 않았더라면, 한반도 전체가 공산화됐을 가능성이 크며, 지금의 대한민국은 존재할 수 없었을 것입니다. 미군은 앞으로 탄생할 대한민국의 터전을 보호해주는 역할을 한 것입니다.

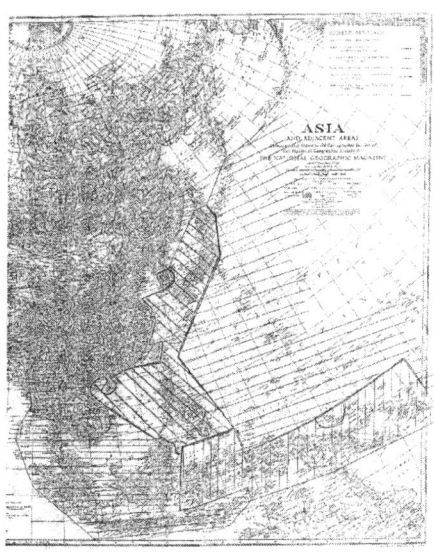

38도선 획정에 사용했던 내셔널지오그래픽의 동아시아 지도

참조
이주영, 『대한민국의 건국과정』, 건국이념보급회 출판부 2013, 39-43쪽, 50쪽, 55-56쪽, 139-141쪽.
특별취재반, 김일성 환영대회(비록 조선민주주의인민공화국:6) 1991년 9월 5일 중앙일보.

---

[20] 「"1945년 北 진주 소련의 붉은 군대는 해방군 아닌 약탈군이었다"」, 2010년 3월 10일 동아일보.

2.5. 조선민주주의인민공화국의 탄생

제2차 세계대전을 전후하여 소련의 지도자 스탈린은 유럽과 아시아를 비롯한 전 세계의 공산화에 온 힘을 기울이고 있었습니다. 일제의 패망과 해방된 한반도를 적화시킬 좋은 기회로 여긴 스탈린의 붉은 군대가 미국과의 한반도 공동점령에 합의하고 8월 12일에는 웅기와 나진, 14일에는 청진에 상륙했습니다. 8월 21일에는 원산 상륙, 24일에는 선발대가 평양에 들어갔습니다. 또 같은 기간 원산에서 급히 남하하여 38도선 근처의 전곡, 개성, 춘천을 점령했습니다.

소련군의 북한 점령과정은 특이한 모습을 보였는데, 38도선 이북의 수도에 해당하는 평양을 먼저 점령하여 38도선으로 진출한 것이 아니었습니다. 그들은 38도선 지역을 먼저 점령하고 북으로 올라가 황해도 해주와 신막을 점령, 평안남도 진남포와 평양에 대규모 병력을 파견한 사실이 드러났습니다. 이는 소련군의 점령 예정지인 38도선 이북을 미군의 점령 예정지인 38도선 이남과 명확히 구분짓고 차단하려는 의도였습니다.

미군이 38도선을 경계로 공동점령을 제안한 것은 일본군 무장해제를 위한 군사적 편의 때문으로 영구 분단이 목표가 아니었습니다. 한반도 전체를 하나의 정치적 단위로 보고 소련과 협의를 통해 통일국가를 세우려 했던 조치로, 미군이 자유로운 물자교환을 소련군에 요구한 것으로 알 수 있습니다.

그러나 소련군의 생각은 달랐습니다. 폴란드, 루마니아, 헝가리, 체코슬로바키아 등 동유럽에서 그러했던 것처럼 처음부터 북한지역의 공산화 의도를 가지고 38도 이남과 완전 분리시키려고 했습니다. 소련은 서둘러 남한과 연결된 철도, 도로, 전화를 끊었습니다.

소련군의 진주 속도는 아주 빨랐기 때문에 8월 28일까지 북한 전역에 대한 점령을 끝냈습니다. 미군은 뒤늦은 9월 8일에야 인천에 상륙했습니다. 그리고 제주도를 포함한 남한 전역에 대한 점령은 11월에 가서야 끝낼 정도로 늦었습니다.

소련 해체 후 공개된 문서에서 스탈린의 지령이 담긴 자료들이 공개되었습니다. 1945년 9월 20일 스탈린은 연해주 군관구와 제25군 군사평의회에 보낸 전문에서 '북조선에 반일적인 민주주의 정당조직의 광범한 연합을 기초로 한 부르주아 민주주의 정권을 수립하라'고 지시했습니다. 이는 9월 14일 평양의 소련군 사령부가 동유럽과 마찬가지로 공산체제를 도입하기 위해 발표한 '인민정부 수립요강'을 수정하라는 지시였습니다. 북한 사람들의 반발을 고려해서 당장 소련식의 공산정권 대신에 좌우합작의 부르주아 민주주의 정권을 수립하라는 것이었습니다. 민족통일전선 성격의 연립정부를 세운 뒤에도 궁극적으로는 좌익 공산정권이 들어설 것임으로 서두를 필요가 없었던 것입니다.

10월 17일 소련군은 로마넨코(1906~1979) 소장을 사령관으로 하는 민정청을 세워 북한의 행정을 총괄했습니다. 로마넨코는 연해주군관구의 군사위원 스티코프(1907~1964) 중장의 지시를 받았습니다. 그는 평양에만 17개의 비밀처형장을 설치해 공포정치를 실시했습니다. 지방에는 '콘트라지벳트'라고 불리는 군경무사령부를 설치해 공산화 과정 전체를 관장하도록 했습니다. 그러면서 소련군은 남한의 미군과는 달리 군정청을 설치하지 않고 행정권을 북한 사람들에게 맡겨 자율적으로 운영하도록 했다고 거짓 선전했습니다.

당시 스탈린은 폴란드, 루마니아, 헝가리, 체코슬로바키아 등 동유럽에 공산국가를 세우는데 '작은 스탈린'으로 불리는 현지 지도자들을 내세웠습니다. 그들은 나치 독일군의 체포를 피해 소련으로 피신했다가 소련군의 도움으로 고국에 돌아와 권력을 잡은 토착 공산주의자들이었습니다. 북한에서도 이와 같은 인물이 필요했습니다. 그래서 스탈린의 충실한 소련군 대위 김일성을 낙점했습니다.

김일성은 88독립여단의 조선족 60명과 함께 귀국했습니다. 이들의 교육수준은 매우 낮아 중등교육을 받은 사람은 김일성, 김책 등 5명 뿐이었습니다. 이 부대는 한족(漢族)과 조선족(朝鮮族)의 혼성부대였습니다. 또, 일본의 항복 후 공산정권 수립에 활용될 정치부대로 일본군과의 전투경험은 없었습니다. 그러나 김일성은 자신의 항일(抗日)활동을 날조하기 위해 스스로를 빨치산파로 불렀습니다. 김일성 일행이 소련군의 인솔하에 블라디보스토크에서 군함을 타고 원산항에 내린 것은 1945년 9월 18일이었습니다. 그들이 탔던 군함 〈푸가초프 호〉는 미국이 나치 독일과 싸우기 위해서 무기대여법을 통해 소련군에게 주었던 배였습니다. 9월 22일 평양으로 이동, 소련군 제25군에 인계된 김일성은 스탈린식 개인숭배를 모방, 자신을 소영웅으로 꾸며야 했기 때문에 항일투쟁 경력을 날조하기 시작했습니다.

1945년 10월 14일 소련군은 김일성을 북한 사람들에게 정식으로 소개하는 기회를 마련했습니다. 평양공설운동장에서 평남인민정치위원회 주최로 열린 '소련군 환영 군중대회'였습니다. 시민·학생·사회단체 회원 등 6만여 명이 동원된 이 대회에서 레베데프·조만식·김일성 순으로 3명이 연설했습니다. 평남 인민정치위원회 위원장이자 소련군정 지도부의 간청으로 대회 준비위원장을 맡은 조만식은 '민족통일과 민주주의만이 조선인이 살 길'이라고 강조했습니다.

김일성은 '민족의 영웅 김일성 장군'으로 소개되었습니다. 백발이 성성한 항일투사 '김일성'을 기대했던 군중들은 33세의 새파란 청년 김일성이 원고를 들고 마이크 앞으로 다가서자 동요하는 빛이 역력했습니다. 급기야 '가짜 김일성'이라는 소리가 나와 행사장이 소란해지기도 했습니다.

1945년 10월 14일 '소련군 환영 군중대회' 모습.
(좌) 단상 위의 요인들. 오른쪽에서 두 번째 조만식과 그 왼쪽에 레베데프 소장, (우) 그 앞에 서있는 김일성

연설에서 김일성은 공산혁명을 두려워하는 부르주아 계급을 안심시키기 위해 '돈 있는 자는 돈으로,

지식 있는 자는 지식으로, 노력을 가진 자는 노력으로' 기여하자며 단결을 강조했습니다. 그러나 남한과 협의해서 남북통일정부를 세우겠다는 말은 한마디도 하지 않았습니다. 이미 소련의 지령을 받아 움직이는 꼭두각시가 된 김일성은 '통일'은커녕 북한의 정권을 잡는 데만 혈안이 되어있었습니다. 그는 어디서나 소련을 '세상에서 가장 자유하고 행복한 국가'로 찬양하고, 소련이 없었으면 해방도 없었을 것이라고 주장했습니다. 어느 행사장에나 스탈린의 초상화가 걸리고 연설 끝에는 반드시 '스탈린 대원수 만세'를 외쳤습니다. 이렇게 38도선 이북은 소련의 계획하에 이남과 분리되어 갔습니다.

소련군정은 그해 10월 조선공산당 북조선분국과 북조선 5도 행정국을 설립했고, 행정권과 입법권을 가진 사실상의 단독 정부인 '북조선임시인민위원회'를 창설한 것은 1946년 2월 8일이었습니다. 김일성은 위원장이 되었고, 이 조직을 통해 3월에는 무상몰수 무상분여의 토지개혁, 8월에는 주요 산업시설의 국유화를 시행합니다. 이러한 제도의 시행에는 연해주군관구의 스티코프와 소련정부 즉 스탈린이 배후에 존재했습니다. 토지개혁과 국유화라는 말은 이미 행정력을 가지는 정부가 들어서서 국가의 형태를 갖췄다는 것입니다. 굳이 '임시'라는 단어를 삽입했을 뿐, 38도 이북의 실질적인 정권이 탄생한 것이었습니다. 이들은 대한민국의 건국을 기다렸다가 1948년 9월 9일 조선민주주의인민공화국의 건국을 선포합니다. 한반도 분단의 원인을 대한민국의 탓으로 돌리기 위함이었습니다.

참조
양동안, 『대한민국 건국 전후사 바로알기』, 대추나무 2019, 34-38쪽.
이주영, 『대한민국의 건국과정』, 건국이념보급회 출판부 2013, 39-59쪽.

2.6. 북한의 후진성

모두가 함께 잘 사는 세상, 평등한 세상을 지향한다고 하는 공산주의 사상에 따라 만들어진 나라가 북한입니다. 쌀밥에 고기국을 먹는 지상낙원을 만들겠다던 김일성이 소련의 지령을 받고 주도한 북한은 이 순간에도 굶어 죽는 사람이 존재하는 세계 최빈국이 되었습니다. 인권도 존중받지 못하는 사회체제를 만들어 굶어죽고 맞아죽고 얼어죽는 것이 특별하지 않은 나라가 되었습니다.

김일성, 김정일, 김정은 김씨 삼부자와 그들의 충견들인 조선노동당원들이 대접을 받는 특권계층과 자유가 무엇인지도 모르고 노예살이하는 피착취계층으로 나뉜 사회가 북한입니다. 북한 사회는 한반도에 존재했던 어떠한 왕정 국가보다도 가혹한 통제체제를 갖추고 있습니다.

북한은 김일성이 소련의 비호를 받으며 입북入北한 이래, '우상화' 작업을 정부차원에서 추진했습니다. 김일성을 항일 빨치산 대장으로 부각시키고 '민족의 영웅', '위대한 영도자' 등의 호칭을 붙이기 시작했습니다. 1946년 여름부터는 '김일성 장군의 노래'가, 그 해 8월 15일부터는 문인들의 작품에서 김일성이 '우리 민족의 태양'으로 묘사되기 시작했습니다. 결국 일인독재 체제를 공고히 하며 '소련식 공산국가 건설'이라는 흑심이 내포된 행위였습니다.

이를 위해 위와 같은 세뇌공작을 통한 대중의식 개조가 필요했는데, 특히 문학·예술 분야의 지식인을 활용했습니다. 스티코프가 소련을 찬양하도록 지시했기 때문에 지식인들은 소련이야말로 '세계 민주국가의 선봉', '가장 부강하고 가장 선진적이며 가장 행복한 나라'라고 찬양했습니다. 그리고 '인류의 태양'으로 불리는 스탈린의 사진이 곳곳에 걸리기 시작했습니다.

북한은 중앙정권으로는 북조선임시인민위원회를, 지방정권으로는 도, 시, 군, 면, 리 인민위원회를 조직했습니다. 그런데 이 조직이 '민주주의' 제도하에 만들어졌다고 말하기 위해서는 '선거'라는 과정을 거쳐야만 했습니다. 1946년 11월 3일 북한 최초의 선거가 실시되었습니다. 이것도 역시 스티코프의 구상에 따라 로마넨코가 추진했습니다. 북민전(北民戰, 북조선민주주의민족통일전선)이라고 하는 좌익연합단체의 추천을 통해서만 입후보할 수 있었고 개별 출마는 허용되지 않았습니다. 김일성도 평안남도 강동군 삼등면에 북민전의 후보로 등록하고 당선되었습니다.

투표소에는 입후보자 1명에 대해 2개의 투표함이 배정되었습니다. 후보자에 대해 찬성할 경우에는 백색함에, 반대할 경우에는 흑색함에 투표용지를 넣도록 했습니다. 북조선인민위원회는 이것을 민족 역사상 최초의 '민주선거'라고 선전했습니다. 총유권자 451만 명 중 거의 전원이 투표하고 찬성했습니다. 그러나 이는 복수의 입후보자들 사이에 경쟁도 없었고, 흑백함을 통한 공개투표였기에 자유선거가 아니었으며 민주주의와 아무런 관련이 없는 강압선거에 불과했습니다.

앞에서 설명했듯이 북한은 1946년 2월 사실상의 정부인 북조선임시인민위원회를 세워 사회개혁을 실시했습니다. 그리고 1947년 2월에는 이를 북조선인민위원회로 이름을 바꾸었으며, 1948년 2월에는 인민군을 창설하고 8월에는 국기와 국가(國歌)를 만들고 헌법을 제정한 상태였습니다.

북한은 자기 정부가 정통성있는 정부임을 과시하기 위해 남한 대표들을 참여시키려고 했습니다. 이른바 '지하선거'를 이용한 방법이었는데, 1948년 8월 21일부터 황해도 해주에서 열린 남조선인민대표자대회를 열었습니다. 그리고 이 대회에서 선출된 360명의 대의원을 평양의 조선최고인민회의에 보냄으로써 북한정권 탄생에 참여했다는 것이었습니다. 이 대회는 스탈린과 김일성의 만수무강을 기원하는 메시지를 채택하고 '민족적 영웅 김일성 장군 만세'로 끝났습니다.

북한에 배당된 212명의 대의원을 뽑는 형식적 선거가 8월 25일 시행되었습니다. 모든 투표장에는 스탈린과 김일성의 초상화가 걸렸고 46년 선거처럼 흑백투표가 시행되었습니다. 이런 사이비 선거에 저항하는 기독교·반공세력이 선거거부 벽보를 붙이고 전단을 뿌렸지만 그 효과는 미약했으며 즉시 탄압이 가해졌습니다.

결국 8월 25일 선거를 통해 남북 572명의 대의원으로 구성된 조선최고인민회의(국회)가 성립되었습니다. 이 기구에서 헌법을 제정했다고 하는데, 1936년 스탈린헌법을 거의 그대로 가져다가 이미 만들어 놓은 것을 승인한 것에 불과합니다. 북한에는 필요없는 소수민족 권리 조항이 들어있다는 사실을 통해, 법에 무지한 사람들이 얼마나 졸속으로 만들어 승인했는지를 말해 줍니다.

정부 요직은 스티코프와 레베데프에 의해 결정되었습니다. 최고인민회의 의장에는 허헌, 최고인민회의 상임위원회 위원장에는 김두봉, 내각 수상에는 김일성이 내정되었습니다. 부수상은 월북한 박헌영과 홍명희가 선정되었습니다. 이처럼 '괴뢰(傀儡)'라는 말에 걸맞게 북한은 소련의 철저한 계획과 통제하에 만들어진 것입니다. 따라서 애초부터 자주(自主)와는 거리가 먼 조직으로 정상적인 독립을 쟁취한 자유인이 아니라 노예를 자처하며 출발하게 된 조직이라 할 수 있습니다.

스탈린과 흐루시초프 등 소련의 권력자 사후에 벌어진 공산당 내 파벌싸움에서 알 수 있듯이, 공산주의 국가는 권력을 향한 암투가 벌어지는 습성을 가지게 됩니다. 오늘날 중공의 시진핑과 그 주위의 공산당원들이 벌이는 암투도 그 연장선에 있는 것입니다. 이러한 일은 북한 내에서도 벌어졌습니다.

박헌영의 남로당 계열, 허가이의 소련파, 김두봉의 연안파, 박금철의 갑산파와 김일성의 빨치산파의 공산주의 세력이 연합해서 만들어진 것이 북한이었습니다. 물론 그 배후에는 소련이 있었습니다. 우선 6.25남침전쟁 패전(敗戰)의 책임을 남로당 계열에 뒤집어씌워 숙청을 시작했습니다. 이후 소련의 흐루시초프에 의해 스탈린 격하 운동이 일어나 개인 숭배를 반대하자, 이에 편승하여 김일성 독재를 비판한 소련파와 연안파가 제거당합니다(1956년 8월 종파사건). 1967년 갑산파도 김일성과의 노선대립으로 숙청당합니다. 제1장에서 살펴본 1972년 조선민주주의인민공화국 사회주의 헌법에 의해 주체사상의 통치이념으로 공식화됨으로써 김일성 유일 지배체제가 확립되기에 이릅니다.

여기에 더해 북한은 다른 공산국가에는 존재하지 않는 권력을 세습하는 변종 공산주의로 탈바꿈했습니다. 김일성-김정일-김정은으로 이어지는 권력승계(權力承繼)가 이루어진 것입니다. 이러한 북한 권력 구조는 현대 민주국가에 반하는 전근대적 왕조 국가와 닮았습니다. 공산주의는 인민 위에 군림하여 이들을 착취하는 특권계층만이 자유를 누리는 세상을 만들었습니다. '평등'이라는 허상(虛像)을 내세워 비참한 '생지옥'이라는 실상(實像)을 만들었습니다. 그리고 이 체제에서 더 퇴행한 것이 바로 북한의 수령제이며 그 뿌리가 되는 주체사상인 것입니다.

참조
이주영, 『대한민국의 건국과정』, 건국이념보급회 출판부 2013, 50쪽, 55-6쪽, 139-141쪽.

2.7. 새로운 체제의 나라 '대한민국'

2.7.1. 건국준비위원회

1945년 8월 15일 일본제국의 무조건 항복으로 한반도는 해방을 맞이하게 되었습니다. 하지만, 항복을 했다고 해서 일본군이 한반도에서 바로 떠나는 것은 아니었습니다. 승전국인 미국의 군대가 한반도에 들어와 일본으로부터 항복 문서에 사인을 받고, 정권 이양이 이루어져야 했습니다. 일제의 항복과 동시에 미군정(美軍政)이 시작된 날은 9월 9일이었습니다. 따라서 약 25일간의 혼란기가 있었습니다. 조선총독부에서는 항복 이후 조선 주재 일본인들의 무사 귀환과 안정적인 정권 이양 문제를 해결하기 위해 조선인 지도자와 협력관계를 맺기로 했습니다. 정무총감 엔도 류사쿠(遠藤柳作,

1886~1963)는 서울 중구 필동에서 여운형을 만나, 치안유지에 관한 권한을 여운형에게 이양하고, 한반도에서 철수하는 일본인의 안전을 보장받았습니다. 이 과정에서 여운형은 다음 5가지 사항을 총독부에 요구했습니다.

① 정치·경제범의 즉시 석방
② 3개월간의 식량 보급
③ 치안유지와 건국사업에 대한 간섭 배제
④ 학생훈련과 청년조직에 대한 간섭 배제
⑤ 노동자와 농민을 건국사업에 조직, 동원하는 것에 대한 간섭 배제

1944년 8월 10일 여운형을 중심으로 한 공산·사회주의자들은 일본의 패망에 앞서 해방을 준비하기 위해 조직된 결사 단체인 '조선건국동맹'을 만들고, 조직 직후부터 건국동맹은 중앙조직, 지방조직을 구성했습니다. 조선건국동맹을 기반으로 만들어진 '건국준비위원회'(이하 건준)는 해방 직후 총독부로부터 권한을 위임받아 임시로 치안을 담당하기 위해서 만들어진 단체였습니다. 하지만 건준은 단지 치안에만 머물지 않고, 자신들이 새로운 나라를 만드는 데 주체가 되려고 했습니다. 여운형의 요구사항 중 ②항을 제외한 나머지 항목들은 일제에 항거하다가 수감된 좌익 공산주의자들의 석방과 향후 좌익들의 활동을 위해 필수적인 일들에 대해 일제의 간섭을 배제할 것을 요구하고 있습니다.

특히, ①항에 의해 8월 16일 석방된 1만여 명의 좌익 공산주의자들이 대거 건준과 공산당으로 흡수되며 한반도 38도 이남이 좌경화되는데 결정적인 계기가 됩니다. 일제가 승전국인 미국 군대에게 권력이양을 하기 전까지 측면에서 치안유지를 협력하는 조직의 이름을 '건국준비위원회'라고 이름 지은 것부터가 어불성설語不成說이었고, 좌익 공산주의자들의 권력을 향한 야심을 드러낸 성급한 시도였다고 할 수 있을 것입니다.

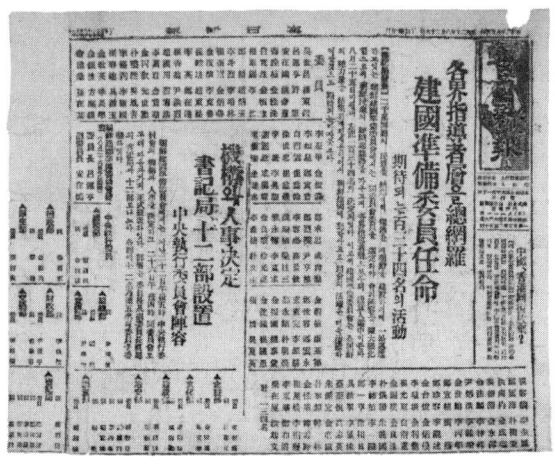

건국준비위원 임명을 전하는 매일신보 1945년 8월 26일 기사; 건준 위원장에 여운형, 부위원장에 안재홍 등이 임명됐는데, 이후 탈퇴하는 안재홍 계열을 제외한 대부분은 좌익 공산주의 인사들이었습니다.

(흔히 8.15해방을 상징하는 사진으로 쓰이지만, 실제로는) 석방을 기뻐하는 좌익 공산주의 정치범들의 사진, 1945년 8월 16일.

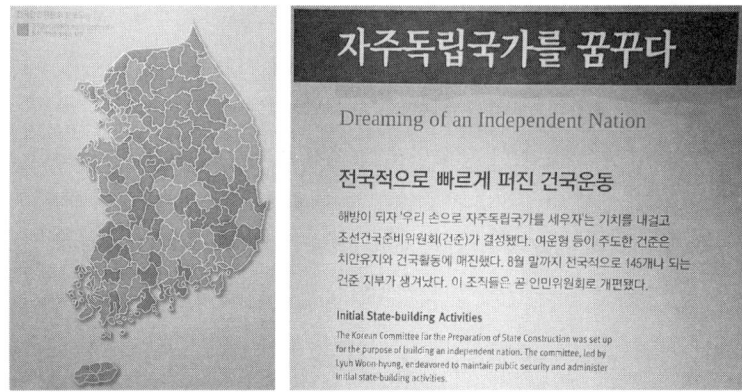

건국준비위원회와 그 지부에 대한 설명 게시글(제주4.3평화기념관). 건준이 '자주독립국가'를 꿈꾸었다는 동의하기 어려운 '주장'을 게시하고 있습니다. 제주도의 인민위원회 분포도를 본다면 왜 제주 4.3사건(3.2.6. 참조)이 일어났는지 짐작할 수 있습니다.

참조
양동안, 『대한민국 건국 전후사 바로알기』, 대추나무 2019, 40-45쪽.
이주영, 『대한민국의 건국과정』, 건국이념보급회 출판부 2013, 60-62쪽.

2.7.2. 조선인민공화국(인공)

여운형은 9월 6일, 미군의 진주進駐가 임박하자 공산당 재건파 주도로 건준을 모태로한 '조선인민공화국' 급조했습니다. 경기여고 강당에 천여 명이 운집하여 전국인민 대표자 대회를 개최하고 '조선인민공화국 임시조직법안'을 상정, 통과시켰습니다. 이를 통해 중앙인민위원 55명, 후보위원 20명, 고문 12명이 선출됐습니다. "곧 진주하게 될 미군과 절충할 인민 총의의 집결체가 필요해서, 그 '준비공작'으로 급히 회의 개최했다."라고 주장하며 자신들은 '협의체'라는 명분을 내세웠지만, 사실상 미군 진주 이후 인공을 그대로 인정받기 위함이었습니다.

이제부터 전면적으로 활동하는 골수 공산주의자인 박헌영(朴憲永, 1900~1955)이라는 우리 민족에게 돌이킬 수 없는 해악을 끼친 인물이 등장합니다. 그는 일제의 공산주의자 탄압을 피해 전라도 광주의 벽돌 공장에 숨어지내다가 8월 17일 상경, 공산당 재건을 선언(재건파 공산당)합니다. 그리고 9월 8일 서울 계동에서 '열성자대회'를 개최하고 좌익 공산주의 운동의 주도권을 잡게 됩니다. 9월 14일 조선공산당은 중앙인민위원회 명의로 인공의 조각組閣 명단을 일방적으로 발표하는데, 이로 인해 인공을 지지하는 좌익과 '중경임시 정부'를 지지하는 우익으로 양분됩니다.

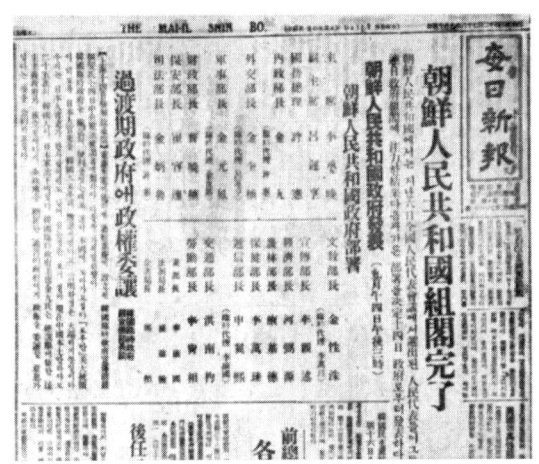

인공의 정부부서를 발표함으로써 조각組閣을 완료했다는 사실을 알리는 1945년 9월 15일 매일신보 기사.
주석 이승만, 부주석 여운형, 국무총리 허헌, 내무부장 김구(대리 조동호·김계림), 외무부장 김규식(대리 최근우·강진), 재무부장 조만식(대리 박문규·강병도), 군사부장 김원봉(대리 김세용·장기욱), 경제부장 하필원(대리 김형선·정태식), 농림부장 강기덕(대리 유축운·이광), 보건부장 이만규(대리 이정윤·김점권), 교통부장 홍남표(대리 이순근·정종근), 보안부장 최용달(대리 무정·이기석), 사법부장 김병로(대리 이승엽·정진태), 문교부장 김성수(대리 김태준·김기전), 선전부장 이관술(대리 이여성·서중석), 체신부장 신익희(대리 김철수·조두원), 노동부장 이위상(대리 김상혁·이순금), 서기장 리강국(대리 최성환), 법제부장 최익한(대리 김용암), 기획부장 정백(대리 안기성)

주석인 이승만 박사를 비롯한 대부분의 민족주의 우익 인사들은 본인의 이름이 올라가 있는지도 몰랐으며, 인공에 동조하지도 않았습니다. 주요 요직의 대리로 내세운 사람들은 좌익 인사들로서 인공은 이미 좌경화된 조직으로 선포된 것이었습니다. 이는 좌와 우가 어울려 만든 조직이라는 것을 내비침과 동시에 우익이 불참할 것을 내다보고 좌익 인사를 대리로 내세운 것이었습니다. 박헌영이 주도한 좌익 공산주의자들의 '꼼수와 조작'이라는 속임수를 드러낸 사건으로, 그 본질은 변함없이 지금까지도 계속해서 대한민국 정치에 온갖 해악害惡을 끼치고 있습니다.

이승만을 주석으로, 여운형을 부주석으로 하는 인공의 '중앙인민위원회' 부서가 발표됨으로써 건준은 자연스럽게 해체되었습니다. 인공은 곧이어 도, 시, 군, 면 단위의 지방인민위원회를 조직할 것을 지시했습니다. 이에 따라 건준 지부支部가 자연스럽게 지방인민위원회로 개편되거나 새롭게 만들어졌습니다.

한반도에 존재하지 않았던 '공화국共和國'의 건국을 선포하는 것이 이렇게 어설플 수는 없는 것입니다. 전국인민 대표자 대회는 재건파 공산당이 경인京仁지구의 철도노동자를 동원한 결과, 700명 가량이 운집한 가운데 진행됐다고 합니다. 한반도에 진주해 온 미군정이 이를 인정하지 않았고, 국민적 지지支持도 받지 못한 것은 당연한 결과였습니다.

오늘날 대한민국 근현대사를 다루는 교과서와 역사서에는 건준과 인공을 많이 다루고 있습니다. 그 족적足跡이 분명하고 대한민국 건국과정에서 미친 (악)영향이 있지만, 대한민국의 뿌리와는 거리가 먼 조직이라고 할 수 있습니다. 이러한 사항을 간과하고 건준과 인공이 큰 역할이라도 한 마냥 서술하는 책으로 인해 대한민국의 정통성과 정당성이 흔들리는 요인이 되었습니다.

참조
양동안, 『대한민국 건국 전후사 바로알기』, 대추나무 2019, 45-50쪽.
이주영, 『대한민국의 건국과정』, 건국이념보급회 출판부 2013, 62-63쪽.

2.7.3. 한국민주당 창당

이러한 정세를 관망하고 있던 송진우(宋鎭禹, 1890~1945)가 마침내 움직이기 시작했습니다. 9월 7일 미군의 입성 소식을 듣고 동아일보사 강당에서 임정·연합군 환영준비위원회를 '국민대회준비위원회'로 개편하고 위원장 송진우, 부위원장 김준연, 서상일, 외교부장 장택상을 선출했습니다. 이 위원회는 좌우익을 망라할 뿐만 아니라 해외 망명인사까지 포함하는 초당적 정부조직을 모색하는 합의기구였습니다.

송진우는 그때까지만 해도 국민대회를 통해 건국준비위원회와 투쟁하며 임시정부만 추대하고 따로 정당을 만들 필요가 없다고 생각했습니다. 그러나 좌익의 선동과 인공 선포를 목도하고 민족진영 내에서 국민대회, 조선민족당, 한국국민당, 고려사회당을 합쳐 단일 정당을 만들 것을 논의합니다. 9월 4일 네 개 단체의 대표 82인이 안국동 윤보선 자택에서 발기대회를 열고 한국민주당(이하 한민당) 창당을 선언했으며, 9월 8일 한민당 발기인 명의로 「임정외에 정권 참칭하는 단체 및 행동 배격 결의 성명서」를 발표(아래)했습니다. 그리고 16일 경운동 천도교회관에서 정식으로 한민당 창당대회를 열었습니다.

> 「일본인 총독과 정무총감으로부터 국내 치안유지의 협력을 의뢰받은 여운형이 마치 독립정부수립의 정권이나 맡은 듯, 불과 5인으로 건준을 만들고 방송국을 점령하여 국가건설에 착수했다는 뜻을 천하에 공포했을 뿐만 아니라 경찰서, 재판소, 은행까지 접수하려다 실패했으며, 반역적인 인민대회란 것을 열어 조선인민공화국을 만들고 국내외 저명인사들의 명의를 도용하는가 하면, 임시정부의 주석, 부주석, 영수되는 지사들의 영명을 자기 어깨와 나란히 놓고 인심을 교란시키고 질서를 문란케 한 죄는 극형에 처해야 마땅하다.」

한민당의 지도부는 교수, 변호사, 언론인, 작가 등 전문지식인이었고, 좌익들에 의해 반동으로 지목되는 지주와 자본가들도 지지했습니다. 일정기에 실업實業, 교육, 학술, 언론 등 여러 분야에서 근대화를 지향하고, 이를 확산시키는 세력들로 구성된 정당이었습니다. 한민당은 영수에 서재필, 이승만, 이

시영, 김구 등을 추대하고, 수석총무(당수) 송진우, 부당수겸 선전부장 김준연, 총무 조병옥, 허정, 백관수, 김도연, 서상일, 백남훈, 원세훈을, 감찰위원장 김병로, 당무부장 이인, 조직부장 김약수, 외무부장 장덕수, 노농부장 홍성하, 문교부장 김용무를 선출했습니다.

이처럼 임시정부를 지지하며 일어난 한민당과 그 정치노선에 대해 많은 사람이 동조함으로써 건준과 인공을 주도하던 좌익 공산주의자들 활동에 제동이 걸렸습니다. 송진우는 해방 전후 민족주의를 이끈 3.1운동의 실질적인 주도 세력 가운데 하나였습니다. 그는 김성수(金性洙, 1891~1955)가 설립한 '동아일보'의 사장으로서 미국을 중심으로 한 새로운 국제질서 속에서 개인의 권리와 자유를 추구하는 서구식 민주주의 국가 건설을 목표로 했습니다. 또, '임시정부 봉대론'을 통해 임시정부를 기초로, '국민대회'에 의한 국민의 동의를 얻어 나라를 세우려고 했습니다. 3·1운동의 독립정신獨立精神을 계승한 '대한민국임시정부'는 헌법에 '민주공화국民主共和國'을 명시했으며, 독립운동의 상징이었기 때문이었습니다. 좌익 공산주의자들이 노동자와 농민이 중심이 되고 특정 계층을 배제하는 '인민정권人民政權'을 수립하려고 한 것과 달리, 모든 국민을 포용하는 민주공화국을 수립하려고 했습니다. 실제로 그는 '건준'에 참여하라는 여운형의 설득을 뿌리쳤습니다. 패망한 일본으로부터의 정권 이양(移讓)이 아니라, 국민들의 민의民意에 기반하여, '미군정'이라는 현실과의 조율(調律)을 통해 국제사회의 일원이 되는 나라를 구상했던 것입니다. 한민당의 수석총무로 활동하던 그는 대한민국의 건국을 보지 못한 채 1945년 12월 30일 새벽, 자택에서 테러리스트 한현우 등에게 암살당했습니다.

고하(古下) 송진우(宋鎭禹, 1890~1945)

한민당의 정치노선은 다음과 같습니다.

① 공산주의를 철저히 배격, 반공주의 노선을 채택한다.
② 민주주의적 독립한국을 건설한다.
③ 대한민국 임시정부를 법통상의 근본으로 하여 정식정부를 수립한다.
④ 민주정치의 건전한 운영을 위하여 정당을 조직한다.
⑤ 이 정당은 집권을 목표로 하지 않고, 임시정부가 정통정부의 근본이 될 수 있도록 하는 국내적 정치기반을 마련한다.

⑥ 이 정당은 계급정당이 아닌 모든 계층을 망라한 국민적 정당이 되도록 한다.
⑦ 이와 같은 정치노선을 실현하기 위해 그 자신이 최선두에서 행동한다.

참조
허도산, 『민족민주지도자 건국의 원훈 낭산 김준연』, 낭산 김준연 기념사업회 2019, 122-125쪽.
박명수, 『건국투쟁 민주공화국인가, 인민공화국인가?』, 백년동안 2015.

2.7.4. 미군정의 시작과 인공 해체

1945년 9월 8일 하지(John Reed Hodge, 1893~1963) 중장이 이끄는 미국 제24군단 소속 제7보병사단이 인천에 상륙하고, 다음 날 조선총독부 및 38선 이남 조선 주둔군의 항복을 받았습니다. 미군정이 선포되었고 하지 장군이 미군정 사령관에 취임하며 중앙청에는 일장기가 내려가고 성조기가 올라갔습니다. 군정장관에는 아놀드(Archibald Vincent Arnold, 1889~1973) 소장이 임명되었는데, 그는 노예상태인 한국민들이 반(半)야만적인 미개인일 것이라 짐작했는데 미국, 유럽, 일본의 명문대학 출신자들이 많이 있다는 것에 놀랐다고 합니다. 아놀드 장관은 영어가 유창한 장덕수와 이야기하며 한국인 지도자들과의 관계를 넓혀가기 시작했습니다.

오래지 않아 국민대회준비위원회의 송진우 위원장과 하지 사령관의 회담이 성사되었습니다. 송진우는 하지에게 좌익 공산주의자들이 급조한 인민공화국에 대하여 미군정이 공식성명을 통해 인정하지 말 것과 미군정을 보좌하고 자문할 한국인 지도자들을 추대하는 것이 급선무라고 이야기했습니다. 10월 5일 하지는 송진우, 여운형, 김성수, 조만식, 김용무, 전용순, 오영수, 강병순, 윤기익 등 11명의 인사들을 미군정장관 고문으로 임명하고 고문단 위원장에는 김성수가 위촉되었습니다. 북한에 있는 조만식과 좌익의 여운형을 제외하고 나머지는 한민당 간부들이거나 한민당과 비슷한 정치 성향을 가진 인사들이었습니다.

미군정은 38도선 이남에서의 유일한 정부는 미군정이라고 선언하고, 지역 내의 모든 정당에게 강령과 간부명단을 등록하게 했으며, 인공도 하나의 정당으로 등록하도록 명령했습니다. 9월 13일 미군정 정보부장은 "현재 조선 내에는 미군정부 이외에는 여하한 정부도 있을 수 없다"며 "조선인민공화국 운운은 인정할 수가 없다"는 뜻을 비공식적으로 밝혔습니다. 한국민주당은 이 발언을 알리기 위한 전단을 서울 시내에 뿌렸습니다. 10월 10일에는 아놀드 군정장관이 인공을 부인하는 성명을 발표했습니다. 그는 "남한에는 미군정만 있을 뿐 다른 정부는 존재할 수 없으므로 정부를 참칭하는 일이 있어서는 안 된다"는 성명을 통해 인공 해체나 명칭 변경을 요구했습니다.

이와 같이 군정장관 고문회의 구성과 인민공화국 부정 성명은 한민당이 쟁취한 성과들이기도 했습니다. 이후 인공의 여운형은 몇 차례에 걸쳐 미군정과 회담했지만 '인공 부정' 입장은 철회되지 않았습니다. 이에 인공은 11월 20일부터 3일간 천도교회관에서 전국인민대표자대회를 개최하고 '인공 사수'를 결의했습니다. 이에 12월 12일 하지 장군은 인공이 정부행세를 하는 것은 비합법적인 일이므로 이를 단속할 것을 경고했습니다. 성명서가 나온 후 '조선인민공화국'은 사실상 해체되었고 이후 이 세력은 1946년 2월에 발족한 '민주주의민족전선(民主主義民族戰線, 이하 민전)'으로 집결하게 됩니다.

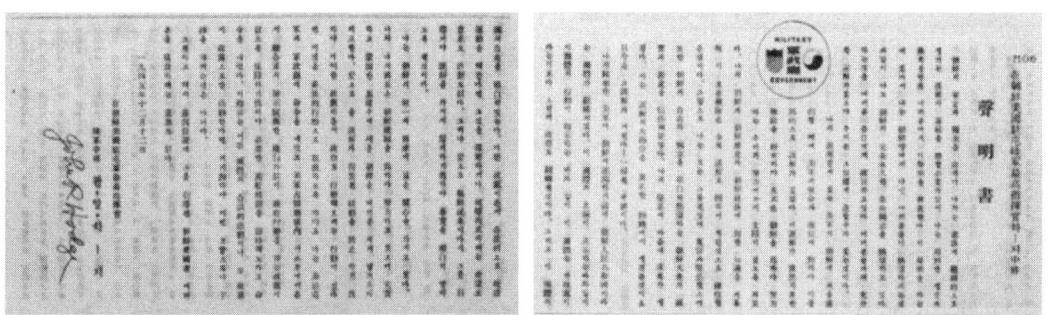

1945년 9월 6일 선포된 '조선인민공화국'을 최종적으로 부정하는 하지 미군정 사령관의 12월 12일 성명서.

참조
허도산, 앞의 책, 126-129쪽.
「[해방정국 3년] ⑤박헌영·여운형 '조선인민공화국' 시도 물거품으로」, 2020년 2월 2일 뉴시스.

2.7.5. 이승만과 임정요인의 귀국

1945년 10월 16일 미국에서 이승만이 귀국했습니다. 미 국무부는 이승만의 임시정부 승인 요구와 소련에 대한 지속적인 비난으로 인해 불편한 관계에 있었습니다. 당시만 하더라도 미국은 소련과 함께 제2차 세계대전을 치러낸 연합군으로서 공산주의와도 함께할 수 있을 것으로 생각했습니다. 미국의 정책은 친소적이었으며, 실제로 미 국무부 내에는 엘저 히스(Alger Hiss, 1904~1996) 등 엘리트 소련 간첩들이 잠입해 있었습니다. 아래 이승만과 히스의 에피소드[21]를 인용합니다.

「1941년 12월 22일에 워싱턴을 방문한 영국 수상 처칠은 미국 대통령 루스벨트와 만나 전쟁협력을 위한 회담을 했다. 이에 따라 1942년 1월 1일에 연합국 선언이 나왔는데 망명정부를 포함한 26개국이 서명하였다. 이승만은 헐 국무장관을 만나 한국 임시정부도 이 선언에 참가하고 싶다는 뜻을 전하려 하였다. 국무부에 갔으나 헐을 만날 수는 없었고, 극동국장 스탠리 혼벡과 그의 보좌관 히스를 면담했다.

언론인 손세일(孫世一, 1935~) 선생의 『이승만과 김구』에 따르면, 히스는 이(李) 박사의 제안은 한국 임시정부의 승인을 전제로 하는 것이기 때문에 미국이 취할 수 있는 조치는 없다고 말했다. 이승만은 임시정부의 승인이 왜 중요한가를 다시 설명했다. 그는 소련이 시베리아 교역의 거점이 될 부동항(不凍港)을 한국에 확보하기 위하여 지난 반세기 넘게 호시탐탐해 왔다고 말하고, 미국

---

[21] 조갑제, 「조갑제의 시각 역사를 바꾼 高級 간첩들 연구 IMF와 유엔을 만든 미국인은 '소련의 두더지'였다!」, 월간조선 2013년 5월호.

이 미리 한국의 독립을 승인하는 것과 같은 조치를 해 놓지 않으면 일본이 패망한 뒤에 틀림없이 소련은 한국에 진입하여 점령하고 말 것이라고 설명했다.

그러자 히스는 이승만의 말을 가로막았다. 그는 미국의 중요한 전시(戰時)동맹국을 공격하는 것을 조용히 듣고 앉아 있을 수 없다고 했다. 히스는 한국에 관한 문제는 일본이 패망한 뒤에 결정해야 한다고 강조했다. 당시 히스는 소련을 조국으로 여기면서 정보를 열심히 건네주고 있었으니, 이 박사의 소련 비판에 화를 내지 않을 수 없었을 것이다.」

이처럼 미래를 내다보는 이승만의 혜안을 소련에 대한 비판으로 생각한 히스는 화를 낼 수밖에 없었습니다. 그는 제2차 세계대전 후의 세계 질서를 결정한 얄타회담에서 히스는 국무장관 스테티니어스의 보좌관으로 참여, '블랙북'을 관리했습니다. '블랙북'은 루스벨트 대통령이 스탈린, 처칠과 논의할 주제에 대한 미국의 전략을 정리한 극비 자료집이었습니다. 소련 간첩이 20세기 역사상 가장 중요한 회담의 가장 중요한 정보를 관리하였다는 것이고 이는 스탈린에게 있어 협상을 유리하게 이끌어나갈 수 있도록 해주었습니다.

'이승만 박사 환국'을 알리는 1945년 10월 17일 신조선보 호외.

이러한 미국무부의 상황을 보면 해방 이후 이승만의 귀국이 2달간이나 지체된 이유를 가늠할 수 있습니다. 결국 그의 귀국은 미군정과 도쿄 연합군사령부가 대중의 지지를 받는 이승만과 같은 영향력 있는 지도자가 필요하다고 판단하고 귀국을 적극 주선함으로써 이루어질 수 있었습니다. 열렬한 환영을 받으며 33년만에 고국의 땅을 밟은 이승만에게 해방 정국의 정치지도자들이 자신들의 정당을 맡아달라고 요청했습니다. 여운형과 그의 동생 여운홍은 조선인민당의 당수직을, 박헌영은 조선공산당의 당수직을 제안했습니다. 이승만은 외양으로는 '당수'라는 직함을 가지겠지만, 실상 그들의 포로가 된다는 것을 간파하고 모든 요구를 거절했습니다. 그리고 한 정파가 아닌 거국적인 연합을 구상합니다. '뭉치면 살고, 흩어지면 죽는다'고 외쳤던 그의 면모를 볼 수 있는 작업을 진행합니다.

이승만은 10월 23일 조선호텔에서 65개의 정당, 사회단체 대표들 200여 명과 독립촉성중앙협의회(이하 독촉중협)를 조직하고 건국 사업에 나섰습니다. 중앙조직을 만든 직후인 11월 초부터 지부가 만들어지기 시작했습니다.

독촉중협은 한민당을 포함, 좌우 정당과 사회단체를 포괄하는 초당파적 노력이었습니다. 그러나 이내 박헌영을 위시한 세력은 독촉중협을 이탈했습니다. 우익과 중도中道 세력은 적극적으로 호응했고, 좌익 내 여운형과 공산당 장안파는 이승만의 움직임에 소극적으로 동조했습니다. 이승만은 공산당의 동조를 끌어내기 위해 "나는 공산당에 대하여 호감을 가지고 있다"는 내용이 담긴 방송연설을 하기도 하고, 박헌영과 장시간 단독회담을 통해 설득하기도 했습니다.

그런데 박헌영의 공산당은 독촉중협의 준비작업에 참여하면서도, 독촉중협의 중앙집행위원회 구성에서 좌익 세력이 과반수를 차지하기 위한 투쟁을 했습니다. 이런 독촉중협의 주도권 문제와 더불어 친일파 배제 문제, 민주적 회의 운영을 두고 갈등을 겪었습니다. 또 공산당은 이승만에게 인공 주석에 조속히 취임하라고 요구했습니다. 인공 주석에 취임하지 않으면 이승만을 지도자로 인정하지 않을 뿐만 아니라, 민족통일전선 분열의 최고책임자로 규정하겠다고 으름장을 놓았습니다.

그러나 이승만은 인공 주석 취임을 수락하지 않았고, 좌익 세력은 중앙집행위원회의 과반수를 차지하지 못했습니다. 공산당은 통일전선 단체에 참여하면 그 단체에서 헤게모니[22]를 장악하려는 습성이 있습니다. 만약 장악에 실패하면 그 단체를 파괴해 버리는 것 또한 그들의 습성입니다. 이러한 기본전술에 따라, 공산당이 주도하는 좌익 세력은 인공 주석 취임을 거부한 이승만을 당파적·전제적 인사라고 비난하였습니다. 이 같은 당파적 헤게모니만 추구하는 공산당에 대해 이승만은 11월 19일 방송연설을 통해 공산당을 비판했습니다. 그러자 공산당과 인민당이 독촉중협에서 탈퇴한다는 성명을 발표했습니다.

한편, 일본의 항복 후 임정은 귀국하여 정부로 승인받기를 희망했으나 미군정은 이를 인정하지 않았습니다. 미군정은 임정의 환국을 환영하면서도 임정요인들이 개인 자격으로 들어올 것을 요구했습니다. 1945년 11월 23일 마침내 임정요인들이 귀국했습니다. 12월 2일에는 신익희, 조소앙, 조성환, 김원봉, 조완구 등 제2진이 도착함으로써 거의 모두 환국했고, 26년만에 비로소 조국에서 정치활동을 시작하게 된 것입니다. 임정은 '대한민국임시정부'라는 명칭을 사용하면서 임정법통론을 주장했으나, 미군정은 인공과 마찬가지로 이를 인정하지 않았습니다.

독촉중협에서 탈퇴한 좌익은 이제 막 귀국한 임정과의 합작을 추진했습니다. 김구(金九, 1876~1949)를 비롯한 임정요인들도 좌익의 인공과 합작을 추진할 것에 동의했습니다. 앞 절에서 보았듯 임정의 일원이자 임정 초대 대통령이었던 이승만은 인공의 주석직을 거부한 채 독촉중협 결성에 매진했습니다. 그리고는 임정 측의 견해를 반영하기 위해서 독촉중협의 간부진 구성을 임정 귀국 때까지 연기해 놓고 있었습니다. 그러나 귀국한 임정요인들은 독촉중협에서 이탈한 인공과 합작을 추진하는 동시에,

---

[22] 그리스어 ἡγεμονία(hegemonia, 권위/지배)가 어원으로, 어떠한 일을 주도할 수 있는 권력 또는 권한, 패권(覇權)을 지칭.

독촉중협은 임정과 무관한 단체라는 입장을 취했습니다. 이로 인해 이승만과 독촉중협은 고립되는 듯 했습니다.

참조
허도산, 『민족민주지도자 건국의 원훈 낭산 김준연』, 낭산김준연 기념사업회 2019, 131-132쪽.
양동안, 해방정국 초기 이승만과 공산당의 대립, [제1회 이승만 포럼] 이승만 이용하려던 공산당 박헌영, 2011년 3월 9일, 프레스센터(한국언론재단) 19층.
이주영, 『우남 이승만 그는 누구인가?』, 배재학당총동창회 2008, 91쪽.
임영태, [연재] 임영태의 '다시 보는 해방 전후사 이야기'(41)-제3부 해방정국(9), 이승만과 김구(임시정부) ②, 2021년 2월 22일 통일뉴스.

2.7.6. 대한독립촉성국민회 vs 민주주의민족전선

임정과 인공의 합작은 양측의 입장 차이로 인해 지지부진했습니다. 그럼에도 임정은 이승만과 한민당을 멀리하고 인공과의 합작을 계속 도모했습니다. 그 결과, 임정이 임정봉대(臨政奉戴)[23]를 부정해 온 인공과 합작을 추진하고, 임정봉대를 주장해온 이승만과 한민당을 멀리하는 기이한 현상이 벌어지게 된 것입니다. 이러한 상황에서 1945년 12월 28일 한반도 신탁통치(信託統治) 계획을 내포한 모스크바 협정이 체결되었다는 소식이 서울에 알려졌습니다.

임정은 신탁통치반대 전국민운동을 추진했지만, 인공은 찬탁(贊託) 입장을 취했습니다. 이로 인해 임정과 인공의 합작 시도는 완전히 무산되었습니다. 그에 따라 반탁(反託) 투쟁 과정에서 임정은 이승만, 한민당과 연대하게 되었습니다. 이승만은 와병 중이어서 초기에 반탁투쟁을 주도하지 못했지만, 1946년 1월 말부터 반탁투쟁에 주도적으로 참여했습니다. 그리고는 찬탁을 벌이는 공산당과의 대결에서 앞장서게 되었고, 이승만을 외면하고 좌익과 합작을 추진하던 임정, 보다 정확하게 말하면 임정 내 우익은 반탁투쟁에서을 통해 이승만과 손잡게 되었습니다.

이승만, 독촉중협과 임정 내 우익의 연대로 1946년 2월 1일 민족자율정부를 수립하기 위한 비상국민회의(非常國民會議)가 열렸습니다. 반탁진영의 임시국회에 해당하는 비상국민회의는 임시행정부에 해당하는 최고정무위원회(最高政務委員會)를 구성하기로 하고, 그 인선(人選)을 이승만과 김구에게 위임했습니다.

뒤이어 1946년 2월 8일에는 이승만이 이끄는 독촉중협과 김구가 이끄는 반탁국민총동원중앙위원회를 통합하여 우익진영의 통일전선(統一戰線) 단체인 대한독립촉성국민회(大韓獨立促成國民會, 이하 독촉국민회)를 결성했습니다. 이승만과 김구는 각각 총재와 부총재로 추대되었습니다. 1946년 2월 13일 두 사람은 28명의 독촉국민회의 최고정무위원을 선임했습니다.

다음날 주한 미군정 사령관 하지는 미군정의 최고자문기관으로 남조선(South Korea) 대한민국대

---

[23] 해방 이후에 중경임시정부가 유일한 정권 승계 기관이 되어야 한다는 주장

표 민주의원(民主議院)을 신설하고, 독촉국민회의 최고정무위원 전원을 의원(議員)으로 임명하고 의장에는 이승만이 선출되었습니다. 이로써 민주의원은 좌익과 대결하는 우익통일전선의 지도부가 되었고, 이승만은 우익 세력의 최고지도자가 되었습니다.

좌익 세력도 공산당 주도하에 우익과 맞서기 위한 좌익통일전선 단체를 결성하려고 했습니다. 1946년 1월 31일 그들은 인공에 참여한 좌익세력과 임정 내 좌익을 끌어모아 통일전선 결성을 위한 준비위원회를 구성했습니다. 그리고는 1946년 2월 15일 민전을 정식으로 발족시켰고, 민전의 공동의장에는 여운형, 박헌영, 허헌, 김원봉이 선정되었습니다.

이렇게 해서 남한 내 우익과 좌익은 독촉국민회와 민전이라는 조직으로 나뉘어 정면대결을 벌이게 되었습니다. 그리고 이 대결은 간판을 바꿔 달며 지금도 계속 진행 중이고, 둘 중 하나가 소멸될 때까지 지속될 것입니다.

참조
양동안, 해방정국 초기 이승만과 공산당의 대립, [제1회 이승만 포럼] 이승만 이용하려던 공산당 박헌영, 2011년 3월 9일, 프레스센터(한국언론재단) 19층.
이주영, 대한민국의 건국과정, 건국이념보급회 출판부 2013, 81-82쪽.

2.7.7. 반탁반공反託反共의 나라 세우기 운동

1945년 12월 16일부터 26일에 걸쳐 '모스크바 3국 외상회의'가 열렸습니다. 이 회의로 2차 세계대전 전후처리 문제에 대한 연합국의 합의가 도출됐습니다. 한반도 문제에 있어서 협의한 구체적 내용은 다음과 같습니다.

① 한국을 완전한 독립국으로 발전시키기 위해 임시정부를 수립한다.
② 한국 임시정부를 수립하기 위해 미국과 소련의 양군 사령부 대표로서 미-소공동위원회를 2주일 이내에 구성한다.
③ 한국의 완전한 독립을 목표로 미국, 소련, 영국, 중국 4개국에 의한 최고 5년간의 신탁통치안을 협의한다.

'신탁통치'는 국제연합 감독하에 시정국(施政國:신탁통치를 행하는 국가)이 일정지역(신탁통치지역)에 대하여 실시하는 특수통치제도를 말합니다. '신탁통치안의 협의'라는 결정사항에 대해서 한반도는 이를 반대하는 반탁과 찬성하는 찬탁으로 양분되었습니다. 반탁을 주장하던 좌익 조선공산당의 박헌영은 12월 28일 평양을 방문합니다. 이곳에서 소련의 '찬탁' 지침을 받고 1946년 1월 2일 서울로 돌아와 조선공산당은 찬탁 노선으로 입장을 정했습니다. 그리고 1월 3일 서울운동장에서 예정되어 있던 좌익의 '민족통일자주독립촉성시민대회'는 하룻밤 사이에 반탁에서 찬탁 행사로 바뀌었습니다. 이런 갑작스런 노선변화를 몰랐던 단체들은 준비했던 '신탁통치 반대' 플래카드를 그대로 들고나오는 웃지 못할 진풍경도 연출되었습니다.

이처럼 좌익 공산주의자들은 이 땅 위에 새로 건국되는 나라가 소련의 지시를 받는 괴뢰국傀儡國이기를 바란 것입니다. 입으로는 '민족'을 말하지만, 그 민족을 팔아먹는 본성은 지금도 이어지고 있습니다. '우리민족끼리'라는 그럴듯한 구호를 앞세우며 김씨 삼부자의 추종세력만 자유를 향유하며 나머지 2,400만 북한동포는 노예생활을 하고 있는 것이지요. 좌익 공산주의자들, 대한민국 내의 남로당 후예(그 정신을 따르는 무리) 그리고 김씨 삼부자를 추종하는 주사파들은 민족을 팔아먹는 민족 반역자 집단입니다.

다음 사진은 보라매공원(서울특별시 동작구 여의대방로20길 33) 내에 있는 비석과 충혼탑입니다. 해방정국 '반탁반공운동'에 대한 자세한 내용을 담고 있어 전문을 인용합니다.

한국학생 건국운동 공적비(功績碑)와 건립기(建立記) 비석

「건립기
반탁반공은 서로 떼어 놓을 수 없는 건국의 이념이며 이 운동은 오늘 이 나라의 자유와 민주주의를 꽃 피운 원동력이라 할 것이다. 8·15해방과 더불어 불어닥친 신탁통치의 음모와 공산주의의 야욕으로 비롯된 6·25남침을 맞아 싸우다가 수많은 청년 학생들이 이름없이 쓰러져 갔다. 반탁반공의 순국 청년, 학생들의 애국정신을 길이 받들고 역사에 거룩한 업적을 기록해 두고자 사단법인 한국반탁반공운동기념사업회를 1965년 12월 28일 구성하고 한국학생건국운동사를 펴낸 뒤 살아남은 동지들의 뜻을 모아 여기에 반탁반공순국학생충혼탑을 세운다.
1989년 8월 15일
사단법인 한국반탁반공학생운동기념사업회」

「한국학생 건국운동 공적비

대한민국은 신탁통치 반대와 반공의 승리로 건국되었다. 해방의 감격이 채 가시지 않은 1945년 12월 모스크바 3상회의로 한반도 신탁통치안이 결정되자 자주독립을 절규한 삼천만 동포는 남과 북 남녀노소 가리지 않고 신탁통치 반대를 위해 총궐기하였다. 그러나 소련과 공산당 세력이 신탁통치 찬성으로 돌아서면서 좌우대립과 분열, 강토의 분단을 부르게 되었다. 이에 격분한 백만 애국학도들은 1946년 1월 반탁전국학생 총연맹을 결성하고 1948년 8월 15일 대한민국 정부수립을 국내외에 선포하기까지 3년 동안 반탁반공 독립투쟁에 앞장서 이 나라 건국의 선봉대가 되었다. 반탁은 곧 반공운동이 되었으며 또한 자유민주운동이었다. 한반도의 적화통일을 내세우며 자주독립국가의 수립을 방해하던 좌익 세력은 학원소요 UN결의에 따른 남북통선거 저지운동과 테러 등 온갖 방법으로 남한 사회의 혼란을 조장하였으나 전국학련을 선두로 애국청년학생과 반공민족진영은 혈투로써 이들을 몰아내어 신생 대한민국을 탄생시켰다. 민족 반역자 김일성의 6·25남침을 맞아 우리 전국학련구국대는 학도의용군으로 참전하여 이 나라를 지키기 위해 싸웠다. 우리 백만 학생의 반탁반공운동 이야말로 3·1운동에 버금가는 독립운동이었다. 민족의 백년대계를 위하여 분골쇄신한 그들의 자주적 정신과 애국심을 높이 찬양하면서 대한민국의 건국이념과 정통성을 굳건히 지키고 다져 이 땅에 자유와 번영을 가져온 선배 동지들의 선구자적 희생정신을 기리고 우리의 후손들이 더욱 알차게 가꾸고 이어가 주기를 바라면서 여기에 우리 정성을 모아 이 비를 세우는 바이다.」

위 내용에서 보듯이, 좌익 세력은 소련과 함께 찬탁을 외치며 공산제국의 일원이 되기를 원했으며, 각종 소요사태를 일으켰다는 것을 알 수 있습니다. 대한민국은 이에 대항하는 반탁반공 우익세력과 청년, 학생들에 의해 건국되었으며, 이들은 다시 6·25남침이라는 국가의 위기 속에서도 희생정신을 발휘, 참전함으로써 이 나라를 지켜냈다는 사실을 알 수 있습니다. 결론적으로 해방정국 좌익 세력은 대한민국의 건국에 있어 전혀 도움이 되지 않았고 오히려 반국가 반민족 행위를 일삼았다는 것을 알 수 있습니다.

반탁반공 순국학생 충혼탑

참조
양동안, 『대한민국 건국 전후사 바로알기』, 대추나무 2019, 52-53쪽.
이주영, 『대한민국의 건국과정』, 건국이념보급회 출판부 2013, 76-77쪽.
양한모, 『조국은 하나였다?』, 일선기획 1990, 74-81쪽.

2.7.8. 미소공동위원회와 좌우합작左右合作운동

모스크바 3국 외상회의에서 발표된 공동성명서의 한국 조항은 미국과 소련의 점령군 대표들로 구성되는 공동위원회가 한국의 임시정부와 협의한 후 미국, 소련, 영국, 중국이 최고 5년 동안 한국을 신탁통치하기 위한 협정 체결에 필요한 보고서를 제출한다는 것이었습니다. 또, 미국과 소련이 공동위원회의 건의에 대해 '최종적인 결정권'을 갖는다고 명시했습니다.

이 결정을 두고 한반도의 민족지도자들은 처음부터 끝까지 반탁운동을 전개했습니다. 김구 선생은

'전 민족이 힘을 합하여' 신탁통치안을 분쇄할 것을 촉구하며, '신탁통치반대 국민총동원위원회'를 결성했습니다. 이승만 박사는 '탁치託治가 강요된다면 열국의 종속민족으로 우리에 대한 생사여탈권을 타인에게 맡겨 놓는 격이 될 것'이며, 소련의 사주를 받고있는 공산주의자들의 찬탁을 '영원히 우리 반도와 국민을 팔아먹으려는 가증한 행동'으로 규탄하고 '반탁시위는 당연하다'고 주장했습니다. 그는 좌익 공산주의자들은 궁극적으로 한반도를 '소련의 위성국'으로 만들려는 저의를 품고 있다고 경고했습니다.

찬탁과 반탁으로 나뉜 좌우익의 첨예한 갈등 상황 가운데, 미소공동위원회가 1946년 3월 20일에서 5월 6일까지 개최됐습니다. 그러나 미소 양국이 남한 내의 '협의 대상' 선정 문제를 두고 대립하며 무기한 휴회에 들어갔습니다. 이내 미군정은 국무성의 지시에 따라 좌우익의 온건파를 중심으로 하는 중도 세력을 통합하기 위한 '좌우합작운동'을 전개했습니다. 김규식과 여운형을 중심으로 추진된 이 운동은 어려움 끝에 7월에 이르러 '좌익의 5원칙'과 '우익의 8원칙'이 발표되기에 이릅니다. 그런데 이 과정에 참여한 좌우익은 중도 성향으로 대표성을 띠지 못하는 사람들이었습니다. 이들은 10월이 되어 '좌우합작 7원칙'을 발표했지만, 공산당을 중심으로 한 좌익, 한민당을 중심으로 한 우익의 지지를 얻지 못하고 실패로 끝났습니다. 이 운동은 애초부터 소련의 눈치를 보며, 소련 간첩이 침투해있던 국무성의 지시로 이루어졌습니다. 만약 이 합작이 성공하였다면, 동유럽의 사례에서 보듯 한반도는 공산화되었을 가능성이 큽니다. 따라서 좌우합작의 실패는 하나님의 도우심이라는 해석도 가능하고, 좌우익의 지향점이 달랐기에 실패는 정해져 있었다고도 볼 수 있습니다.

참조
양동안, 『대한민국 건국 전후사 바로알기』, 대추나무 2019, 68-81쪽.
이주영, 『대한민국의 건국과정』, 건국이념보급회 출판부 2013, 90-94쪽.

2.7.9. 정읍발언井邑發言

이승만의 정읍발언은 좌우합작운동이 본격적으로 시작되기 전인 1946년 6월 3일 '남한 단독 정부 수립'이라는 자신의 구상을 처음으로 공개한 연설이었습니다. 이승만은 4월 16일부터 6월 9일까지 남선순행(南鮮巡行)을 통해 우익 세력의 연합조직이었던 독촉국민회 지부를 확장시킬 수 있었습니다.

이 발언은 1946년 2월 8일 38도선 이북에 북조선임시인민위원회라는 소련의 통치를 받는 사실상의 정부가 들어선 한반도 상황에서, 소련과의 협력을 통해 신탁통치 실시 후 통일정부를 수립한다는 미국의 정책은 결국 한반도의 공산화를 초래하게 된다는 이승만의 현실 인식과 정세 파악에 바탕을 둔 주장이었습니다. 다음은 정읍발언의 주요 내용입니다.

「이제 우리는 무기 휴회된 공위(共委)가 재개될 기색도 보이지 않으며 통일정부를 고대하나 여의케 되지 않으니 우리는 남방(南方)만이라도 임시정부(臨時政府) 혹은 위원회 같은 것을 조직하여 38 이북에서 소련(蘇聯)이 철퇴하도록 세계공론에 호소하여야 될 것이니 여러분도 결심하여야 될 것이다.」

이승만의 '정읍발언'을 보도한 1946년 6월 4일 서울신문 기사

한반도에 '통일 민족국가'를 건설하는 것은 누구나의 염원이었지만, 소련이 이북을 장악하고 사실상의 정부를 조직해 놓은 상황에서는 이상주의적인 구호에 불과했던 것입니다. '단독정부 수립'은 이승만의 통찰을 통한 차선책으로서 가장 현실적인 선택이었습니다. 이를 두고 좌편향 교과서에는 한반도 분단의 책임을 이승만의 정읍발언에서 찾고 있는데, 이는 논리적으로도 역사적으로도 옳지 않은 해석입니다.

38도 이남에서의 임시정부 수립을 촉구한 이승만의 정읍발언은 한마디로 말하면 '언제까지 다른 나라의 입김에 우리의 운명을 맡겨야 하는가? 우리는 남방에서만이라도 우리의 장래를 스스로 결정할 주권을 되찾아야 한다. 그런 후에 북방北方의 소련을 몰아내고 통일된 정부를 구성해야 한다'라는 것이었습니다. 따라서 분단의 실질적인 원인은 8개월 전에 지령을 내린 스탈린과 그 지령에 충실했던 김일성에게 있는 것입니다.

1946년 2월 8일. 조선임시인민위원회 성립 경축 대회 사진. 현수막에는 '(임시인민위원회)는 우리에 정부(政府)이다'라고 정부 조직 구성했음을 공표하고 있습니다.

1947년 5월 제2차 미소공동위원회가 서울에서 열렸습니다. 1차 때와 다름없이 신탁통치 반대자들을 협의 대상에 포함시키느냐 마느냐는 문제를 두고 진행되지 않았습니다. 마침내 미국은 8월 신탁통치안을 대신할 새로운 회의를 소련, 영국, 중국에 제의했으나, 소련은 즉각 거부했습니다. 이로써 한국의 독립 문제는 9월 유엔으로 옮겨가게 됩니다. 11월 14일 유엔총회에서는 유엔의 감시하에 자유선거를 통한 남북 통일정부 수립을 43 대 0, 만장일치로 채택했습니다. 소련은 유엔의 결정을 불법이라고 비난했습니다.

참조
이주영, 『대한민국의 건국과정』, 건국이념보급회 출판부 2013, 89-90쪽.
이주영, 『우남 이승만 그는 누구인가?』, 배재학당총동창회 2008, 109-110쪽.
차상철, 『이승만과 하지장군』, 백년동안 2015, 72-74쪽.
로버트 올리버, 『이승만-신화에 가린 인물-』, 건국대학교 출판부 2002, 259-261쪽.

2.7.10. 유엔한국위원단

유엔은 9개국(우크라이나의 참석 거부로 8개국이 됨) 대표로 구성된 '유엔한국위원단'을 서울에 파견합니다. 이들은 유엔 총회 결의에 적시된 한국의 독립 문제에 대한 임무를 수행하기 위해 1948년 1월 8일 서울에 도착했습니다. 하지만, 38선 이북은 유엔한국위원단에 대해 매우 적대적인 반응을 보였습니다. 다음 날인 9일, 김일성은 평양에서 개최된 군중대회 연설에서 유엔한국위원단이 북한에 한 발짝도 못 들여놓을 것이라고 선언했습니다. 또한, 평양방송은 그날 밤 유엔한국위원단은 미제국주의의 주구走狗이며, 한반도를 식민지화하려는 계획을 가지고 있다고 비난했습니다.

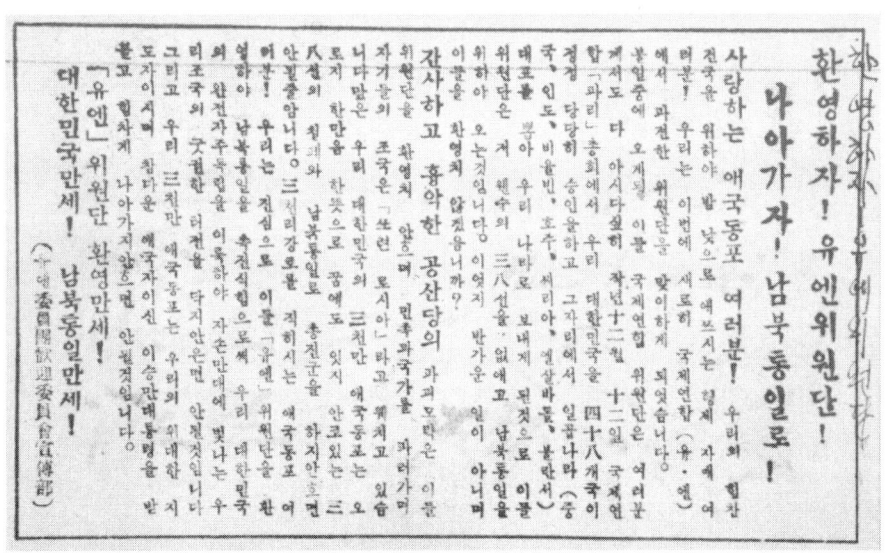

유엔임시위원단 환영 전단[24]. 유엔위원단 환영위원회 선전부가 1948년 1월 남북한 총선거 실시를 위해 방한하는 유엔임시위원단의 역할을 소개하면서 남북통일을 이룩하고 이승만을 대통령으로 받들자며 작성한 전단입니다.

---

24) 대한민국역사박물관 자료번호 한박2375

1948년 중앙청(中央廳) 공보부(公報部)에서 발행한 유엔한국임시위원단 환영 포스터[25]. 중앙에는 사무총장과 7개국 대표의 사진, 1월 11일 덕수궁에서 개최된 1차 회의 사진, 1월 14일 서울운동장에서 성대하게 개최된 위원단 환영회 사진이 보입니다.

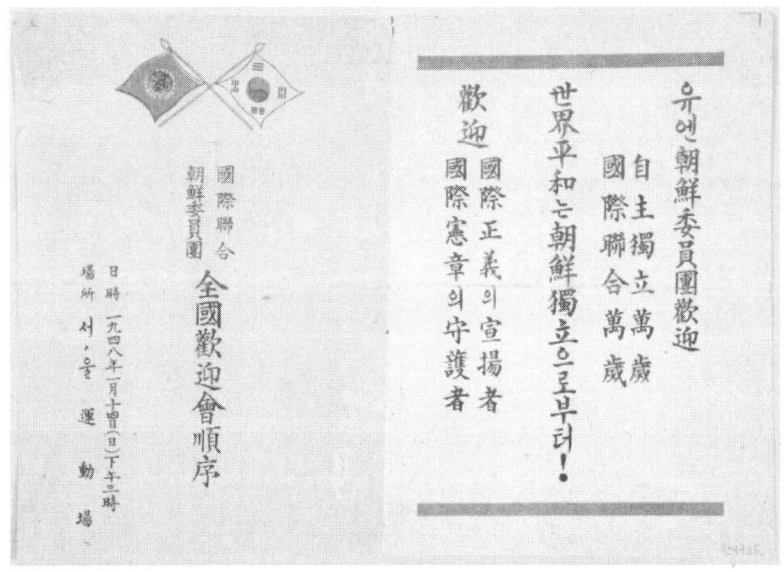

1948년 1월 14일 서울운동장에서 열린 '국제연합 조선위원단 전국환영회순서' 리플릿[26]. '유엔 조선위원단환영 자주독립만세, 국제연합만세, 세계평화는 조선독립으로부터!'라고 적혀있습니다.

---

25) 대한민국역사박물관 자료번호 한박15090
26) 대한민국역사박물관 자료번호 한박4925

그런데 유엔한국위원단은 남한 단독 정부를 세우는 것에 대해 반대하는 분위기였습니다. 12일 덕수궁에서 단장으로 선출된 인도 대표 메논은 이후 주소련 인도대사를 할 정도로 친소·친공적 인사였고, 북한에도 애국자들이 있으므로 좌우합작의 가능성을 두고 남한만을 상대로 하지 않을 것을 분명히 했습니다. 이는 유엔한국위원단이 여전히 통일정부를 수립할 수 있을 것이라는 헛된 꿈을 꾸고 있음을 보여준 것으로 미소공동위원회의 실패를 되풀이할 위험성이 크다는 것을 암시했습니다.

이 때문에 위원단을 맞이한 우익 지도자인 이승만과 한민당의 김성수는 유엔한국위원단을 상대로 설득 작업을 폈습니다. 환영위원회를 구성, 만찬과 음악회를 주선했고 특히 메논에게 많은 공을 들였습니다. 여류 시인 모윤숙과 문학적 교감을 통해 메논의 태도가 변하기 시작했고 유엔한국위원단은 미군과 소련군 사령관에게 자유선거 실시에 협조해줄 것을 요청하는 서한을 보냈습니다. 미군정의 하지 장군은 즉각 회신을 통해 전폭적인 지지를 약속했습니다. 소련군정의 스티코프는 서한의 접수 여부조차 확인하지 않고 사실상 유엔한국위원단의 38도선 이북 방문에 대한 거부 의사를 표명했습니다. 새로 선거를 실시한다면 기존에 공들여 조직해둔 공산 정부를 해체시킬 수밖에 없었기 때문입니다.

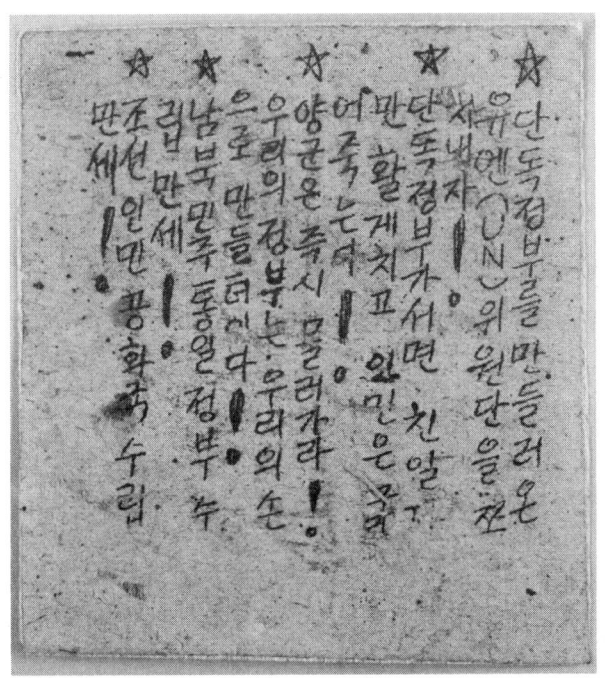

1948년 UN 임시위원단 입회 하의 총선거를 반대하는 좌익 세력의 전단[27]. 'UN 한국 임시위원단의 추방', 현재도 지속 중인 '친일파 타령'과 '인민은 굶어죽는다', '미·소 양군 철수', '남북민주통일정부 수립과 조선인민공화국 수립 만세'를 외치고 있습니다. 역사가 보여주듯이, 지금도 그러하듯이, 좌익의 본질은 '친일파 타령', '민중팔이', '미군철수', '민주팔이', '북한 만세'입니다. 좌익은 대한민국 건국에 하등의 도움을 준 것이 없습니다.

---

27) 대한민국역사박물관 자료번호 한박13445

이제 유엔한국위원단은 갈림길에 서게 됩니다. 남한만의 단독 선거를 할 것인가 말 것인가. 이 문제를 두고 단장인 메논은 뉴욕의 유엔 본부로 갔습니다. 그는 선거의 필요성을 역설했고, 1948년 2월 19일 유엔 소총회는 표결을 통해 유엔의 감시가 가능한 지역에서 선거를 실시할 것을 결의했습니다. 그러나 이 결의안을 가지고 서울에 돌아왔을 때, 유엔한국위원단은 쉽게 받아들이지 않았습니다. 메논의 끈질긴 설득과 표결을 통해 3월 12일, 찬성 4표(인도, 중화민국, 필리핀, 엘살바도르), 반대 2표(캐나다, 호주), 기권 2표(프랑스, 시리아)로 선거 실시안이 가결됐습니다. 모윤숙을 비롯한 우익 지도자들의 물밑 작업이 없었더라면, 애시당초 반대를 표명하려던 인도와 시리아로 인해 부결되었을 것이며, 대한민국도 탄생할 수 없었을 것입니다. 유엔에 의해 세워진 나라, 바로 대한민국입니다. 그 과정도 민주적 절차에 의해 세워진 나라, 바로 대한민국입니다. 북한은 입으로는 '자주'를 외치지만, 세세한 것 하나하나까지도 소련이 시키는 대로, 또 소련의 손길에 의존(依存)한 괴뢰국이었습니다.

2.7.11. 김구와 김일성의 4.30 남북 공동선언

남로당의 총선거 반대계획과 김구와 김규식의 평양방문을 보도하는 1948년 4월 15일 현대일보 기사

1948년 2월 16일 김구와 김규식 양 김씨는 남북통일 정부 수립 방안을 위해 남북회의를 열자고 북한의 김일성과 김두봉에게 제의합니다. 그리고 3월 12일 양 김씨는 공동성명을 발표, 남한만의 선거를 반대했습니다. 단독선거는 분단을 영구화시킬 것이라는 이유 때문이었습니다. 이처럼 좌익 공산주의자들과 우익이라 불리는 양 김씨마저 선거를 거부하는 상황에서 선거가 제대로 치러질 수 있을지 의문스러웠습니다.

제2장 대한민국의 탄생

김일성 우상화를 위해 김구가 따라다니는 모습을 촬영한 사진.

1949년 4월 19일부터 30일까지 평양 모란봉극장에서 열린 남북연석회의. 오른쪽부터 김구, 김일성, 홍명희.

김구는 이승만 박사를 비롯한 민족지도자들의 만류에도 불구하고 4월 19일 평양을 방문하여 남북한 연석회의에 참석했습니다. 그리고 미군 철수와 북한에 모인 좌파 56개 단체에 의한 임시정부 수립, 남조선 선거 반대와 수립된 정부 불인정을 골자로 하는 4·30 성명에 한독당 대표 자격으로 서명했습니다. 자신이 지켜왔던 대한민국 임시정부의 정통성을 스스로 무시해 버리고, 북조선과 합작해서 새로운 임시정부를 수립하기로 한 것입니다. 진의가 무엇이든지 김구의 행동은 소련과 북측의 의도대로 따라준 결과를 자초하며 대한민국의 건국에 반대했습니다.

김구는 북한에서 북한 헌법과 국기제정 등 공산정권 수립의 절차가 진행되고 있는 상황을 목도하고 왔습니다. 김구와 김규식은 북한을 방문해서 이미 양성된 공산군의 실태를 보고 남한에 정부를 수립해도 곧 붉은 군대가 쳐내려와 인민공화국이 될 터이니 대한민국을 건국할 필요가 없다고 생각했습니다. '우리민족끼리'라는 허구에서 헤어나지 못하고 소련과 북한 공산정권의 편을 들어 정부 수립을 반대한 것입니다. 그들은 북한 공산군이 오래지 않아 남침할 것을 알고 돌아왔습니다. 그러면서도 그럴 일은 없다고 거짓 성명을 한 것이 김구와 김규식이었습니다. 정부를 수립해 봐야 곧 없어질 것이라는 확신으로 강력하게 대한민국 건국을 반대했으며, 선거를 치르지 말고 그대로 있다가 적화통일이 되어야 한다는 것이 이들이 말하는 민족 통일론이었던 것입니다.

1948년 7월 11일 중화민국 공사 유어만(劉馭萬)은 대한민국 정부수립을 지지하기 바란다는 장개석 총통의 뜻을 전하기 위해 김구와 둘만의 비밀회동을 했습니다. 이 자리에서 김구는 "내가 요인회담에 갔던 동기의 하나는 북한에서 일어나고 있는 사실을 보려고 한 것이다. 공산주의자들이 앞으로 3년간 조선인 붉은 군대의 확장을 중지한다고 해도 남한이 전력을 다해서 붉은 군대의 현재 병력만한 군대를 만들기는 거의 불가능하다. 붉은 군대는 책잡힐 일 없이 쉽게 남쪽을 급습할 것이며 당장 남한에 인민공화국이 선포될 것이다."라는 폭탄 발언을 했습니다.

이하는 이승만 대통령의 미국 망명시절 개인비서였던 로버트 올리버 박사의 글[28]입니다.

「…이승만은 김구의 용기와 애국심은 크게 존경했지만 그의 상황 판단력에는 심각한 우려를 갖고 있었다. 영어를 알지 못하는 김구는 세계정세에는 어두웠다. 그는 미국이 중대한 국제문제에 당면해 있으며 한국문제 해결도 그들의 세계전략에 맞추어 서서히 풀어갈 것이라는 이승만의 주장을 납득하지 못했다. 김구는 거시적 안목이 부족했고, 미국의 세계전략에 따라 한국문제가 영향받을 이유가 없다고 생각했다.」

외국인의 눈으로 본 김구에 대한 객관적인 평가입니다. 그가 한 나라의 지도자가 되기에는 부족했다는 것을 알 수 있습니다. 이러한 김구의 행보는 여기에 머무르지 않고 건국 과정과 건국 후에도 반대한민국 활동을 지속합니다.

김구와 김규식은 '5.10선거 무효화 운동'을 효과적으로 펼치기 위해 48년 6월 7일, 김구의 한독당과 김규식의 민족자주연맹 등의 동조세력을 통합하여 통일독립촉성회(이하 통촉)를 결성한다는 공동성명을 발표했습니다. 이를 통해 대한민국 건국의 첫걸음인 총선거를 부정했습니다. 한편, 대한민국 정부수립 선포식을 앞둔 8월 11일, 이승만은 장면, 장기영, 김활란 등을 파리 유엔총회에서 대한민국의 승인 운동을 펼칠 한국대표단으로 파견했습니다. 이보다 앞선 8월 1일, 통촉은 부주석 김규식을 수석대표로 하는 파리 유엔총회에 파견할 대표단을 선정했습니다. 분단 정권인 대한민국을 승인하지 말고, 상해 임시정부를 승인해주도록 호소하기 위함이었습니다. 중국에 있던 서영해(徐嶺海, 1902~?)는 선발대로 파리에 가있었습니다. 그러나 김규식이 수석대표직 수락을 거부하는 등 통촉의 계획은 실현되지 못했습니다.

정부수립 선포식이 있던 8월 15일에도 김구는 "비분과 실망이 있을 뿐이다. 새로운 결심과 용기를 가지고 강력한 통일운동을 추진해야 되겠다."라고 말하며 끝까지 대한민국의 건국을 부정했습니다. 그

---

28) 로버트 올리버, 『이승만-신화에 가린 인물-』, 건국대학교 출판부 2002, 257쪽.

런데 이러한 김구를 대한민국의 '국부'라고 또는 '국부였어야 한다'라고 주장하는 사람들이 있습니다. 김일성에게 놀아난 임시정부 주석 김구를 이용해서 이승만 대통령을 깎아내리기 위한 좌익 세력들의 농간(弄奸)이지요.

전前 통일부 장관으로 친북親北 성향 전국대학생대표자협의회(전대협) 1기 의장 출신인 이인영(李仁榮, 1964~)도 이와 같은 사관을 가지고 있습니다. 그는 2020년 7월 23일 장관 후보자 신분으로 출석한 국회 인사청문회에서 "이승만 대통령이 국부라는 주장에 대해서 다르게 생각한다."며, "우리의 국부는 김구 주석이 되는 것이 더 마땅했다는 역사인식을 가지고 있다."라고 말했습니다. 민주적인 절차에 의해 선출된 초대 건국 대통령을 부정한다는 것은 대한민국의 민주주의와 헌법을 부정하는 중대한 문제입니다. 또한 이승만은 김구에 대해서 압도적 차이로 당선되었습니다(2.7.14. 참조). 이처럼 올바른 역사를 모르고, 좌경화 된 사람은 아무런 근거도 없는 허상 속에서 살아갑니다. 거짓을 진실로 알고 살아가게 됩니다.

평화와 통일을 위한다고 했던 각종 선언들

안타깝게도 김구의 어리석은 분별은 21세기에도 이어지고 있습니다. 연방제 통일을 획책한 김대중-김정일의 6.15공동선언, 이를 이은 노무현-김정일의 10.4공동선언, 마지막으로 문재인-김정은의 판문점선언. 어리석음과 적화야욕은 이처럼 같은 배를 타게 되어있습니다. 대한민국 국민의 생명과 재산을 담보로 한 정치쇼는 이제 청산해야 합니다.

참조
양동안, 『대한민국 건국 전후사 바로알기』, 대추나무 2019, 130-155쪽.
이주영, 『대한민국의 건국과정』, 건국이념보급회 출판부 2013, 121-126쪽.

2.7.12. 5.10총선거

선거일이 다가오면서 남로당의 소위 '구국투쟁'은 더욱 격렬해졌습니다. 북에서 열린 '남북 제정당 사회단체 지도자연석회의'의 결의에 따라 만들어진 '남조선단선 반대투쟁위원회'의 활동이 시작된 데에 더해서 남로당 선전선행대의 무장투쟁이 더욱 강화되었기 때문입니다.

이러한 남로당의 폭력 시위에 대비해서 경찰은 경계 태세를 강화했습니다. 조병옥(趙炳玉) 경무부장은 5월 3일에 경무부 안에 비상경비총사령부를 두고 각 관구 경찰청에도 비상사령부를 두어 경비에 만전을 기하도록 지시했습니다. 이에 따라 수도관구경찰청도 장택상(張澤相)을 총사령으로 하는 5.10 비상경비 총사령부를 설치하고 특별경비태세에 들어갔습니다. 조병옥은 국민들이 안심하고 투표에 참가할 수 있도록 5월 7일에 다시 투표 당일의 치안 대책을 설명하는 담화를 발표했습니다. 동리는 향보단의 자위력으로 방위하고, 동리와 투표소 사이의 길 위험 지점에는 경찰과 향보단이 합류하여 경호하고, 투표소 부근에는 경찰과 향보단의 혼성팀이 배치되어 방위하고, 경찰청의 기동경찰대는 소관 경찰 본서本署를 지키고, 각 경찰서의 신편 기동부대는 관할 지서를 유동 시찰하여 경비한다는 것이었습니다.

또한 미 군정사령관인 하지 장군은 4월 29일에 이어 5월 8일에 또다시 전 주한 미군에 특별경계령을 내려 5월 10일의 선거에 대한 남로당의 공격에 대비하도록 명령했습니다. 특별경계령의 내용은 5월 10일에 대부분의 미국인은 무기를 휴대해야 하고, 순찰대는 총기로 무장해야 하며, 그 밖의 군대는 비상사태에 대비한다는 것이었습니다.

이러한 조치와 아울러 군정장관 딘(William Frishe Dean, 1899~1981) 소장은 4월 28일 행정명령 제21호로 '선거기간중의 시위 및 주류판매규정'을 공포했습니다. 선거기간의 치안유지를 위하여 5월 9일과 10일 이틀 동안에는 어떠한 정당이나 사회단체 또는 청년단체도 시위 또는 행렬을 할 수 없고, 주류 판매도 할 수 없다는 것이었습니다. 미 군정은 새로운 나라를 만드는 과정인 '선거'를 이처럼 매우 중요하게 생각해서 주의를 기울이고 비상사태에 대비할 수 있도록 했던 것입니다.

남로당은 5.10 총선거를 방해하기 위해 제주(제주4.3사건)를 비롯하여 다른 지역에서도 폭력투쟁을 벌였습니다. 이처럼 국회의원 선출에서부터 좌익 공산주의자들은 대한민국의 탄생을 방해하고 희생을 강요했습니다. 남로당의 방해 공작에도 불구하고 5.10 총선거는 전체 선거 등록인 7,840,871명 중 7,487,649명이 참여하여 95.5%의 높은 투표율을 보이며 성공적으로 치러졌습니다. 그 결과 제주 지역구 2곳을 제외한 198명의 제헌 국회의원이 선출되었습니다.

한반도에서 처음으로 치러진 이 선거는 큰 역사적 의미를 가집니다. 영국은 1754년 3.5%의 귀족만이 투표권을 가지고 있었는데, 1918년이 되어 모든 남성에게 그리고 1928년이 되어서야 모든 여성에게 허락되었습니다. 전 국민이 투표권을 소유하는 데 174년이 걸렸습니다. 프랑스는 1945년이 되어서 모든 여성에게 투표권이 주어졌습니다. 미국은 1965년 모든 흑인에게 투표권이 주어졌는데, 이는 1863년 노예해방 이후 100년이 넘게 걸린 것입니다. 또, 스위스는 1971~1986년에 걸쳐 모든 여성에게 투표권이 주어졌습니다.

한반도는 해방된 지 만3년이 되지 않은 1948년 5월 10일에 만 21세 이상 모든 남녀 국민이 소중한 한 표를 행사하게 된 것입니다. 서양 선진국에서는 투표권을 얻기 위해 많은 사람이 시간과 노력을 들여, 심지어 피를 흘리기까지 해서 쟁취했습니다. 이 땅의 사람들은 이 고귀한 '권리'를 거저 받는 축복을 누리게 된 것입니다. 투표권을 가진 것에 대해 감사하고 그 가치를 인지한다면, 투표에 대한 마음가짐도 달라질 수밖에 없습니다.

5.10총선거에서 선출된 198명의 국회의원

참조
양동안, 『대한민국 건국 전후사 바로알기』, 대추나무 2019, 158-170쪽.
이주영, 『우남 이승만 그는 누구인가?』, 배재학당총동창회 2008, 121-122쪽.

2.7.13. 제헌국회와 제헌헌법

대한민국의 초대 제헌국회는 1948년 5월 31일 첫 회의를 열고 만 2년인 1950년 5월 30일까지 활동했습니다. 1948년 7월 1일 대한민국 임시정부 때부터 사용하던 '대한민국' 국호國號를 정식 제정했습니다. 또, 1948년 7월 12일 최초로 민주공화정에 입각한 제헌헌법을 제정하여 1948년 7월 17일에 헌법을 공포公布했습니다. 제헌절制憲節은 헌법의 제정과 공포를 기념하는 날입니다. 제헌헌법은 '대한민국 헌법 제1호'(大韓民國 憲法 第一號)라고도 불리며, 전문(前文)과 본문(本文) 10장 103조 구성되었습니다. 이후 헌법은 여러 차례 개정을 거듭했는데, 현행 헌법 제10호는 1987년 10월 29일, 9차 개정을 거쳐 전문과 본문 10장 130개조, 부칙 6개조로 구성되어 있습니다.

〈대한민국 제헌헌법〉의 첫 4개 조
제1조 대한민국은 민주공화국이다.
제2조 대한민국의 주권은 국민에게 있고 모든 권력은 국민으로부터 나온다.
제3조 대한민국의 국민되는 요건은 법률로써 정한다.
제4조 대한민국의 영토는 한반도와 그 부속도서로 한다.

1948년 5월 31일 제헌국회의 모습
단상의 이승만 국회의장과 아래에 군정 사령관 하지 중장, 군정장관 딘 소장 등 각료들이 보입니다

'제1회 국회속기록'에 기록된 이승만 국회의장의 기도 제의(우측 네모)와 이윤영 의원의 기도(좌측 네모) 1948년 5월 31일

"대한민국 독립민주국 제1차 회의를 여기서 열게 된 것을 우리가 하나님에게 감사해야 할 것입니다. 종교, 사상 무엇을 가지고 있든지, 누구나 오늘을 당해 가지고 사람의 힘으로만 된 것이라고 우리가 자랑할 수 없을 것입니다. 그러므로 하나님에게 감사를 드리지 않을 수 없습니다. 나는 먼저 우리가 다 성심으로 일어서서 하나님에게 우리가 감사를 드릴 터인데 이윤영 의원 나오셔서 간단한 말씀으로 하나님에게 기도를 올려주시기를 바랍니다."

−이승만 국회의장

"이 우주와 만물을 창조하시고 인간의 역사를 섭리하시는 하나님이시여, 이 민족을 돌아보시고 이 땅에 축복하셔서 감사에 넘치는 오늘이 있게 하심을 주님께 저희들은 성심으로 감사하나이다. 오랜 세월 동안 이 민족의 고통과 호소를 들으시고 정의의 칼을 빼서 일제의 폭력을 굽히시사 하나님은 이제 세계만방의 양심을 움직이시고 또한 우리 민족의 염원을 들으심으로 이 기쁜 역사적 환희의 날을 이 시간에 우리에게 오게 하심은 하나님의 섭리가 세계만방에 현시하신 것으로 믿나이다.
하나님이시여, 이로부터 남북이 둘로 갈리어진 이 민족의 어려운 고통과 수치를 신원하여 주시고 우리 민족, 우리 동포가 손을 같이 잡고 웃으며 노래 부르는 날이 우리 앞에 속히 오기를 기도하나이다.
하나님이시여, 원치 아니한 민생의 도탄은 길면 길수록 이 땅에 악마의 권세가 확대되나 하나님의 거룩하신 영광은 이 땅에 오지 않을 수 없을 줄 저희들은 생각하나이다. 원컨대, 우리 조선독립과 함께 남북통일을 주시옵고 또한 민생의 복락과 아울러 세계평화를 허락하여 주시옵소서. 거룩하신 하나님의 뜻에 의지하여 저희들은 성스럽게 택함을 입어 가지고 글자 그대로 민족의 대표가 되었습니다. 그러하오나 우리들의 책임이 중차대한 것을 저희들은 느끼고 우리 자신이 진실로 무력한 것을 생각할 때 지와 인과 용과 모든 덕의 근원되시는 하나님께 이러한 요소를 저희들이 간구하나이다. 이제 이로부터 국회가 성립되어서 우리 민족의 염원이 되는 모든 세계만방이 주시하고 기다리는 우리의 모든 문제가 원만히 해결되며 또한 이로부터 우리의 완전 자주독립이 이 땅에 오며 자손만대에 빛나고 푸르른 역사를 저희들이 정하는 이 사업을 완수하게 하여 주시옵소서.
하나님, 이 회의를 사회하시는 의장으로부터 모든 우리 의원 일동에게 건강을 주시옵고, 또한 여기서 양심의 정의와 위신을 가지고 이 업무를 완수하게 도와주시옵기를 기도하나이다. 역사의 첫 걸음을 걷는 오늘의 우리의 환희와 감격에 넘치는 이 민족적 기쁨을 다 하나님에게 영광과 감사를 올리나이다.
이 모든 말씀을 주 예수 그리스도 이름 받들어 기도하나이다. 아멘."

−이윤영 의원

이 기도는 대한민국 건국에 한 걸음 나아간 것에 대해 감격하며 하나님께 감사드리고 있습니다. 또, 남북통일, 민생복락, 세계평화를 기원하면서 앞으로 건국될 대한민국이 나아가야 할 방향을 제시하고 있습니다. 현재 국회의원들은 과연 '양심의 정의와 위신'을 가지고 국가와 국민을 진정으로 위하고 있는지 돌이켜봐야 할 것입니다.

참조
이주영, 『대한민국의 건국과정』, 건국이념보급회 출판부 2013, 131-132쪽.

2.7.14. 대통령 선출과 대한민국 건국建國

대한민국 초대 대통령 선거는 국민에 의한 직접선거가 아니라 국회의원에 의한 간접선거로 실시되었습니다. 선거를 규정한 당시 헌법 제53조는 다음과 같습니다.

「대통령과 부통령은 국회에서 무기명 투표로써 각각 선거한다.
재적의원 3분지 2 이상의 출석과 출석의원 3분지 2 이상의 찬성투표로써 당선을 결정한다. 단, 3분의 2 이상의 득표자가 없는 때에는 2차 투표를 행한다. 2차 투표에도 3분의 2 이상의 득표자가 없는 때에는 최고득표자 2인에 대하여 결선투표를 행하여 다수득표자를 당선자로 한다.」

대통령 선거는 7월 20일 오전 10시에 치러져, 국회의원 198명 중 196명이 투표하여 180표(92.30%)를 얻은 이승만이 당선되었습니다(김구 13표, 6.67%). 오후 2시에 치러진 부통령 선거에서는 이시영(李始榮, 1869~1953)이 당선되었습니다. 취임식은 7월 24일 서울 중앙청 광장에서 개식, 애국가제창 및 국기에 대한 경례, 취임선서, 대통령 취임사, 부통령 취임사, 축사 및 축전 낭독, 만세삼창, 폐회 등의 식순으로 진행되었습니다.

대한민국 대통령 취임식 1948년 7월 24일

대한민국 초대내각의 핵심 요인들은 거의 대부분이 독립운동 경력자들이었습니다. 전문성이 필요해 임명된 초대 교통부 장관 민희식(閔熙植, 1895~1980)은 1925년 9월 조선총독부 철도국에 취직, 1928년 퇴직한 경력이 있습니다. 그는 해방 후인 1945년 9월 교통국에 취직 후, 운수국장 고문으로 임명되었으며, 1947년 운수부장에 취임했습니다. 그의 경력으로 교통부 장관에 임명되었으나, 취임 2달 만에 자진 사퇴했습니다. 이렇게 전문성이 필요한 인사 외에는 친일활동29)으로 '친일파'라고 비난 받을 사람들은 임명되지 않았습니다30). 반면에 친일파가 득세한 곳은 북한내각이었으며, 그 명단도 평양의 소련군이 작성, 소련군연해주군관구가 심사, 모스크바의 소련정부가 재가한 것과는 격(格)이 달랐던 것입니다31)32)33). 이처럼 '자주독립국'이 어느 나라이고, '친일파 국가'가 어디인지는 명백하게 드러납니다. 그럼에도 불구하고 좌익 공산주의자들과 종북 주사파들은 '미제강점기'와 '친일파몰이'로 대한민국 사회를 오염시키고 있습니다.

1948년 8월 15일 '대한민국 정부수립 기념축하식'의 모습

대한민국은 유엔이 요구한 건국의 네 단계인 총선거, 국회 구성, 헌법제정, 정부수립이라는 과정을 마치고 탄생했습니다. 이를 기념하여 해방 3주년이 되는 1948년 8월 15일 서울 중앙청 광장에서 '대한민국 정부수립 기념축하식'이 열렸습니다. 이날 밤 자정을 기해 대한민국 정부는 미군정의 통치권을 인수했습니다. 이로써 1910년 8월 29일 한반도에서 대한제국이 망한 후, 38년 만에 주권국가가 탄생하게 된 것입니다. 1946년 2월 사실상 정부의 기능을 하던 북조선임시인민위원회와 그 이름을 바꾼 1947년 2월의 북조선인민위원회가 이미 국가의 형태로 작동하던 북한이 새삼스럽게 1948년 9월 9일 정부수립을 천명했습니다. 이는 남한이 정부를 세웠기 때문에 자신들도 정부를 세웠다는 구실을 내세우기 위한 처사였고 이마저도 소련의 스티코프가 총기획했습니다. 참으로 한심스러운 행태를 보인 괴뢰국傀儡國다운 모습이었습니다.

---

29) 정확하게 말하면 친일활동이 아니라, 일본 국적자로서 자신의 삶을 살다가 일본정부에서 일하게 된 것이지 적극적인 친일매국행위를 했다고 볼수 없습니다. 이에 대해서는 5.1.3.을 참조하시기 바랍니다.
30) 이주영, 『대한민국의 건국과정』, 건국이념보급회 출판부 2013, 135쪽.
31) 「北 초대내각, 스탈린과 소련군이 짰다」, 2011년 7월 19일 뉴데일리.
32) 「北 초대내각, 항일파 아닌 '친일파 정부'였다」, 2013년 8월 13일 문화일보.
33) 「김일성, 정권 잡으려 반대파 가차없이 숙청… 친일파가 득세」, 2013년 8월 13일 문화일보.

'대한민국 정부수립 기념축하식'에 참석한 미군정 사령관 존 하지 중장, 주일 연합군총사령관·미 극동군 사령관·미 극동육군사령관 더글러스 맥아더 육군 원수, 이승만 대통령(순서대로).

대한민국은 민주적 절차에 의거, 역사적 정통성과 법률적 정당성을 갖고 탄생했습니다. 이제 마지막 남은 것은 국제적 승인이었습니다. 이를 위해 대표단을 조직하여 제3차 유엔총회가 열리는 파리에 파견하게 되며 아래의 일정을 거쳐 국제사회의 승인을 받게 됩니다. 유엔총회 결의안 제195호(Ⅲ)는 대한민국 정부를 한반도 유일의 합법 정부(...this is the only such Government in Korea.)로 인정했습니다.

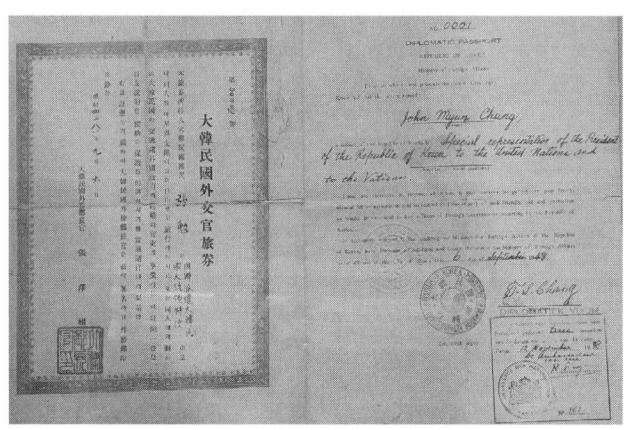

장면(張勉, 1899~1966)의 대한민국 외교관 1호 여권
국련파견 대한민국 대통령특사(國聯派遣 大韓民國 大統領特使) 자격으로 1948년 9월 6일 발급되었습니다. 장면 박사는 유엔총회에서 한국승인을 요청하는 연설을 했습니다.

(좌) 1948년 12월 12일 파리에서 열린 제3차 유엔총회에서 48:6으로 대한민국 정부가 합법정부로 승인된 것을 기념한 정부의 기념 포스터.
(우) 유엔 한국승인 15주년과 20주년 기념 우표

참조
이주영, 『우남 이승만 그는 누구인가?』, 배재학당총동창회 2008, 123-124쪽.
이주영, 『대한민국의 건국과정』, 건국이념보급회 출판부 2013, 133-136쪽.

2.8. 대한민국 건국의 의의(意義)

대한민국이 건국되는 과정은 이렇게 힘난했습니다. 해방 후 3년 동안, 좌익 공산주의 남로당 세력과 미국의 중립노선 그리고 국무부 내의 공산주의자 간첩들의 방해를 이겨내면서 기어이 성취한 축복이었습니다. 해방 후 만 3년이 된 1948년 8월 15일 서울 중앙청에서는 '대한민국 정부수립 국민축하식'이라는 성대한 행사가 열렸습니다.

한반도는 1910년 대한제국이 일본제국에 의해 멸망한 후 일정기를 거치고 또 3년 동안의 미군정기를 지났습니다. 마침내 이 땅 위에 살던 사람들의 뜻을 모아 고대하던 새로운 주권국가 '대한민국'이 탄생한 것입니다. 그런데 2008년 "1948년 8월 15일은 대한민국의 '건국'이 아니라 '정부수립'이었다"는 주장이 제기되어 논란을 일으켰습니다[34][35]. 대한민국의 건국을 부정하는 세력은 '임시정부가 수립되어 건국은 이미 이루어진 것이다'라는 주장을 펼칩니다. 그러나 임시정부는 국가의 삼요소인 국민, 영토, 주권을 결여(缺如)하고 있었습니다. 또한 임시정부는 국제적인 승인을 받지 못했다는 한계도 있습니다. 1948년 8월 15일 기념식의 이름에 명기된 것은 바로 '주권'을 형성하는 과정인 자유총선거, 국회구성, 헌법제정, 대통령선출과 내각조직을 거친 마지막 단계로서의 '정부수립'입니다. 따라서 '정부수립'은 '건국'이라는 말에 다름 아닌 것입니다. 주권을 되찾아 진정으로 홀로서기를 한 '독립(獨

---

34) 「올해 8.15 '광복절 vs 건국절' 논란 후끈」, 2008년 8월 14일 이데일리.
35) 「이명박 정부, '반공·시장지상주의' 뉴라이트와 판박이」, 2008년 8월 14일 한겨레.

立'을 이루었으며, 빛(주권主權)을 되찾은 '광복光復'을 맞이한 것입니다. 따라서 1945년 일제로부터의 '해방解放'과 1948년의 '독립', '광복'은 구별되어 사용해야 합니다. 대한국민이라면 주권을 되찾은 1948년 8월 15일을 기념해서 '독립기념일獨立記念日', 또는 '광복절光復節'이라고 불러야 하지 않을까요?

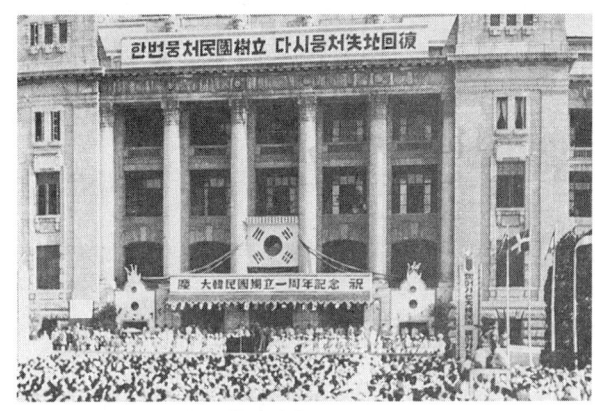

1949년 8월15일 '대한민국 독립 1주년 기념' 축하행사
1948년 8월 15일 정부수립으로 대한민국이 건국된 것을 기념하는 행사로 '독립'이라는 것을 분명히 하고 있습니다. '한번뭉처 민국수립, 다시뭉처 실지회복'이라는 구호는 통일에 대한 강한 열망을 표현하고 있습니다.

대한민국을 부정하는 세력은 상해임시정부가 수립된 1919년 4월 11일을 '정부수립일'로 해야 한다고 주장합니다. 헌법에 명시된 정통성 있는 대한민국 임시정부는 4월 11일 수립된 임시정부가 아닙니다. 그것은 한성임시정부를 중심으로 노령임시정부와 상해임시정부가 통합하여 새롭게 상해에 자리 잡은 '통합임시정부'를 지칭합니다. 통합임시정부는 한성임시정부의 내각 명단을 그대로 받아들였기 때문에 한성임시정부의 최고책임자(집정관총재)였던 이승만이 통합임시정부의 대통령으로서 선임되었던 것입니다36). 통합임시정부는 1919년 9월 11일 수립되었으므로, 좌익세력들이 주장하는 4월 11일은 근거가 사라질 수밖에 없습니다.

건국 대통령 이승만을 비난하고 매도하는 사람들 역시 마찬가지입니다. '이승만'이라는 사람은 왜 각 임시정부의 최고 자리인 '집정관 총재', '국무총리', '대통령' 등으로 추대가 되었을까요? 그리고 해방 당시 '조선인민공화국'을 선포한 골수 좌익 공산주의자인 박헌영조차도 이승만을 '주석'이라는 최고의 자리에 앉힐 수밖에 없었을까요? 이승만은 그만큼 독립운동을 열심히 했으며, 해외에서뿐만 아니라 한반도 내에서도 그 활동상을 높이 평가받아 인지도가 높았기 때문입니다. 그의 다사다난했던 해외 망명시절(1912~1945)은 본서의 내용을 벗어나므로 여러 양서(良書)37)를 참조해보시기를 권합니다. 우리는 우남雩南 이승만(李承晩, 1875~1965)을 너무도 몰랐으며, 그의 하야(下野)로 인해 많은 공

---

36) 이주영, 『대한민국의 건국과정』, 건국이념보급회 출판부 2013, 136-137쪽.
37) 〈부록 1〉 이승만 대통령 관련 서적.

적이 묻혀버려 제대로 평가하지 못했습니다. 그런 가운데 좌익세력들은 지금도 끊임없이 왜곡과 날조로 역사를 오염시켜, 대한민국의 정체성과 정통성을 흔들고 있습니다. 대한민국의 뿌리가 이승만 초대 대통령에게 있기에 그를 친일파로 매도하거나 폄훼하고 있는 것입니다. 이승만을 바로 알면 대한민국이 바로 보입니다. 이승만을 바로 세우면, 대한민국을 바로 세울 수 있습니다.

이러한 이치理致를 깨닫고 우리는 질문質問해야 합니다. 아니, 대한민국 근현대사에 관심을 가지게 되면 질문할 수밖에 없게 됩니다. 역사적 사실事實을 전달하는 것 외에, 다양한 관심과 질문을 유도하는 것이 이 책의 목적입니다. 독자 여러분의 질문과 그에 대한 답을 찾는 과정에서 '생각'할 수 있도록 인도하는 것입니다. 이러한 관심과 노력만이 오염된 역사를 청산淸算하고, 우리 세대와 후손들이 진실의 터전 위에 굳게 설 수 있도록 해줄 것입니다. 다음 장에서는 기적적으로 건국된 대한민국을 사랑하고 지키기 위해 헌신하신 분들에 대해 알아봅니다.

CHAPTER 3

대한민국은 축복받은 나라

제3장 대한민국은 축복받은 나라

대한민국은 공산주의가 유라시아 대륙을 뒤덮는 상황에서 '자유의 방파제'로서 기적과 같이 세워졌습니다. 이 장에서는 대한민국 건국 전후로 일어난 좌익 공산주의자들의 만행을 살펴보며, 그 비극(悲劇)이 축복(祝福)으로 반전反轉된 역사를 조명합니다.

남로당 박헌영이 대한민국을 파괴하기 위해 주장했던 극좌폭동38)極左暴動의 실상, 그리고 폭동에도 무너지지 않은 대한민국을 적화하기 위한 좌익 공산주의자들의 전면적인 6.25남침전쟁에 대해서 알아봅니다. 이러한 사건들 속에서 대한국민이 거저 받게 된 은혜와 축복이 어디서 비롯되었는지를 생각해 보는 것이 이 장의 목표입니다.

3.1. 대한민국 건국 방해 사건과 대응

이제 다루려는 것은 북한괴뢰군(이하 북괴)의 전면적인 불법 남침인 6.25남침전쟁에 앞서 이 땅에서 일어난 사건입니다. 신생新生 대한민국을 상대로 한 남로당의 선전포고는 국군 내부에 숨어있던 반대한민국 세력을 걸러낼 기회가 되었습니다(숙군肅軍). 또, 모든 국민이 반공정신反共精神으로 무장하는 계기가 되었습니다. 물론, 이들 사건으로 인한 인적·물적 피해는 막대했습니다. 군경의 피해도 컸지만, 민간인들도 수만 명 단위로 희생당했습니다. 하지만 이러한 희생을 치르지 않고 본격적인 전면 남침을 맞이했다면, 전쟁은 쉽게 북괴의 승리로 끝나버렸을 것입니다. 국군의 부대단위 집단투항 또는 후방 부대의 배신으로 인한 내분(內紛)으로 자체 괴멸당했을 가능성이 컸습니다. 만약 그런 일이 벌어졌다면, 낙동강 전선이 형성되기도 전에 전쟁이 끝났을 수도 있습니다. 따라서 이제 다루는 사건들은 대한민국이라는 생체(生體)에 있어 마치 '백신'과도 같은 작용을 했다고 볼 수 있습니다. 이 백신은 6.25남침전쟁에서 국군이 똘똘 뭉쳐 북괴와 싸우며 대한민국을 지켜낼 수 있도록 큰 도움을 주었습니다. 비극이 축복으로 변한 것입니다.

---

38) 폭동暴動은 표준국어대사전에서 '내란에까지 이르지 아니하였으나 집단적 폭력 행위를 일으켜 사회의 안녕과 질서를 어지럽게 하는 일'로, 내란內亂은 '나라 안에서 정권을 차지할 목적으로 벌어지는 큰 싸움'으로 정의하고 있습니다. 당시 한반도 이남은 미군정 치하 상태로서 좌익 공산주의자들이 물리력을 동원해 일으킨 사건들은 '정권을 차지'할 목적까지는 없었으므로 폭동이라고 할 수 있습니다.

3.1.1. 조선노동조합전국평의회朝鮮勞動組合全國評議會(이하 전평全評)

전평의 깃발, 전평의 본관과 결성대회의 모습. '모든 권력은 인민에게'라는 글이 보입니다(왼쪽 위에서 시계방향 순).

조선공산당은 해방 이후 노동자와 무산계급의 해방을 부르짖는 공산주의 운동의 기본 전술에 따라 노동조합 조직에 착수했습니다. 1945년 11월 초에 이미 금속·철도·교통·광산·어업·전기·통신·섬유·조선 등 16개 산업별노동조합 지부의 수가 총 1,194개에 이르렀고 인원은 21만 명이었습니다. 이는 남북한 전체 212만여 명의 노동자의 10%에 달하는 인원이었습니다. 전평은 이 노동자 모임을 주도하게 됩니다.

1945년 11월 5일과 6일 전국 각지에서 수백 명의 대의원이 참석한 가운데 결성대회가 열렸습니다. 전평은 조선공산당의 전위조직으로서 조선민주청년동맹(朝鮮民主靑年同盟)의 청년조직과 더불어 양대 세력을 형성했습니다. 결성대회는 명예의장에 박헌영, 김일성, 레온 치로(세계노동자연맹 서기장), 모택동 등을 추대했습니다. 그리고 긴급 동의 형식으로 다음 4개 항에 대하여 결의했습니다.

1. 이 대회를 가져오게 한 조선 무산계급의 수령이요 애국자인 박헌영 동무에게 감사의 메시지를 보낼 것.
2. 소, 미, 중, 영 등 연합국 노동자대중에게 감사의 메시지를 보낼 것.
3. 조선 무산계급운동의 교란자 이영일파(장안파)를 단호히 박멸할 것.
4. 조선민족통일운동전선에 대한 박헌영 동무의 노선을 절대 지지할 것.

조선공산당 비서 박헌영의 힘이 얼마나 막강한지를 보여주는 결의입니다. 이 조직은 결국 조선공산당 주도의 인민정권을 만들기 위한 수단이었지, 진정으로 노동자들을 위한 노조가 아니었습니다. 이렇게 막강한 노동자 조직을 구성한 전평은 당시 남한사회의 모든 분야에서 격화되고 있던 좌익 공산주의 세력과 우익 민족주의 세력의 대결에서 좌익의 전위대 구실을 충실히 수행했습니다. 이에 맞서는 우익의 대한노동총연맹이 뒤늦게 1946년 3월 10일 결성되기까지는 서북청년회를 중심으로 한 청년단체들이 전평과 격렬한 투쟁을 전개했습니다. 위폐사건으로 조선공산당이 불법화되자, 박헌영의 충견忠犬 조직인 전평은 테러, 파업, 방화, 폭동 등 온갖 폭력난동을 벌였고 '9월 총파업폭동', '대구10월 조선공산당 폭동', '제주4.3 남로당 폭동반란', '여수14연대 남로당 반란사건', '빨치산 폭거(暴擧)', '2.7 총파업 폭동', '5.10선거저지 폭동' 등을 전개하거나 지원했습니다.

〈전평의 행동강령〉
1. 노동자의 일반적 생활을 보장할 최저임금제를 확립하라.
2. 8시간 노동제를 실시하라.
3. 7일 1휴가제와 연 1개월 간의 유급휴가제를 실시하라.
4. 부인 노동자의 산전 산후 2개월 간 유급휴가제를 실시하라.
5. 유해위험작업은 7시간제를 실시하라.
6. 14세 미만 유년노동을 금지하라.
7. 노동자를 위한 주택, 탁아소, 음악실, 도서관, 의료기관을 설치하라.
8. 노동자의 이익을 위한 단체계약권을 확립하라.
9. 해고와 실업을 절대 반대한다.
10. 일본제국주의의 매국적 민족반역자 및 친일파의 일체기업을 공장위원회에서 보관, 관리하라.
11. 실업, 상병, 노폐노동자와 사망한 노동자의 유족 생활을 보장하는 사회보험제를 실시하라.
12. 농민운동을 절대 지지하자.
13. 조선인민공화국을 지지하자.
14. 조선의 자주독립 만세!
15. 세계노동계급 단결 만세!

최저임금제, 유급휴가제 등 노동자들을 위한 제도를 주장하고 있습니다. 그런데 13, 14, 15 항목을 보면, 이 조직이 좌익 공산주의자들의 정치적 목적을 위해 만들어졌다는 것을 알 수 있습니다. 지금 대한민국에는 이와 유사한 조직이 셀 수 없이 존재합니다.

참조
안태정 (2003), "미군정기 조선노동조합전국평의회와 노동자운동", 진보평론 제6호.
박갑동, 『박헌영』, 인간사 1983, 120-123쪽.

3.1.2. 조선공산당 위조지폐僞造紙幣 사건(소위 '정판사' 사건)

조선공산당 위조지폐 사건을 보도하는 1946년 5월 16일 동아일보 기사
"지폐위조사건 진상 전모, 위조일당은 16명, 전부가 공산당원, 이관술, 권오직은 피신"
사진설명: *지폐를 위조한 본거지인 근택빌딩*

이 사건은 조선공산당이 38도 이남에 공산정권 수립을 위한 당의 자금 및 선전활동비를 조달하기 위해 일으켰습니다. 그 결과 남한에서는 인플레이션이 일어나 경제가 혼란에 빠졌습니다. 1945년 10월 20일부터 6회에 걸쳐 조선정판사 사장 박낙종 등 조선공산당원 7명이 위조지폐를 발행한 사건으로 '조선공산당 위폐사건(이하 위폐사건)', 단순히 '정판사사건(精版社事件)'으로도 불립니다. 우리는 조선공산당 위폐사건, 또는 조선공산당 위조지폐 사건이라 부르기로 합니다. '정판사사건'이라고 부르는 것은 원인제공자가 드러나지 않고, 그저 '정판사'라고 하는 인쇄소의 장소만 지칭하기에 사건의 본질을 흐려버리게 됩니다. 이 역시 좌익 공산주의자들과 좌익 언론사에서 소위 '물타기'하기 위해 부르던 명칭인데, 그들의 끊임없는 선전으로 오늘날에는 이 명칭이 자리를 잡아버렸습니다.

'위폐사건'은 해방 이후 근현대사에서 가장 큰 위조지폐를 제조한 사건이었습니다. 서울시 중구 소공동에 소재한 근택近澤빌딩에는 일정기 총독부에서 조선은행권을 인쇄하던 조폐공장이 있었습니다. 해방이 되자 조선공산당의 박낙종 등은 근택빌딩과 지하의 인쇄소를 인수하여, 조선공산당 본부와 해방일보(공산당 기관지機關誌)에 사무실을 임대했습니다. 인쇄소의 이름을 조선정판사(朝鮮精版社)라고 고쳐 달고 해방일보를 인쇄했습니다. 당시 인쇄소는 100원권 지폐를 인쇄하다가 중단한 상태였는데, 관리가 허술해서 인쇄공으로 있던 김창선(金昌善)이라는 사람이 인쇄판 일부를 가지고 있다가 공산당의 지령하에 위조지폐를 만들었습니다.

1945년 10월 20일 오후 6시경, 이관술(조선공산당 중앙위원 겸 재정부장), 박낙종(민전 중앙위원 겸 정판사 사장), 권오직(민전 중앙위원 겸 해방일보 사장), 송언필(서무과장), 김창선(기술과장), 정명

환(기술공) 등이 정판사 사장실에 모여 위조지폐 발행을 결의했습니다. 그리고 1946년 2월까지 총 6차례에 걸쳐 심야와 새벽 시간대를 이용 위폐 1,200만 원을 인쇄했습니다. 당시 신문기자 월급(600원)의 1,666년치 분량의 거액이었습니다. 물가상승을 고려해도 현재 빌딩을 여러 채 살 수 있는 금액으로, 인플레이션을 일으켜 남한사회를 혼란에 빠뜨리기에 충분했습니다.

좌익 공산주의자들이 이러한 잘못을 저질렀다는 것도 문제이지만, 이들이 체포된 1946년 5월 이후에 있었던 일들은 참으로 가관입니다. 우선 5월 4일과 5일 중부경찰서에서 일당 7명을 체포했고 이들의 자백으로 7일에는 관련자 14명을 체포했습니다. 그러자 조선공산당에서는 5월 17일 성명을 발표, 구속된 사람들은 공산당원이 아니라고 변명을 했던 것입니다. 이들은 끝까지 허위·날조된 사건이라고 주장했으나 판결을 뒤집을 수는 없었습니다. 위조지폐를 만들기 위해 사용했던 도구와 압수된 증거, 그리고 범인들의 진술이라는 진실眞實에는 당해낼 수가 없었던 것입니다.

위폐사건 공판은 1946년 7월 29일부터 10월 31일까지 총 33회 열렸습니다. 공판 첫날 법정을 둘러싼 좌익 공산당 군중들은 새벽 2시부터 수천 명이 모여 남대문, 대한문, 정동교회까지 늘어섰습니다. 이들은 '적기가', '혁명가', '해방의 노래'를 부르고 "조선공산당 만세!", "모략 공판 분쇄!", "인민재판을 하라", "방청을 시켜라" 등의 구호를 외치고 법원 정문과 후문을 뚫고 구내로 밀고 들어왔습니다. 경찰은 이들을 법정 내로 들어오지 못하도록 제지하다가 마지못해 발포했습니다. 공판이 열린 제14호 법정을 둘러싸고 사건을 담당한 양원일 재판장과 두 판사 배석 및 조재천·김홍섭 두 담당 검사들을 협박하였을 뿐만 아니라, 공판 때 방청석은 물론 판검사석과 서기석을 점령하고 테러단까지 동원해 공판정을 수라장으로 만들었습니다.

11시가 되어 질서를 회복하고 무장 경관으로 법원을 봉쇄, 데모대의 진입을 막았습니다. 군중들은 건너편 배재학당 교정으로 몰려가 '적기가'와 '혁명가'를 부르며 시위를 벌였고, 경찰은 이를 강제해산시켰습니다. 그런데 일부는 다시 서울시청으로 몰려가 '적기가'를 불렀고, 경찰에 의해 강제해산 당했습니다. 이 소요사태로 인해 사상자가 발생, 47명이 체포되었고, 공판은 오후 1시에야 개정되어, 조재천 검사가 기소장을 낭독하기 시작했습니다. 그때 9명의 변호인단에서 "수갑을 풀고, 무장 경관도 퇴장시키라."라고 요구하자, 재판장은 "오늘의 상황은 그만한 조처가 필요하다"라고 거부했습니다. 그러자 변호인단은 "편파적 재판이 될 염려가 있다"라고 하며 전원 퇴장, 무기 연기되었습니다. 이들 변호인단 구성원의 면면을 살펴보면, 공산당원, 인민당원, 인공 중앙인민위원, 민전民戰위원, 전평全評 고문변호사 등 좌익 인사들로 채워져 있었습니다. 오늘날의 민변(민주사회를 위한 변호사모임)과 그 뿌리가 같다고 볼 수 있습니다.

위폐사건 공판을 전하는 1946년 7월 30일 동아일보 기사
"엄중경계리에 개정된 위폐사건", "옥외의 혼란으로 개정지연", "군중일부는 적가赤歌와 만세萬世를 고창", "재판장 기피를 신청코 변호인들은 퇴정, 경계해제요구를 재판장 일축"
사진설명: (상) 법정에 서서 재판받는 피고들, (하)법원정문 앞에 피고들을 싸고 쇄도한 군중들

2차 공판은 8월 22일 재개되었는데, 외국 특파원들이 취재하여 온 세계에 알려지게 되었습니다. 이 자리에서 피고인 회의를 허락해 주지 않으면 입을 다물겠다고 하며 피고인 측이 맞서자, 30분간의 회의를 허락하기도 했습니다. 이후 공판에서 피고인 측은 심리 거부, 진술 거부, 진술 변경, 재판정 소란, 판사모독 발언 등으로 재판이 파행되었습니다.

33차에 걸친 공판을 거쳐 최종적으로 유죄가 확정되었습니다. 그리고 1심 선고는 11월 28일에 있었는데, 구형한 대로 박낙종, 이관술, 송언필, 김창선 등 주범에게는 무기징역, 나머지는 15년, 10년의 중형이 선고되었습니다.

1차 공판의 소요사건으로 검거된 자들은 치안교란, 집회법 위반, 공무집행 방해, 재판 방해 등의 혐의로 기소되었는데, 자신들의 법정에서까지 "판검사를 죽여라", "재판소를 때려 부숴라", "인민재판에 회부하라", "장택상 경찰청장을 타살打殺하라" 등의 폭언을 외쳤습니다. 적반하장도 유분수지, 뻔뻔스럽게도 죄인이 오히려 더 큰 목소리를 내고 경찰과 재판정을 욕하는 것이 그들의 시각에서는 정의로운가 봅니다. 해방이후 남한을 혼란스럽게 했던 좌익 공산주의자들의 위폐사건에서, 현재 대한민국 사회에서 일어나고 있는 일들의 뿌리를 찾을 수 있을 것입니다.

또 1차 공판 소요사건 당시, 발포로 인하여 '전해련'이라는 경동중학교 3학년생이 사망하는 사고가 일어났습니다. 민전民戰은 김원봉을 위원장으로 '법원 내 방청인 총살사건 대책위원회'를 구성하여 경찰을 비난하기 시작했습니다. 그리고 '민전 산하 각 단체 연합장 장의위원회'를 구성하고 1만 명 규모의 장례(식이 아니라) 집회를 벌였습니다. 이 자리에서 고인이 된 전해련을 조선공당원, 민청중앙당원

으로 추서하고, 조선공산당, 반팟쇼공동투쟁위원회, 중앙인민위원회, 민족혁명당, 부녀총동맹, 신한민족당, 문화총연맹 등 민전 산하 각 단체 대표의 조사 낭독, 유가족 답사와 분향의식을 진행했습니다. 이어 미아리 묘지로 상여를 메고 나가면서 "정판사사건은 허구다", "암흑 재판을 공개하라", "반동 경찰을 매장하라", "경찰은 인민의 적이다"라고 외치다가 경찰에 의해 해산되었습니다. 데모를 하다가 죽은 사람을 의인화義人化하고, 사람들을 더 결집켜 감성을 자극하고는 '반대를 위한 반대'를 부추기는 선동을 한 것입니다. 무언가 떠오르는 사건이 있지 않습니까? 대한민국 사회에 항상 소요사태, 유혈사태를 일으켰던 곳에는 하나같이 이 패턴이 반복되고 있습니다. 공부해야 하는 학생들을 정치적으로 이용하기 위해 사상교육을 하고 죽음의 길로 내몬 것은 바로 학교 내에서 거짓 세뇌 교육을 하는 좌익 공산주의 교사들이었습니다. 그 학생이 선동되지만 않았어도 그 자리에 있을 필요가 없었을 것입니다. 그런데 이런 일은 현재도 진행 중입니다. 오늘날의 전교조 교사들이 유사한 일들을 착실하게 수행하고 있습니다.

미군정청39)은 사건발표 후 공산당본부를 강제 수색하고 5월 18일 정판사를 폐쇄시켰으며, 『해방일보』를 무기 정간시켰습니다. 조선공산당은 미군정청의 조치에 대해 '본사건은 고의적 날조이며, 조선공산당은 이 사건과 전혀 관계가 없다'는 성명을 발표했습니다. 이 거짓(가짜 지폐 만들기)으로 시작된 사건은 공판과정에서도 거짓 진술과 부인否認과 난동亂動, 최종판결에 대한 거부拒否(거짓 성명) 선언 등 시작부터 끝까지 거짓으로 일관하고 있습니다. 역시 '당의 목적을 위해서는 어떠한 수단과 방법을 가리지 않는다'는 공산당의 원칙에만은 충실忠實했다고 볼 수 있습니다. 좌익 공산당은 이렇게 사람들로부터 신뢰를 잃어 갔고, 결국 지하로 잠입해 파괴공작을 벌이게 되었습니다.

'공산당'이라는 간판(看板)이 사라졌다고, 공산국가가 망했다고 해서 거짓된 '망령亡靈'이 사라지지 않습니다. 오늘 대한민국의 현실과 당시를 비교해 보십시오. 자신이 저지른 일에 대해서 부인否認하고 다른 사람에게 뒤집어씌우기를 하는 자들은 계속 존재합니다. 진실을 사모하고 진실을 두려워하지 않는 죄인이 존재하는 이상 거짓은 사라지지 않습니다. 이러한 잘못을 반복하지 않기 위해, 우리는 진실을 추구하고 올바른 역사를 알아야 합니다.

무기징역을 선고받고 수감 중이던 이관술에 대해 알아보겠습니다. 그는 수감 중이던 1948년 8월 해주에서 열린 남조선인민대표자대회에서 제1기 최고인민회의 대의원으로 선출되었습니다. 어떻게 수형인의 신분으로 대의원으로 선출되는 일이 가능했을까요? 그는 공산주의자이며, 그의 국적은 대한민국이 아니었기 때문입니다. 6.25남침전쟁 당시, 그는 대전형무소에 수감 중이었습니다. 서울을 점령한 인민군은 좌익 수감자들을 풀어서 공무원들과 우익세력들을 죽이는 앞잡이로 활용했습니다. 이에 따라 대한민국 정부 입장에서는 무고한 민간인을 보호하기 위해서 어쩔 수 없이 좌익 수감자들은 처형하게 되었습니다. 이관술도 형장의 이슬로 사라지게 되었지요. 사형 당일, 헌병대 장교가 이관술에게 "마지막으로 '대한민국 만세'를 외칠 의향이 있는가?"라고 물었는데, 그는 '대한민국 만세'는 외치지

---

39) 위폐는 국가의 대죄(大罪)라며 "최극형으로 처단"하겠다는 러치 군정장관의 성명을 전하는 1946년 5월 22일 동아일보 기사.

못하지만 '조선민족 만세'는 외칠 수 있다고 답했다고 합니다. 그의 조국은 대한민국이 아니었던 것입니다.

1933년 서대문형무소에서의 이관술(李觀述, 1902~1950)

다음은 권오직입니다. 그는 위폐사건으로 체포령이 내려지자 월북해서 인민위원회외무성 부수상을 지냈습니다. 그가 떳떳했다면 북으로 넘어가지 않았겠지요. 이관술과 마찬가지로 권오직도 1948년 8월 북한에서 최고인민회의 대의원으로 선출되었습니다. 1952년 주중공駐中共 대사로 부임하여 1953년까지 중공에 머물렀으나 소환되어 그해 8월에 열린 조선노동당 중앙위원회 제6차 전원회의를 통해 후보위원에서 제명·출당되었습니다. 당파싸움에서 밀린 것이었습니다. 결국 1년 뒤에 열린 박헌영의 간첩죄에 대한 재판에 이강국(李康國)·조일명(趙一明) 등과 함께 증인으로 출두하여 박헌영이 미국의 간첩이었다고 증언하였으나, 평안북도 삭주의 농장으로 추방되었다가 곧 행방불명되었습니다.

1930년 형무소에서의 권오직(權五稷, 1906~?)

이처럼 좌익 공산주의자들의 말로는 허망虛妄했습니다. 그들은 일정기 때, '공산주의 항일운동'을 했습니다. 그래서 형무소에 수감된 사람이 많았습니다. 그들은 항일운동을 했지, 대한민국 건국(독립)운동을 한 것은 아니었습니다. 이것을 분명히 구별해야 합니다. 오늘날의 대한민국이 혼란에 빠진 것은 광복(光復)이 무엇인지, 독립(獨立)이 무엇인지, 항일(抗日)이 무엇인지, 해방(解放)이 무엇인지를 구별하지 않았기 때문입니다. 그 틈을 좌익 공산주의자들과 종북 주사파들이 치고 들어왔습니다. 어처구

니없게도 대한민국 정부는 '공산주의 항일운동가'들에게 '대한민국 건국훈장'을 서훈하고 있습니다[40]. 대한민국 건국을 반대하고 김일성에게 놀아난 김구, 김규식과 조선인민공화국을 선포하고 사회주의 국가를 지향했던 여운형 그리고 골수 공산주의자 박헌영의 부인이자 동료인 공산주의자 주세죽 등 대한민국 건국과는 아무런 상관이 없거나 건국에 반대한 사람들이 훈장을 받았다는 사실을 어떻게 받아들여야 할까요? 이것을 바로 잡지 않는 한 이 나라의 미래는 없습니다. 대한민국 건국을 위해서 누가 피를 흘렸고, 어떤 피가 뿌려졌는지를 곰곰이 생각해보면 답을 찾을 수 있습니다.

(좌) 2005년 대한민국 정부로부터 애국장이 추서된 김산(金山; 본명 장지락張志樂, 1905~1938)은 1924년 고려공산당 북경지부 설립 참가, 1929년 중국공산당 북경시위원회 조직부장을 역임했습니다. 1936년에는 상하이에서 김성숙·박건웅 등과 함께 조선민족해방동맹(朝鮮民族解放同盟)을 결성하였으며, 1937년 동 동맹의 중국 섬감령(陝甘寧) 소비에트지구 주재 대표로 선출되었습니다. 34세로 중국공산당에 의해 처형되었습니다[41]. (우) 중국공산혁명가 김산의 삶을 다룬 님 웨일즈(Nym Wales; 본명 Helen Foster Snow, 1907~1997)의 저서 '아리랑'. 과연 중국에서 중국 국적을 취득하고 중국공산당에 가입한 사람이 항일운동을 했다고 해서 '대한민국 건국훈장'을 수여하는 게 옳은 일일까요? 그는 대한민국의 기반이 되는 자유민주 체제, 시장경제 체제와는 아무런 관련 없는 삶을 살다간 사람이었습니다. 문제는 이러한 부류의 사람들이 대한민국 건국훈장을 받고 있다는 것에 있습니다.

그렇습니다. 당시 대한국민을 위협하는 좌익 공산주의자들은 공존共存할 수 없는 존재들이었습니다. 그들은 대한민국의 체제를 뒤엎으려고 했기 때문입니다. 그리고 살길을 찾아 북으로 달아난 자들은 내부의 권력 다툼으로 인해 죽고 죽이는 상황으로 내몰리게 되었습니다. 결국 김일성을 추종하지 않거나 출신성분이 다른 사람들은 모두 제거되었습니다. 이것이 바로 공산주의의 본질인 '사망死亡'입니다. 그들은 공산주의를 택한 죄로 인하여 죽음의 길로 걸어 들어간 것입니다. 대한국민은 이러한 자들과 공존할 수 없으며, 그들이 돌이키지 않는 이상 함께할 수도 없고, 함께해서도 안 됩니다. 만약 그들과 동행한다면, 다 같이 사망의 길로 들어서게 되기 때문입니다. 아무리 어리석어도 공멸共滅만은 피해야 하지 않을까요?

---

40) 「보훈처, 사회주의 독립 유공자 47명 포상키로」, 2005년 8월 3일 노컷뉴스.
41) 공훈전자사료관 https://e-gonghun.mpva.go.kr/user/ContribuReportDetailPopup.do?goTocode=0&mngNo=81584&kwd=장지락

마지막으로 좌익 데모대들이 불렀던 '적기가'에 대해 알아보겠습니다. 이 노래의 가사는 다음과 같습니다.

「민중의 기 붉은기는 전사의 시체를 싼다.
시체가 굳기 전에 혈조는 기발을 물들인다.
높이 들어라. 붉은 기발을 그 밑에 굳게 맹세해.
비겁한 자야 갈라면 가라. 우리들은 붉은 기를 지키리라.」

가사는 피에 젖은 붉은 기를 떠올리게 합니다. 옛 소련과 중공의 국기國旗가 뻘건 바탕이라는 것은 다 아실 것입니다. 그것은 바로 피를 부르는 '폭력혁명'을 상징합니다(7.1.1. 태극기, 〈부록 2〉《남민전 사건》참조). '대명천지大明天地에 무슨 피의 혁명이냐'라고 할 수 있지만, 실제로 좌익 공산주의자들은 피의 향연을 통해 권력을 쟁취했습니다. 이후에도 민간인들을 반동으로 몰아 학살을 서슴지 않았습니다. '적기가'는 과거에 존재했다가 사라진 노래가 아닙니다. 현재 진행형인 노래입니다. 아직도 저들이 못다 이룬 꿈을 대신 이루겠다는 사람들이 우리 사회 곳곳에 존재합니다. 이제 숨어있지 않고 대놓고 '나와' 있습니다. 아래의 기사들42)43)44)45)을 직접 찾아서 보시기 바랍니다.

이제 현실에 눈을 떠야 합니다. 해방 후 불렸던 '적기가'가 21세기 대한민국에서 왜 불리고 있는지 생각해 볼 필요가 있습니다. 계속해서 지하로 잠입한 좌익 공산주의자들의 활동을 살펴보겠습니다.

참조
양동안, 『대한민국 건국 전후사 바로알기』, 대추나무 2019, 86쪽.
박윤식, 『대한민국 근현대사 시리즈 2』, 휘선 2011. 37쪽.
양한모, 『조국은 하나였다?』, 일선기획 1990, 86-87쪽.
임성욱, 『조선정판사 '위조지폐' 사건 연구』, 신서원 2019.

3.1.3. 박헌영의 극좌폭동 전환(소위 '신전술 투쟁')

1946년 5월 6일 제1차 미소공동위원회가 무기휴회無期休會 되었습니다. 소련이 신탁통치 반대를 표명한 정당과 사회단체들과는 함께 논의할 수 없다고 주장하며 미국과 대립했기 때문인데요. 이후 좌우익은 각자의 노선에 따라 정부수립을 위한 대결을 펼치게 되었습니다. 이런 와중에 미군정은 좌우합작을 추진하기 위해 김규식, 여운형을 중심으로 협의를 벌였지만 아무런 성과 없이 끝나고 말았습니다.

---

42) 「이석기의 적기가는 北서 '처형가', "시체가 식어 굳기 전에 …"」, 2014년 2월 17일 뉴데일리.
43) 「이석기 공판 결과, 혁명동지가·적기가 국보법 위반 '가사 보니…'」, 2014년 2월 17일 서울경제.
44) 「포털에 제주4.3 치면 "원수와의 혈전…" 적기가 음원판매」 2015년 3월 23일 데일리안.
45) 「'제주4·3 헌정앨범'에 '적기가'가? 논란 확산」, 2015년 4월 4일 미디어워치.

이 무렵 조선공산당 위조지폐 사건으로 인해 미군정청은 공산당 주요 간부들에 대한 체포령을 내렸고 공산당 활동에 대한 불법화를 선언합니다. 그런데 움츠러들기는커녕 뻔뻔한 좌익 공산주의자들은 미군정에 대항하겠다면서 '신전술'이라는 방식을 채택하고 더욱 급진적 성향을 보이게 됩니다. 소위 '극좌폭력투쟁'(극좌폭동전환)이었습니다. '투쟁'이라는 말은 그들 자신의 전술을 정당화하는 용어일 뿐, 객관적으로는 살상을 서슴지 않는 '극좌폭동'이었습니다. 박헌영은 다음과 같은 말로 이 폭동을 정당화했습니다.

"지금까지 우리가 미군정에 협력하여 왔으며 미군정을 비판함에 있어서는 미군정을 직접 치지 않고 간접적으로 미군정을 비판하였으나 앞으로는 우리가 이런 태도를 버리고 미군정을 노골적으로 치자. 지금부터는 맞고만 있을 것이 아니라 정당방위의 역공세로 나가자. 테러는 테러로, 피는 피로써 갚자."

'정당방위의 역공세'라는 표현은 어불성설입니다. 그들은 지폐 위조라는 범죄를 저질렀기에 미군정에 의해 합법적 조치를 받은 것입니다. 여기에 불만을 품고 자신들의 실력實力(무력武力)으로써 뜻을 이루겠다고 선언한 것입니다.

좌익의 관점에서 본 해방 후 좌익 공산주의자들의 정치투쟁사

연도	정치투쟁 내용
1946	1월 찬탁투쟁 → 7월 신전술투쟁 선언→ 9월 총파업투쟁 → 10월인민항쟁
1947	3.1기념 투쟁 → 제주3.10총파업 투쟁 → 3.22 총파업투쟁 → 7.27 투쟁 → 8.15 투쟁
1948	2.7구국투쟁 → 제주4.3민중항쟁 → 5.10선거저지투쟁 → 8.25북한정권수립지원투쟁(지하선거) → 여순항쟁
1950	조국해방전쟁

1946년 박헌영의 소위 '신전술 투쟁' 선언으로부터 시작된 극좌폭동. '투쟁'이라는 용어는 공산주의자들이 자신과 다른 뜻을 가진 사람을 폭력으로써 제압하며 피를 보겠다는 의미로써 동서를 막론하고 사용된 구호였습니다('7.27 투쟁'은 '미소공위 경축 임시정부 수립 촉진 인민대회'를 말하며, '대한민국 건국'과는 반대되는 방향입니다.).

대한국민의 관점에서 본 해방 후 좌익 공산주의자들의 난동/폭동/반란/전쟁

연도	폭력사건 내용
1946	1월 매국찬탁난동 → 7월 폭동전환 선언→ 9월 총파업폭동 → 대구10월 조선공산당 폭동
1947	3.1기념식난동→ 제주3.10총파업폭동 → 3.22 총파업폭동 → 7.27 폭동 → 8.15기념식난동
1948	2.7총파업 선거저지폭동 → 제주4.3 남로당 폭동반란 → 5.10선거저지폭동 → 8.25북한정권수립지하선거 → 여수14연대 남로당 반란
1950	6.25조선로동당 남침전쟁

우리는 대한국민의 시각으로 역사를 정립하고 분별해야 합니다[46]. 좌익 공산주의자들의 방해공작과 테러, 폭동에도 불구하고 5.10총선거가 치러졌고 대한민국이 건국될 수 있었습니다. 그들의 크고 작은 모든 '투쟁'이 물거품이 되자, 무력을 동원해 한반도 적화를 위해 일으킨 것이 바로 6.25남침전쟁입니다. 북한은 물론 이 땅의 좌익세력은 수백만의 동포를 살해했음에도 '조국해방전쟁'이었다고 억지주장을 하고 있습니다.

그 전까지는 '협조합작전술'로 미군정에 전반적으로 동조하면서 직접적인 비판이나 물리적 충돌을 일으키지 않았습니다. 만약, 미소공위에서 소련의 주장대로 신탁통치에 찬성했던 조직들이 임시정부를 구성했다면, 오늘날의 대한민국은 존재하지 않았을 것입니다. 다행히 미국이 소련의 주장을 따르지 않아서 회의는 결렬되었습니다. 이제 좌익 주도 하의 정부수립이 어렵게 되자 미군정에 협조할 명분이 사라졌습니다. 그리고 때마침 터진 위폐사건을 계기로 미군정과 대립하던 조선공산당의 박헌영은 전술의 전환을 꾀했습니다. 이로 인해 수많은 인명피해와 시설물 파괴 등 사회를 극도의 혼란으로 몰고 갔습니다. 이들은 9월 12일 이승만 박사 저격, 10월 16일 조병옥 경무부장에게 수류탄 투척, 11월 13일 장택상 경무총감에게 수류탄 투척 등 요인들에 대한 테러를 계속했습니다.

참조
양동안, 『대한민국 건국 전후사 바로알기』, 대추나무 2019, 84-86쪽.
박윤식, 『대한민국 근현대사 시리즈 2』, 휘선 2011. 62쪽.
박갑동, 『박헌영』, 인간사 1983, 151쪽.

3.1.4. 9월 총파업폭동

신전술 선언으로 조선공산당의 조직력과 투쟁실력을 구체적으로 처음 보여 준 것이 1946년의 '9월 총파업폭동'이었습니다. 특히, 이 폭동은 조선공산당의 전위대인 전평이 최고의 위력을 발휘한 사건이

[46) 이 책에서는 각 사건에 대해서 '사건의 장소·(시작)시간'과 '가해자(加害者)'를 명확하게 정의하고 서술합니다.
 ※ 대구10월폭동 〉대구10월 조선공산당 폭동, 제주4.3사건 〉제주4.3 남로당 폭동반란, 여순사건/여수14연대 반란 〉여수14연대 남로당 반란.

었습니다. 9월 총파업폭동에 앞서 박헌영은 북한 주둔 소련군 지휘부로부터 노동자 총파업과 농민폭동에 관한 지침을 받았는데, 미군정과 우익에 대항하는 항의집회 조직, 파업-폭동 시 주장할 요구사항 등에 대한 지침과 투쟁자금 200만엔을 지원받았습니다. 당초에는 추수기인 10월에 전평과 전국농민조합총연맹(전농全農) 가입자들을 총동원해서 도시와 농촌에 총파업과 폭동을 일으킬 계획이었습니다. 그런데 9월이 되어 미군정이 공산당 간부 이주하(李舟河, 1905~1950)를 체포하고 박헌영에 대한 체포령을 내렸으며, 좌익 신문들을 정간하는 등 공산당의 불법적 활동에 단호히 대처하였습니다. 또 미군정이 철도종업원 감축과 임금지급을 일급제日給制로 변경할 계획을 발표하자 철도노동자들의 불만이 높아졌고, 공산당은 이 모든 상황을 이용해서 총파업을 9월로 앞당겨 실행하게 된 것입니다.

전평은 미군정청 운수부 산하 철도국 경성공작창의 노조 파업 개시를 지시했습니다. 경성공작창 노조 3,700명은 9월 14일부터 일급제 반대, 임금 인상, 가족수당 지급, 물가수당 지급, 식량배급 증량, 해고 반대 등을 주장하며 태업怠業(사보타주)을 시작했습니다. 이에 조선철도노조는 '남조선철도종업원 대우개선투쟁위원회'를 조직하고 '일급제 반대, 임금 인상, 식량배급 증량, 해고 감원 반대, 북조선과 같은 민주주의 노동법령 즉시 실시' 등을 요구하며 철도국장에게 21일까지 회신을 요청했습니다. 그러나 경영난에 빠져있던 미군정청 철도국은 이러한 요구를 받아들일 수 없었으며 시한까지 회신할 수 없었습니다. 이에 철도노조는 21일 지방대표자회의를 개최하고 23일까지 성의있는 회답이 없을 시 총파업을 단행할 것이라고 했습니다. 그런데 마감일 전인 23일 새벽부터 부산철도노동자 7천여 명이 파업에 들어갔습니다. 이어 24일, 대우개선투쟁위원회는 철도국에게 요구조건을 다시 제출하고 만족할 만한 회답이 있을 때까지 남조선철도노동자의 총파업을 실시한다고 선언했습니다. 이날 서울철도노동자 1만 5천 명이 파업에 참가했습니다. 서울-부산 철도 운행이 중지되자 다른 지역 철도노동자도 자연스레 파업상태로 들어갔습니다. 전국 4만 명의 철도노동자가 총파업에 돌입하자 남한 전역의 철도운행이 정지되었습니다. 이에 따라 다른 산업분야의 노동자들도 동정파업을 전개하여 철도노조의 총파업이 노동자 총파업으로 확대될 조짐을 보였습니다.

9월 24일[47], 전평은 '남조선 총파업투쟁위원회'를 조직하고, 총파업을 본격적으로 전개하기 시작했습니다. '남조선철도종업원 대우개선투쟁위원회'도 '남조선철도종업원 총파업투쟁위원회'로 개칭하고 용산 경성기관구에 철도종업원 총파업본부를 설치하고 농성을 시작했습니다. 당시 9월 총파업폭동의 실상을 북한에서는 다음과 같이 서술하고 있습니다[48].

「서울, 부산, 광주, 목포, 대구, 안동 등에서 파업이 일어났고, 경부선, 호남선, 전라선, 중앙선 등 모든 철도가 마비되었다. 철도노동자들의 뒤를 이어 체신, 전기, 금속, 광산, 해운, 교통, 운수, 화학, 식료, 섬유, 토건, 출판, 일반봉급자들이 모두 동참했다. 서울의 중앙전신국, 중앙전화국,

---

[47] 자료에 따라서는 9월 초, 혹은 25일로 주장합니다.
[48] 『주체의 기치 따라 나아가는 남조선인민들의 투쟁』, "남조선로동운동자들의 9월 총파업", 조국통일사 1982, 66-73쪽.

중앙우편국을 비롯한 25개 체신기관 4,000여 명의 노동자들이 파업에 들어갔다. 지방의 체신노동자들도 동참했다. 이로써 남조선의 우편, 전신전화망이 일체 마비되었다.

경성전기회사 노동자 3,000여명도 파업에 돌입했다. 각 항구의 해운노동자들도 파업에 동참했다. 전국적으로 26만 3,974명이 파업에 동참했다. 9월 30일 이른 새벽, 미제침략군의 지휘 밑에 탱크를 앞세운 무장경찰 4,000여명과 테러단이 용산기관구로 들이닥쳤다. 육박전이 4-5시간 동안 계속됐다. 미제는 40여명의 노동자들을 살상하고, 1,700여명의 노동자들을 대량 검거하는 만행을 저질렀다.」

실제로 25일부터, 전평 산하 출판노조가 신문을 발간하지 않고 파업에 동조하며 좌익계 신문 복간, 좌익 인사에 대한 체포령 철회를 요구했습니다. 서울운수부 내의 기관구 중심의 20개 노동단체가 태업을 벌였습니다. 경전(京電)의 태업으로 서울시내는 암흑세계로 변했습니다.

전평의 남조선 총파업투쟁위원회는 26일, "조국의 완전한 자주독립을 위한 남조선 4만 철도노동자를 선두로 사생존망의 일대 민족투쟁을 개시한다"는 요지의 선언서를 발표하고 요구 조건을 내걸었습니다.

〈남조선 총파업투쟁위원회의 요구 조건〉
1. 쌀을 달라! 노동자와 사무원, 모든 시민에게 3홉 이상 배급하라.
1. 물가등귀에 따라서 임금을 인상하라.
1. 전재민과 실업자에게 일과 집과 쌀을 달라.
1. 공장폐쇄, 해고 절대 반대.
1. 노동운동의 절대 자유.
1. 일체 반동 테러 배격.
1. 북조선과 같은 민주주의적 노동법령을 즉시 실시하라.
1. 민주주의 운동 지도자에 대한 지명수배와 체포령을 즉시 철회하라.
1. 검거, 투옥 중인 민주주의 운동자를 즉각 석방하라.
1. 언론, 출판, 집회, 결사, 시위, 파업의 자유를 보장하라.
1. 학원의 자유를 무시하는 국립대학교안을 즉시 철회하라.
1. 해방일보, 인민보, 현대일보, 기타 정간 중인 신문을 즉시 복간시키고 그 사원을 석방하라.

1945년 11월, 전평의 결성대회 선언문에는 그들의 주된 목적이 정치운동이 아닌 노동자들의 경제적 이익추구에 있으며, 그 방법에서도 폭력성을 거부한다고 했습니다. 그러나 그들은 조선인민공화국 지지, 찬탁운동 참여, 9월 총파업폭동 등으로 미군정에 대한 적대관계를 분명히 함으로써 '극좌폭동'을 벌여 나갔습니다. 이는 전평의 구성원들의 면모를 살펴보면 충분히 납득할 만한 일이었습니다.

위의 요구 조건처럼 총파업투쟁위원회는 노동자들 입장에서 그럴듯해 보이는 요구를 하고 있지만, 다분히 정치적이며 공산당에게 유리한 조건들을 제시하는데, 이는 전평의 행동강령과 비슷한 구조입니다. 전평은 조선공산당의 대변인이자 행동대장 역할을 했던 것입니다. 북한식 사회주의 개혁을 실시하라는 것과 체포령이 떨어진 좌익 공산주의자에 대한 수배 철회, 수감 중인 좌익 공산주의자 석방, 좌익 공산당의 정치적 자유를 보장하라는 것, 학내 독서모임·서클 등을 통한 '좌익 공산주의 교육'을 어렵게 하는 국립대학교안(국대안)의 철회, 각종 좌익 언론에 대한 제재 취소 등은 공산당이 원하는 것과 같았습니다.

소련이 원하는 바를 북한을 시켜서 하듯, 조선공산당이 원하는 바를 전평을 시켜서 추진한 것입니다. 현재의 민노총 등 좌익단체들이 주장하는 국가보안법 폐지, 한미연합훈련 중지, 반일反日반미反美 선동, 비전향 장기수(소위 양심수) 석방 운동, 이석기 석방 운동 등으로 바뀌었을 뿐 본질은 그대로입니다. 대한민국에서 좌익 공산주의자들과 종북 주사파들이 추구하는 목표는 '누가' 가장 원하는 것일까요? 역사를 알면 그 답이 보입니다.

결국 9월 30일, 05시부터 수도경찰청 경찰관 3,500명이 총동원되어 철도총파업본부를 급습하여 농성 중이던 1,800명의 노동자들을 검거하면서 이 폭동은 종료되었습니다. 여기서 중요한 것은 우익노동자들과 우익청년단이 함께 힘을 모아 파업을 분쇄시켰다는 것입니다. 특히 '대한독립촉성노동총연맹(대한노총)'의 역할이 중요했습니다. 이 단체는 현재의 '한국노총'의 전신으로, 좌익 노동조합인 전평이 신탁통치 찬성, 공산정권 지지와 인민공화국 수립을 주장하자, 이에 반발하여 1946년 3월 10일 결성되었습니다. 이후로도 전평과의 대결을 통해 반공반탁으로 대한민국 건국에 많은 힘을 보탰습니다.

대한노총은 10월 1일 열차운행 복구 투쟁을 전개했고, 무소속 노동자들이 우익노동자들에게 동조, 출근하면서 철도 운행복구가 확대되었습니다. 이어서 대한노총 주도로 미군정청과 협약체결함으로써 철도 파업이 종결되었습니다. 총파업 투쟁의 핵심인 철도파업이 분쇄되자 다른 산업 파업도 뒤따라 종료되었습니다. 이처럼 본인의 이익과 상관없이 파업에 선동당한 전국 각지의 산업별 노동자들은 공산당의 정치적 음모에 이용당했던 것입니다.

참조
양동안, 『대한민국 건국 전후사 바로알기』, 대추나무 2019, 86-91쪽.
박윤식, 『대한민국 근현대사 시리즈 2』, 휘선 2011. 62쪽.
박갑동, 『박헌영』, 인간사 1983, 146-151쪽.

3.1.5. 대구10월 조선공산당 폭동

'대구10월 조선공산당 폭동'은 조선공산당이 박헌영의 지령에 따라 일으킨 한반도 최초의 조직적 공산폭동 사건이었습니다. 물론 그전에도 폭동은 몇 차례 있었습니다. 1946년 8월 초에 발생한 전남 무안군 하의도의 농민폭동, 화순-광주구간 국도에서 발생한 화순탄광노동자들의 8·15기념 시위 등 유혈(流血) 폭력사태가 있었습니다. 하지만 이 폭동으로 인해 공산당의 포악무도(暴惡無道)한 잔인성이 널리 알려지게 되었습니다.

"대구서 인민폭동발발, 일시는 각 경찰서를 점령, 전시숲市 계엄49)령하戒嚴令下"라고 전하는 1946년 9월 30일 민주중보 기사

　9월 23일의 부산 철도파업을 시작으로 총파업이 전국적으로 그리고 각 분야로 확산되자, 대구에서도 철도파업을 시작으로 우편국, 섬유공장, 금속공장 등의 노동자들이 합세하게 되었습니다. 이러한 대구의 총파업은 경북 전평이 주도했는데, 그들은 27일 '남조선총파업대구시투쟁위원회'를 결성, 일사불란하게 대구지역의 총파업을 이끌었습니다. 29일부터는 대구지역 출판노조가 파업을 감행하면서 지역 신문발행도 중지되었습니다. 9월 총파업폭동 시기 대구를 중심으로 30여 개 업체 총 5천여 명이 참여하게 되었습니다.

　경찰은 경북 전평에 대해 '남조선총파업대구시투쟁위원회'의 간판을 떼라고 명령했습니다. 이것은 선전선동을 통한 시위의 확산에 대해 불온한 기운을 감지한 조치였습니다. 그러나 명령을 거부한 경북 전평은 좌익 노동자들과 군중들을 선동하여 경찰과 충돌을 일으키게 되었습니다. 다른 지역에서는 종료된 9월 총파업의 불씨가 대구에서는 다시 번지면서 유혈사태로 번진 것입니다. 10월 1일부터 시작된 이 사건은 약 40여 일 동안 전국으로 확산되었습니다. 이 배후에는 조선공산당의 박헌영, 소련군정과 스탈린이 존재했습니다. 소련은 이 사건을 위해 일화 300만 엔을 지원하며 이 폭동을 기획·지휘했습니다.

　'대구10월 조선공산당 폭동'에 사용된 좌익 공산주의자들의 전술을 살펴보겠습니다. 좌익세력은 10월 1일, 미군정이 쌀을 배급해준다고 부녀자 천여 명을 선동하여 대구시청 앞에서 '쌀을 달라'는 구호를 외치게 했습니다. 그리고 현관과 유리창을 파괴하는 소동을 벌이게 했습니다. 또 걸어서 10분 거리인 경북도청 앞에서 시위를 이어나갔습니다. 한편, 경북 전평이 있는 역전 광장에서는 '쌀배급, 일급제

---

49) 군사적 필요나 사회의 안녕과 질서 유지를 위하여 일정한 지역의 행정권과 사법권의 전부 또는 일부를 군이 맡아 다스리는 일.

폐지, 박헌영 선생 체포령 취소하라!'는 구호를 외치고, '적기가'와 '해방의 노래'를 합창하며 시위를 벌였습니다. 파업 중인 노동자들과 시민들이 혼성된 군중집회가 열렸고, 이를 해산하기 위해 출동한 경찰과 대치 상태가 유지됩니다. 그런데 근처에서 농성 중이던 운수노동자들과 운수경찰관 사이에 충돌이 발생했고, 경찰들이 노동자들로부터 철봉 등으로 구타를 당하게 되었습니다. 이 사건의 여파로 역전에서 대치 중인 군중집회로까지 충돌이 확대되었습니다. 군중은 경찰에게 돌을 던지기 시작했고, 경찰은 위협발포를 했는데, 이 과정에 시위대 1명이 총에 맞아 사망하는 사건이 일어났습니다.

이 사건으로 좌익세력은 비상대책회의를 열고, 10월 2일 오전 8시 대규모 군중집회를 열었습니다. 조선공산당 대구책임자의 지휘로 좌익 학생시위대까지 가세하며 노동자-학생-시민 삼자연대의 폭동으로 발전하게 된 것입니다. 조선공산당, 전평(노조), 전농, 부녀동맹, 민주청년동맹 등 극좌세력들은 경찰들과 그들의 가옥, 가족들을 잔인하게 살해했습니다. 오전 9시, 대구의대(현 경북의대) 학생회장 최무학을 비롯한 좌익학생들이 콜레라로 죽은 사람의 시체(도립병원 해부관찰용 시체)를 탈취해서 '어제 경찰에 의해 죽은 노동자의 시체'라고 거짓말하며 대구사범 강의실 단상에 올라 학생들을 선동했습니다. 그는 미군정을 강하게 비판하며 발포책임을 경찰에 물어 문책해야 한다고 주장했습니다. 학생들은 이 말에 속아 넘어갔고, 흰 가운을 걸친 학생 4명이 시체를 들것에 누이고 돌아다녔습니다. 이들이 마치 순교자의 죽음을 애도하는 분위기를 자아내며 시내로 진출하자 많은 시민이 호응한 것입니다.

시체에 흥분한 학생들과 시민들이 합세한 시위대 1,500여 명은 50여 명 남짓한 경찰들이 경계를 서는 대구경찰서를 포위했습니다. 오전 10시 30분경, 시위대 대표와 이성옥 경찰서장 간에 담판이 진행되었습니다. 공산당 경북도당 책임자 장적우는 경찰들이 무장해제를 하면 군중들을 해산시키겠다고 압력을 가했습니다. 인원수에서도 열세였던 경찰 중에는 '인민공화국 만세'를 외치며 투항하는 자도 발생했습니다. 결국 오전 11시 30분, 이 서장이 경찰들에게 무장해제를 명하는 순간 시위대는 무기고로 들어가 총기를 탈취하고 100~200명 단위로 무장대를 조직한 뒤 경찰관과 우익인사들을 죽이고, 그들의 가옥을 습격·방화했습니다.

미군정은 오후 6시를 기해 대구지역에 계엄령을 선포하고 시위대 진압을 위해 미군을 투입했습니다. 전차를 앞세우고 압도적인 화력으로 진입하자 시위대는 트럭을 비롯한 각종 차량을 이용해서 인근 농촌 지역으로 도망가 그곳의 좌익들과 합세하여 폭동을 일으켰습니다. 대구폭동이 경북지역으로까지 번져나간 것입니다. 이들은 '경찰이 양민을 학살한다'는 유언비어를 퍼뜨리며 군중을 선동하고 동원했습니다. 시위대는 각 지역 경찰관과 우익인사들을 살해하고 그들의 집을 약탈하고 불을 질렀습니다.

이와 같은 폭동은 경북 22개 군 중 16개 군에서 일어났고, 대구로부터 거리가 먼 문경·영주·봉화에서는 토착 좌익세력이 폭동을 일으켰습니다. 폭동이 일어나지 않은 곳은 군경과 우익세력이 경계 태세를 강화했거나, 우익세력이 강한 곳이었습니다. 10월 7일부터 14일까지 경북인접 경남지역 18개 군 중 10개 군에서 산발적으로 폭동이 발생했습니다. 17일부터 19일까지는 충남지역에서, 29일부터 11월 첫째 주에 걸쳐 강원과 전남지역에서 대·소규모의 폭동이 일어났고, 전국적으로 12월이 되어서야 잠잠해졌습니다. 당시 전국 131개 군(郡) 중에서 56개 군50)에서 좌익 폭동이 일어났습니다.

이렇게 폭동이 전국적으로 번지게 된 것은 조선공산당이 각 지역 도당에 '호응 투쟁'(동조폭동同調暴動)을 전개하라는 지령을 내렸고 여기에 동조한 좌익단체들이 파업, 시위, 경찰지서와 면사무소 습격·방화 등의 소요사태를 일으켰기 때문이었습니다. 또, 폭동의 여파로 전주, 광주, 공주 등의 지방 형무소에서는 좌익죄수들의 집단 탈옥 사건이 발생해 폭동이 이어졌습니다.

'대구10월 조선공산당 폭동'으로 대구 시내에서만 경찰 38명, 공무원 163명, 민간인 73명이 사망, 행방불명 30명, 부상 천 명, 파괴된 건물은 776동으로 집계되었습니다. 좌익들은 소총과 수류탄, 칼, 도끼, 낫, 창 등으로 무장하고 경찰관과 우익인사, 그 가족들을 잔인하게 살해했습니다. 도끼로 몸을 가르거나, 눈을 빼고 혀를 자르고, 3~4명이 들러붙어 팔다리를 찢어 죽이는 등 만행을 저지르고, 시체를 훼손하여 걸어두거나 태웠습니다. 또, 좌익 의사醫師들은 부상당한 경관들의 치료를 거부하고 입원시키지 않았으며, 폭도들에게 맞아 죽도록 내버려두기도 했습니다.

미군과 경찰의 진압을 피해 도망간 공산당원들은 빨치산이 되었습니다. 이들은 태백산과 소백산으로 숨어들어 야산대野山隊를 조직했는데, 이들을 제주4.3 남로당 폭동반란과 여수14연대 남로당 반란 때 조직된 빨치산과 구별하여 '구(舊)빨치산'이라고 부르기도 합니다. 야산대에 들어가지 않은 공산당원들은 조선경비대51)에 들어가 신분 세탁을 하고, 훗날 남로당의 계획적인 반란 사건을 위한 '프락치'로서의 역할을 톡톡히 해냈습니다. 미 군정청은 신병 선발에 있어서 그들의 신상身上과 사상을 검증하지 않고 신체검사와 구두시험으로만 선발했기 때문에, 조선경비대는 좌익들의 도피처가 되었습니다. 특히, 대구 6연대는 남로당 프락치들의 소굴로, 여수14연대 남로당 반란의 여파로 3차례에 걸쳐 반란을 일으키다 해체되고 말았습니다.

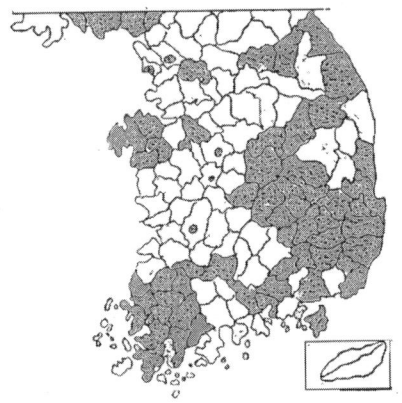

대구10월 조선공산당 폭동 확산지역52)

---

50) 박갑동의 『박헌영』과 김남식의 『남로당연구』에서는 '73개 시군'이라고 언급.
51) 국군의 전신前身으로, 미군정 하인 1946년 1월 15일에 국방경비대로 창설되었고 같은 해 6월 15일에 군정법령에 의거 조선경비대로 개칭되었습니다.
52) 정해구, 『10월 인민항쟁 연구』, 열음사 1998, 190쪽.

'대구10월 조선공산당 폭동'은 '9월 총파업폭동'의 전개과정에서 소련의 지령을 받아 2개월 이상 지속된 조직적 폭동이었습니다. 해방을 맞이하고 1년 만에 좌익 공산주의에 물든 자들이 집단광기에 사로잡혀 동족을 잔인하게 탄압한 사건이었습니다. 그런데 아무리 포악한 좌익이라고 하지만 어쩌면 그렇게도 잔인하게 사람들을 살해할 수 있었을까요? 그것은 그들이 명령에 충실했기 때문입니다. 그 명령은 공산주의 창시자인 마르크스로부터 기원합니다. 마르크스는 『공산당 선언』에서 다음과 같이 말했습니다. "지배계급들로 하여금 공산주의 혁명 앞에서 전율케 하라!" 공산주의에 동조하지 않는 경찰이나 우익세력과 같은 소위 반동들에게는 대항할 수 없을 정도의 두려움을 느끼게끔 잔혹하게 살해할 필요가 있었던 것입니다. 또 그들은 스스로 일해서 먹고살기보다는 남의 것을 빼앗아서 먹고살겠다는 정신으로 무장되어 있습니다. 남의 것을 빼앗기 위해서는 폭력이 필수적이고, 이에 따른 피 흘리는 희생양이 생길 수밖에 없는 것입니다.

지금도 좌익 공산주의자들은 이 사건을 '10월 (인민)항쟁' 또는 '대구(인민)항쟁'으로 부르고 있습니다(7.2.2.1. 참조). 심지어 폭동을 일으킨 자들을 추종하며 '9월 총파업, 10월 항쟁 정신계승'을 외치고 있습니다. 이것이 오늘날 대한민국의 모습입니다. 역사를 바르게 알지 못하면 앞으로도 반복될 것이며, 대한민국의 미래는 어두울 수밖에 없습니다. 정상적인 대한국민은 이 사건을 '대구10월 조선공산당 폭동', '대구10월 폭동', '대구10.1폭동' 그리고 대구 주변으로까지 번진 것을 포괄하여 '영남폭동53)'으로 부르고 있습니다.

경북 경산시 와촌면 박사리의 반공희생자 추모공원의 안내판과 반공희생 위령비54). 이 사건을 다룬 책55)에 수록된 기사56) 전문을 아래에 게재합니다.

---

53) 박갑동, 『박헌영』, 인간사 1983, 151쪽.
54) 「"박사리 사건 아십니까, 일본도 든 그들이 마을청년 54명을…"」, 2020년 11월 2일 조선일보.
55) 박기옥, 『박사리의 핏빛 목소리』, 홍익출판사 2016, 245쪽.
56) 「"빨치산이 일본도 내리쳐 어깨함몰 손목절단 고통" 49년 경산 박사리학살 유일생존 배재기씨」, 2000년 6월 7일 경향신문.

"평생을 불구자로 그늘진 삶
아지트신고 오해 보복테러
주민들 38명살해·28명중상
정부에서 보상외면 답답해"

「한국전쟁 직전 무장공비의 만행으로 온 마을이 학살피해자가 되었던 경북 경산시 와촌면 박사리, 배재기씨(66·사진)는 당시의 사건현장을 지켜봤던 유일한 생존자이자 피해자다. 배씨는 38명이 살해되고 28명이 중상을 입은 참혹한 살육의 현장에서 빨치산이 내리친 일본도에 어깨가 함몰되고 손목이 잘려나가 50여 년간 고통스런 삶을 살아왔다.

- 당시 상황은.
"1949년 11월 29일 밤 9시쯤 갑자기 무장공비들이 마을에 들이닥쳐 남자들을 모조리 끌어내 칼로 찌르고 총을 쏘아댔다. 일부는 각 집을 돌며 경찰을 사칭한 뒤 '빨갱이들에게 양식을 준 적이 있느냐'고 묻고는 '없다'고 하면 끌어내 죽이기도 했다. 이같은 학살은 마을 4~5곳에서 동시에 자행됐으며 숨이 채 끊어지지 않은 사람은 돌로 내리쳐 죽이기도 했다. 당시 150여 가구 중 100여 가구가 불탔다"

- 무장공비들이 무고한 양민을 학살한 이유는.
"당시 지리산과 운문산, 팔공산 등에는 빨치산이 많았다. 그래 11월 5일 인근마을의 주민이 마을 뒤 팔공산에 나무하러 갔다가 공비들의 아지트를 발견, 경찰에 신고해 78명이 사살되고, 7명이 생포됐다. 우리 마을 사람이 신고한 것으로 오해하고 보복하기 위해 들이닥친 것이다"

- 어떻게 상처를 입게 되었는가.
"나는 다른 집에 가 있다가 공비들과 맞닥뜨렸다. 그들이 몇 살이냐고 묻기에 15살이라고 대답했더니 끌어내 밀고자를 대라며 일본도로 어깨를 수차례 내리쳤다"

- 요즘 사람들은 당시 참상을 아는가.
"관계기관 등에 수차례 진정한 끝에 85년 시로부터 예산지원을 받고 주민들이 조금씩 돈을 내 '반공희생자 위령비'를 세웠다. 그때부터 해마다 11월 30일이면 면단위의 합동위령제를 별도로 지내고 있다"

- 정부측에서 보상은 없었는가.
"나를 비롯해 모든 부상자가 후유증으로 고통스러워 했지만 정부는 거들떠보지도 않았다. 사건 당시 마을 부근까지 출동했으나 군대가 올 때까지 숨어있었다. 10여 년 전쯤 후유증 때문에 하도 고통스러워 변호사에게 보상받을 수 있는지 물었더니 오래 전의 일이라 힘들다는 말을 듣고는 포기했다"

- 정부에 바람이 있는가.
"빨치산은 물론 정부도 원망스러웠다. 지난해부터 미군과 국군에 의한 학살 이야기가 자주 나오던데 우리는 빨치산에 당한 것이어서 어디 가서 하소연도 못한다"」

'대구10월 조선공산당 폭동'을 일으키고 산으로 숨어들었던 무장공비들이 잔인하게 사람들을 죽이고 마을을 불태워버린 것입니다. 배재기씨의 말대로 미군이나 국군에 의해 피치못한 희생을 치른 사람들은 할 말이라도 있고 배상책임을 물을 수 있지만, 공산당원들과 그 추종세력들에 의한 희생을 어디에서 보상받을 수 있을까요? 안타까운 현실입니다.

참조
양동안, 『대한민국 건국 전후사 바로알기』, 대추나무 2019, 91-96쪽.
박윤식, 『대한민국 근현대사 시리즈 2』, 휘선 2011. 62-88쪽.
박갑동, 『박헌영』, 인간사 1983, 151-156쪽.
이주영, 『대한민국의 건국과정』, 건국이념보급회 출판부 2013, 94-96쪽.

3.1.6. 남조선노동당(남로당) 창당

대구10월 조선공산당 폭동이 진압된 후 좌익 공산주의자들은 새로운 당을 만들게 됩니다. 남조선노동당 약칭 남로당입니다. 박헌영의 월북과 공산당 내부의 반발 등 여러 문제들을 타개하기 위해 11월 23일 서울 종로구의 경운동 천도교 강당에서 합당식을 열게 되었습니다. 박헌영의 조선공산당, 여운형의 조선인민당, 백남운의 남조선신민당 3당이 합당하여 새로운 대중적 좌익 정당이 탄생하는 것처럼 보였습니다. 그러나 실질적으로는 조선공산당이 간판만 바꿔 달았지 그 본질과 임무는 다를 것이 없었습니다. 왜냐하면 세 당 내부의 김일성 추종파를 축출한 순수한 박헌영의 당이었기 때문입니다. 당시의 세력을 비교해 보면, 조선공산당이 약 60만 명, 인민당이 1만 명, 신민당이 7천 명이었지만, 인민당과 신민당에는 90% 이상이 이중(二重)당원으로서 공산당 프락치들이었습니다57). 남로당의 위원장에는 허헌(許憲)이 부위원장에는 박헌영이 선출되었습니다. 허헌은 일정기에 박헌영의 공산주의 운동을 변호했던 변호사로 긴밀한 관계였으며, 실세는 여전히 박헌영이었습니다. 월북한 박헌영은 평양에 있다가 이듬해 1월 해주로 가서 「제일 인쇄소」라는 위장(偽裝) 간판을 걸고 지도부를 설치해 서울에 있는 남로당 중앙당을 통제하고 지도하기 시작했습니다. 중앙당에서는 조직총책임자 김삼룡과 정치지도담당 이주하로 구성하여 남한 내 좌익 활동을 이어나갔습니다.

여기서 주목해야 할 것은 북한의 김일성과 박헌영의 관계입니다. 12살이라는 나이 차 그리고 일정기 공산주의 활동에 있어서도 박헌영에 비견할 수 없었던 김일성이었습니다. 앞에서 살펴본 바와 같이 해방 후 9월 박헌영이 조선공산당을 창당했습니다. 그리고 10월에는 조선공산당 '북조선분국'이 설치되어 북한의 공산당 조직을 김일성이 이끌게 됩니다. 당시 국제적으로 공산당은 일국일당제(一國一黨制)를 채택하고 있었기 때문에 한반도에서는 수도 서울에서 박헌영을 중심으로 결성된 조선공산당이 실권을 쥐고 있었습니다. 이에 따라 38도선 이북에서는 소련을 등에 업은 김일성을 키우기 위해서 '분국'이라는 형태를 빌렸습니다. 1946년 4월 '분국'은 '북조선공산당'으로 간판을 바꿔 달고, 조선공산당으로부터 실질적으로 독립했습니다. 8월에는 조선신민당을 흡수하여 '북조선로동당'이 되었습니다.

---
57) 박갑동, 『박헌영』, 인간사 1983, .160-161쪽.

8월의 이 사건을 전후로 영향을 받은 남한의 좌익 인사들은 좌익 정당의 합당을 논의하게 되었고, 3당 대표들은 9월 4일 신민당 당사에서 합당 준비위원회를 구성하게 되었습니다. 그리고 다음 날인 5일에 3당 합당을 결정하고 발표했습니다. 이후에 조선공산당 주도로 9월 총파업과 10월 폭동이 일어났고, 이로 인해 조직원이 감소되자, 11월의 남로당 창당과 더불어 '당원 5배가(倍加)운동'을 벌이게 되었습니다. 남로당은 대한민국의 건국과 함께 불법 정당이 되었고, 북한의 지도자로서 스탈린의 낙점을 받은 김일성에게 의탁한 신세가 되어버린 박헌영은 2인자가 되고 말았습니다. 1948년 8월에 남북로당 연합 중앙위원회가, 이듬해 6월 24일에는 조선로동당이 창당되었습니다. 현재도 북한의 유일 당으로 군림하고 있는 조선로동당은 창당일을 조선공산당 북조선분국을 만든 1945년 10월 10일로 기념하고 있습니다(10일~13일에 걸쳐 북조선 5도당책임자 및 열성자 대회 개최). 이 사실을 통해 좌익 공산주의자들이 벌이는 권력투쟁의 처절함과 덧없음을 알게 됩니다.

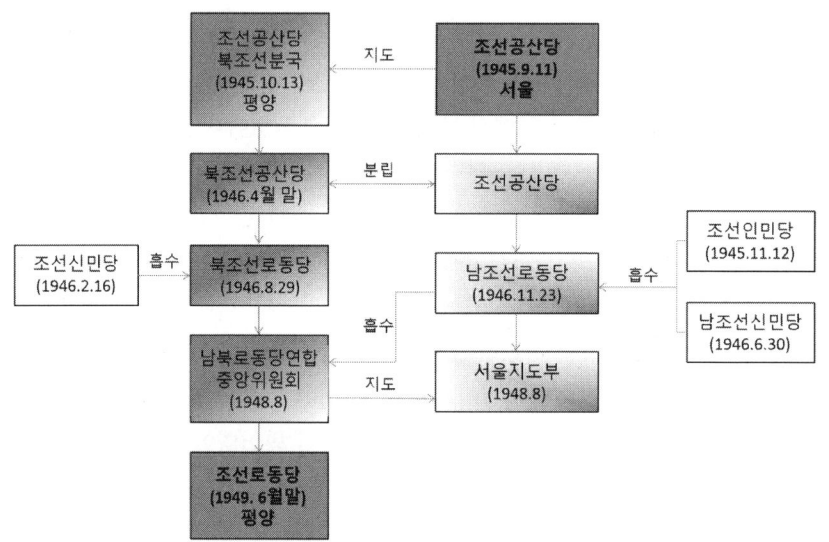

좌익 공산주의 정당의 변천 과정. '조선공산당'에서 시작해서 현존하는 '조선로동당'으로의 통합은 박헌영파가 몰락하고 김일성파가 좌익세력을 흡수하는 '권력투쟁' 과정을 보여줍니다. 소련을 등에 업고 북한의 수상이 된 김일성에 의해 46년 4월 '조선공산당 북조선분국'이 '북조선공산당'으로 바뀌면서 사실상 분리分離되었고, 8월 29일 연안파(延安派)58)의 조선독립동맹 계열이 세운 조선신민당(남조선신민당은 이 조선신민당의 남조선분국으로 볼 수 있습니다)과 통합해서 북조선로동당(일명 북로당)이 되면서, 조선공산당의 위치가 약화된 것도 영향을 받았습니다.

한편, 월북한 박헌영은 고도로 훈련된 당원을 양성하기 위해 1947년 10월 평안남도 강동군에 강동정치학원을 만들었습니다. 남한에서 좌익의 활동이 불법화되어 소위 '혁명간부'를 양성하기 어려워지

---

58) 중국의 국민당과 행동을 함께 했던 대한민국 상해임시정부와 달리 중국공산당 지도부가 있던 延安을 중심으로 공산주의운동을 하다가 해방 후 북한에서 정치집단을 형성한 세력입니다. 문재인이 존경하며 "국군창설의 뿌리"라고 부르는 김원봉(金元鳳, 1898~1958)을 비롯한 '조선의용군' 소속도 포함됩니다. 이들은 6.25남침전쟁 때 대한국민을 죽이는 데 앞장섰습니다. 조선의용군은 조선독립동맹이라는 당黨의 군대로 해방이후 북한의 조선인민군으로 편입되었으며, 1958년 김일성에 의해 숙청되었습니다.

자 북한에 '혁명간부' 양성소를 세우기로 한 것이었는데, 배후에는 소련 군정이 있었습니다. 당 간부 양성과 유격대 간부의 확충을 위해 박헌영의 부하인 이승엽과 박치우가 주도해서 창설했습니다. 이곳에서는 월북한 남녀 청년당원들에게 3~6개월의 유격전 특수훈련을 시키고 백 명 내외로 조를 편성한 뒤 남파했습니다.

이들은 다양한 경로로 남파되어 유격전을 이어 나갔습니다. 특히, 남로당 서울시당이 폭동혁명을 계획하던 49년 4월~9월 사이에 잠입한 유격대가 많았습니다. 서울시당 총책 홍민표의 기록에 의하면 7월 6일 약 200명을 오대산에, 8월 4일 김달삼 부대를 일월산에, 8월 12일 약 15명을 명지산에, 또 약 40명을 용문산까지 진출시켜 서울시당과 연계한 무장폭동을 지원하려고 했습니다.

이것은 과거의 일이 아닙니다. '이석기'라는 한 인물을 통해서 21세기 대한민국에서 재현된 일이기도 합니다. 다음 기사들[59][60][61][62][63][64][65]을 읽어보시기를 부탁드립니다. 이런 이석기를 '양심수'라며 석방하라고 외치는 자들까지 있으니 한심할 따름입니다. 독자들은 이런 자들이 대한국민이기를 포기한 자들이라는 사실을 쉽게 유추할 수 있을 것입니다.

참조
양한모, 『조국은 하나였다?』, 일선기획 1990, 94-101쪽.
박갑동, 『박헌영』, 인간사 1983, .171-178쪽.

3.1.7. 제주4.3 남로당 폭동반란

해방을 전후하여 제주도는 좌익 공산주의 세력이 강하게 토착화되어 있었습니다. 해방 직전 일본 본토를 사수하기 위한 전진기지로서의 제주도에는 결사항전을 준비하던 일본군 7만여 명이 배치되어 있었습니다. 이 때문에 주민들도 미군 전투기의 폭격과 함포 사격으로 피해를 보았습니다. 이에 대비하여 마을마다 방공호를 만들기 위해 주민들이 동원되었고, 곡물을 공출당하는 등 제주도민의 생활은 극도로 피폐할 수밖에 없었습니다.

---

59) 「"이석기, 北 남침 때 국가시설 파괴 준비"」, 2013년 8월 28일 세계일보.
60) 「[단독]"이석기, 전신전화국 공격 계획 지시" 공안당국 녹취록 확보」, 2013년 8월 29일, YTN.
61) 「경기동부연합 방중...북한 접촉 가능성」, 2013년 8월 29일 YTN.
62) 「국정원 "이석기, 통신·철도·유류시설 파괴 지시"」, 2013년 8월 29일 뷰스앤뉴스.
63) 「"이석기, 통신-철도-가스시설 파괴 모의"」, 2013년 8월 29일 동아일보.
64) 「[단독]"KT 혜화지사 등 구체적 습격목표 정"」, 2013년 8월 29일 동아일보.
65) 「"RO, 비정규전 준비하면 북한 승리"..'총기' 발언은 이상호」, 2013년 8월 31일 파이낸셜뉴스.

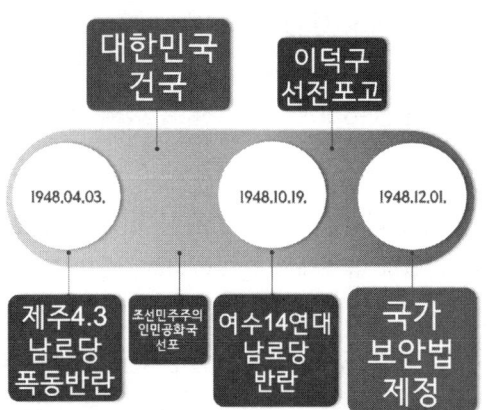

'제주4.3 남로당 폭동반란'부터 '국가보안법 제정'까지. 좌익 공산주의자들과의 싸움은 그칠 날이 없었고 이러한 싸움의 결과, 국가보안법이 제정된 것입니다. 그리하여 국군 내의 남로당 프락치들을 숙청하여, 이후 치러진 6.25 남침전쟁에서 대한민국을 지켜낼 수 있었습니다. 제주4.3 남로당 폭동반란과 여수14연대 남로당 반란을 통해 '반공정신'으로 무장한 온전한 국군이 만들어질 수 있었습니다. 좌익 공산주의 세력의 전면적인 침공에 대비할 수 있게 해준 '백신'과도 같은 역할을 한 것입니다.

태평양 전쟁에서 미군이 한창 일본군과 싸우며 태평양의 여러 섬에서 승리를 거두고 오키나와를 점령한 것이 1945년 6월 말이었습니다. 이후 일본 본토 공격을 계획했고, 8월 6일과 9일의 원폭原爆 투하投下로 일본은 무조건 항복降伏을 선언합니다. 이에 따라 오키나와에 주둔 중이던 미 제24군단장인 하지 장군이 예정에 없던 '미군정 사령관'으로 부임하면서 한반도와 인연을 맺게 되었습니다. 미군은 일본군의 무장해제를 위해 38도 이남으로 진주했습니다(2.7.4. 참조). 미군이 제주도에 들어온 것은 9월 28일이었습니다. 미국 육군 대령 그린과 해군 중령 월든이 제58군 사령관 도야마 중장, 해군 제독 하마다, 제주도 도사(島司) 센다로부터 항복문서를 받았습니다. 포웰 대령이 이끄는 무장해제팀은 두 척의 상륙정을 타고 제주도에 도착하여 일본군의 무기를 파괴하고 해상에 투기했으며 이 작업은 10월 6일에 마무리되었습니다. 한반도 본토에도 좌익 공산주의 세력이 자리를 차지하고 그들의 사상을 전파하고 있었는데, 해방 이후 두 달 가까이 '무정부 상태'에 놓여있던 제주도에서는 토착 좌익들이 공산주의 사상을 전파하기에 최적의 요건을 갖추고 있었습니다. 이것이 훗날 비극의 씨앗이 될 줄은 아무도 몰랐습니다.

해방을 맞아 고향인 제주도로 돌아온 사람들은 5~6만 명 정도였습니다. 그중에는 일본과 중국 유학생활 중 공산주의에 심취했던 지식인들도 많았습니다. 사상적으로 '백지白紙'였던 제주도민들은 이들에 의해 벌겋게 물들어 버렸습니다. 또 일본군에 지원했거나 일본 군대에 익숙해 있던 사람들, 중국에서 유격전 경험을 쌓았던 사람들과 좌익 과격파인 팔로군 출신들이 돌아와, 훗날 한라산 인민군 유격대 활동에 가담하게 됩니다.

일정기에 제주와 오사카(大阪) 사이에는 5천 톤급 정기 여객선이 운항되었습니다. 이를 통해 제주도 주민들은 공산품의 40%와 거의 모든 생필품을 일본에 의존하고 있었습니다. 그런데 해방을 맞이하면

제3장 대한민국은 축복받은 나라

서 해로海路가 끊기게 되자, 생필품 공급은 물론 오사카에 나간 가족, 친지들이 보내오던 돈이 끊기면서 제주도민들의 생활이 어려워지기 시작했습니다. 그토록 바랐던 해방이 도민들의 생활을 곤궁困窮하게 만든 것입니다. 좌익 공산주의자들은 이 기회를 놓치지 않았습니다. 당시의 구조적인 빈곤을 미군정의 탓으로 돌려 도민들이 미국을 적대시하도록 선동했습니다. 또, 모두가 평등하게 잘사는 세상을 실현할 수 있는 것은 공산주의라며 도민들에게 선전하고 세뇌洗腦시켰습니다.

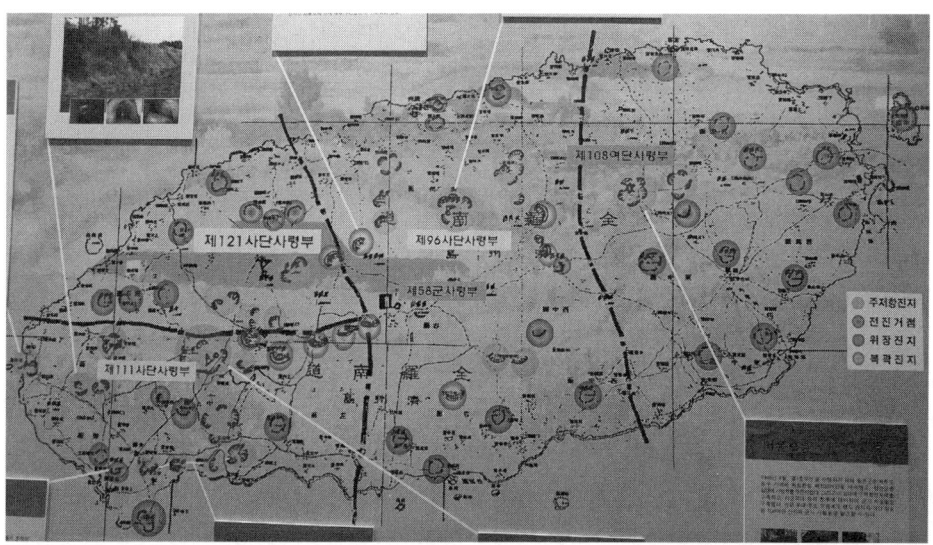

해방 당시 일본 제58군 배치도 (조천읍 제주항일기념관). 3개 사단과 1개 여단으로 이루어진 일본군의 군사기지가 된 제주도의 모습을 볼 수 있습니다.

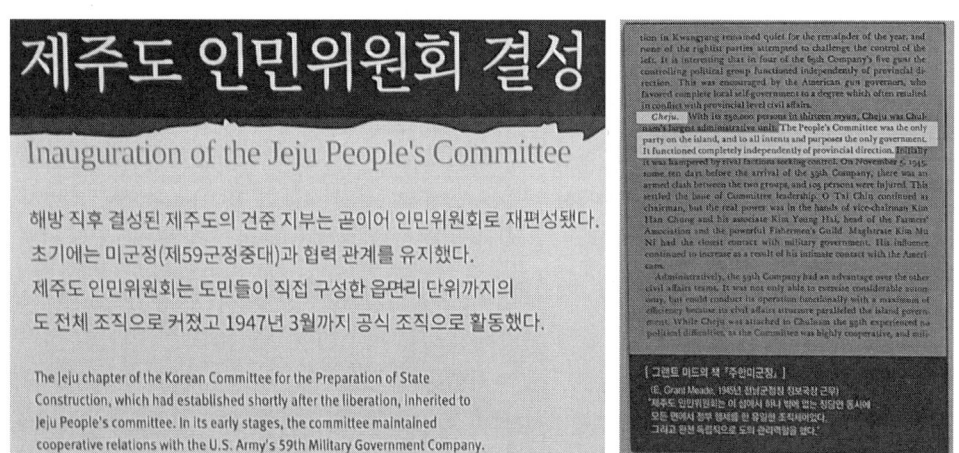

(좌) 제주도 건준 지부가 지방 인민위원회로 재편성되었고, 읍면리 단위까지 뿌리를 내리고 있었다고 서술하는 게시글(제주4.3평화기념관).
(우) 1945년 당시, 행정구역 상 전라남도(全羅南道) 소속의 제주도(濟州島)로써 미군정의 전남군정청 정보국장이었던 그랜트 미드(Grant Meade)가 '제주도 인민위원회는 이 섬에서 하나 밖에 없는 정당인 동시에 모든 면에서 정부 행세를 한 유일한 조직체였다. 그리고 완전 독립적으로 도의 관리역할을 했다.'고 기록한 문서(제주4.3평화기념관).

127

제주도의 좌익 공산주의자들은 1945년 9월 10일, 건준(2.7.1. 참조)의 제주 지부를 조직했습니다. 이어 인공(2.7.2. 참조)이 선포되자, 이를 개편하여 9월 22일에는 제주도 인민위원회를 결성했습니다. 그리고 같은 해 12월 9일에는 조선공산당 제주도(島)위원회를 결성함으로써 좌익세력을 공고하게 규합했습니다. 1947년 2월 12일에는 남로당 제주도위원회를 결성, 같은 해 2월 17일에는 '3.1절기념 제주도위원회'를 조직, 투쟁체제로 전환했습니다. 23일에는 전위조직인 민전(2.7.6. 참조) 제주도위원회를 결성한 후 산하 조직을 확장해서 사실상 제주도를 실효 통치하고 있었습니다. 제주도에서는 이른바 '인공'의 시대가 열린 것이었습니다. 특히 민전 제주도위원회는 결성대회에서 명예의장에 스탈린, 박헌영, 김일성, 허헌, 김원봉, 유영준을 추대함으로써 제주도 민전이 소련의 스탈린, 북한의 소련군정 그리고 그들의 지도를 받는 남로당의 지시 아래에 있다는 것을 온 천하에 드러냈습니다.

(좌) 제주도 민주주의민족전선 결성을 알리는 게시물(제주4.3평화기념관).
(우) '명예의장에 스타린수상, 박헌영, 김일성, 허헌, 김원봉, 유영준씨를 추대하고'라고 쓰여있습니다. 실질적인 남로당수인 '박헌영'을 스탈린의 꼭두각시인 '김일성'보다 앞에 기술함으로써 남로당 박헌영의 위상을 보여주고 있습니다.

좌익 공산주의자들은 선량하고 순박한 섬사람들을 '인권'이니 '토지 무상분배'니 하는 달콤한 말들로 선동했습니다. 동네마다 혈연으로 맺어진 제주도 특유의 '괸당66)문화'를 이용한 공산주의자들의 감언이설(甘言利說)이 누룩처럼 퍼져, 제주도는 순식간에 벌겋게 물들어 갔습니다. 여기에 더해서 미군정은 결사의 자유를 보장한다며, 공산당을 합법화하고 공산주의의 확산을 방치했습니다. 특히 1948년 1월 유엔한국위원단(2.7.10. 참조)이 서울에 들어와서 활동하기 시작하자, 소련은 이들을 저지하기 위한 대규모 파업과 폭동을 일으키라고 남로당에 지시했습니다. 소련은 한반도 전체의 통일선거와 남한 단독선거單獨選擧 모두를 반대했기 때문입니다(북한에서는 소련과 김일성의 방해로 선거는 불가불가했습니다. 이에 남한에서라도 실시하자라는 의미의 '자주적 선거'를 좌익들이 부정적 의미로 만들어 버린 것이 '단독선거(단선單選)'입니다). 남로당의 입장도 마찬가지였습니다. 2월 7일 토요일 새벽을

---

66) 친족과 외척을 칭하는 '권당(眷黨)'의 제주도 방언으로 좁은 섬 지역의 한 마을에 모여 사는 씨족공동체를 지칭.

기해 용산, 영등포, 대전, 대구, 군산 등 각지에서 남로당과 민전의 영향 아래 있는 철도·항만·운수·전신·전화·체신·광산 등 여러 분야의 노동자들이 파업 시위를 벌였고 좌익 학생들은 동맹휴업으로 합세하면서 다음 9가지 구호를 외쳤습니다.

1. 조선의 분할 침략 계획을 실시하는 유엔 한국 위원단을 반대한다.
2. 남조선의 단독 정부 수립을 반대한다.
3. 양군 동시 철퇴로 조선 통일 민주주의 정부 수립을 우리 조선 인민에게 맡기라.
4. 국제 제국주의 앞잡이 이승만, 김성수 등 친일 반동파를 타도하라.
5. 노동자, 사무원을 보호하는 노동법과 사회보험제를 즉각 실시하라.
6. 노동임금을 배로 올리라.
7. 정권을 인민위원회로 넘기라.
8. 지주의 토지를 몰수하여 농민들에게 나누어 주라.
9. 조선민주주의인민공화국 만세!

남로당, 민전, 전평, 전농全農 등 좌익 공산주의자들 30만 명이 벌인 이 사건을 그들은 2.7구국투쟁이라고 불렀습니다. 유엔의 결의대로 선거가 진행될 경우 한반도는 미국의 식민지가 되며, 자신들은 식민지가 되지 않도록 '나라를 구한다'는 의미로 구국투쟁이란 이름을 붙인 것이었습니다. 이는 그들의 사관史觀이 북한의 그것과 동일하다는 것을 말해줍니다. 위 구호를 보면 오늘날 좌익 단체들이 주장하는 것과 다른 것이 거의 없습니다. 당시 좌익 공산주의자들의 정신을 그대로 계승하고 있는 것이 지금의 좌익 조직들입니다. 자신과 다른 의견을 가진 사람들을 적폐로 몰고, 최저임금 상승 등 친노동자 정책, 기업규제 강화 등 반기업 정책, 가진 자들에 대한 지나친 세금부과, 〈주민자치 기본법〉을 바탕으로 '인민위원회'와 이름만 다른 '주민자치 위원회' 재건에 이르기까지. 그리고 "대한민국 해체!"와 "조선민주주의인민공화국 만세!"라고 차마 말은 못하지만 속으로 희열을 느끼며 "체제변혁!", "검찰개혁!"을 외치고 있는 자들이 곳곳에 포진해 있습니다.

대한국민은 이 사건을 '2.7총파업폭동'으로 부릅니다. 대구10월 조선공산당 폭동과 비슷한 형식으로 좌익 단체들이 조직적으로 일으킨 사건이기 때문입니다. 이 폭동은 2월 20일까지 이어지며 무장한 좌익 단체들이 경찰관서 습격, 전선·전신주·교량 파괴와 방화·살해를 일삼았습니다. 2월 25일 조병옥 경무부장은 사건에 대한 집계를 다음[67]과 같이 발표했습니다.

---

[67] 1948년 2월 26일 동아일보 석간.

폭동진압 30건 미연방지 40건 시위 103건 테러 55건 방화 204건 파업진압 12건 미연방지 18건 동맹휴학진압 22건 지령문 41건 방화진압 4	기관차파괴 61량 객화차파괴 11량 노선파괴 11건 도로교량 파괴 7개소 전선절단 83건 통신기구 기타 파괴 27건 민간재산피해 564,800원	경찰관 - 사망 5명, 부상 23명 공무원 - 사망 1명, 부상 12명 우익 및 양민 - 사망 5명, 부상 63명 폭도 - 사망 28명, 부상 35명 총검거인원 8,479명 검찰청 및 치안관송치 2,290명 석방 3,467명 현재 문초 중 2,722명

어떻습니까? 양민의 생명과 재산에 막대한 피해를 주고 진압된 사건을 구국투쟁이라고 부를 수 있을까요? 그들이 말하는 구국(救國)의 '국'은 대한민국이 아니었습니다. 이 사실을 바르게 인식해야 바른 사고를 하고 바른 말을 할 수 있게 되는 것입니다. 2.7총파업폭동은 아무런 효과 없이 끝났습니다. 유엔소총회는 자유선거가 가능한 지역에서 유엔 감시하에 선거를 실시하고 독립정부를 구성하라는 것으로 결론을 내렸습니다. 이어 3월 1일, 하지 중장은 5월 9일(후에 10일로 변경) 38선 이남지역에서 총선거를 실시한다고 발표했습니다.

2.7총파업폭동 당시 제주도는 어땠을까요? 제주도에서는 경찰지서 습격, 전단지 살포, 칼과 곤봉으로 무장한 폭도들이 소련국가를 부르며 산발적으로 소요(騷擾)사태를 벌였습니다. 경찰이 발표한 사건집계는 다음과 같습니다.

「경찰지서 및 출장소 피습 6개소, 경찰관 부상 중상 2명, 경상 2명, 가족 1명, 양민 피해 3명 구타, 폭도 부상 1명, 테러 9건, 방화 1건, 봉화 1건, 시위운동 19건, 교통차단 5개소, 폭동 가담자 약 7,000명, 검거인원 약 200명」

이 피해도 무시할 수 없는 피해이지만, 그나마 소규모에 그쳤던 이유는 1월 중순 남로당 조직부 연락책 김생민(金生珉, 1926년생)의 전향과 자백이 있었기 때문입니다. 경찰은 김생민이 자백한 정보로 1월 22일 남로당 조천지부 불법회의를 급습해서 좌익 공산주의자 106명을 체포하고, 26일까지 221명을 검거했습니다. 이때 노획한 문건에는 '2월 중순부터 3월 5일 사이에 제주도 전역에서 폭동을 시작하라. 경찰간부와 고위 공무원을 암살하고 경찰무기를 탈취하라. 유엔위원단과 총선거, 군정을 반대하라. 인민공화국을 수립하라'라는 지시가 있었습니다. 체포된 간부 중에는 남로당 제주도당 위원장 안세훈, 부위원장 조몽구, 조직부장 김달삼 등 핵심 간부들이 있었는데, 조몽구와 김달삼은 연행 도중 탈주했습니다.

전국적으로 2.7총파업폭동이 한창일 때 제주도에서 피해가 적었던 것은 핵심간부들이 수감되어 있었기 때문이었습니다. 남로당중앙당이 1월에 '단선단정 저지구국투쟁'을 전국에 하달(下達)했을 때 제주도당은 자위대를 군대화하여 난동을 부렸습니다. 제주읍을 비롯한 각 면 단위에서 산악지대, 밀림,

동굴과 방공호 등에 유격대 본부를 두고 주변 마을에 지휘부를 두고 훈련을 실시했습니다. 2월 중순경, 육지에서 전국적인 2.7총파업폭동이 경찰의 진압에 의해 조기에 실패하여 각 도당道黨이 타격을 받아 계획적인 투쟁이 어렵게 되었습니다. 중앙당은 온존한 제주도당에게 강력한 단선반대투쟁을 하도록 지령을 내렸습니다. 당시 도당 책임자 안세훈이 검거되어, 탈주한 조직부장 김달삼이 지령을 받고 움직이게 되었습니다.

이에 따라 제주도당 내에서 무장투쟁을 결의한 것은 2월 20일의 일명 '신촌회의'였습니다. 제주도당 간부와 읍·면당 책임자 19명이 참석한 이 회의에서 무장투쟁을 지지하는 강경파와 반대하는 신중파 사이에 논쟁이 벌어졌습니다. 결국 강경파가 12대 7로 우세하여 무장투쟁을 결정했고, 2월 25일 조직개편을 통해 신중파가 물러나고 김달삼 등 강경파가 1선에 나섰습니다. '위원회' 체제를 '투쟁위원회' 체제로 바꿔 위원장에 강규찬, 신설한 군사부장에는 김달삼이 선출되어 인민유격대 총사령관직을 맡게 했습니다.

3월 초에는 유엔한국위원단의 요청으로 미군정이 5.10총선거를 위해서 정치범들에 대한 특사령을 내려, 남로당원들이 모두 석방되었습니다. 3월 중순에는 전남도당에서 파견된 지도원이 '국방경비대 제주도 9연대의 남로당 프랙치들을 최대한 동원하라'는 지시를 내렸습니다. 그리고 '무장투쟁 결행' 방침을 결정한 3월 15일 회의에서는 다음과 같은 목적을 가지고 '전 도민을 궐기시켜 무장반격전'을 전개하기로 결정했습니다.

「첫째, 당의 조직 수호와 방어의 수단으로서,
둘째, 단선·단정 반대 구국투쟁의 방법으로,」

그리고 조직 정비 기간을 가지고 3월 28일에 결행 일시를 4월 3일 오전 2시~4시로 결정했습니다.

남로당 폭도들이 사용했던 죽창, 일본도, 도끼 등의 무기(대정현 역사자료전시관).

1948년 4월 3일 일요일 새벽 2시, 한라산을 중심으로 주변의 각 오름에는 봉화가 올랐습니다. 이 봉화를 신호로 400여 명의 인민유격대는 제주도내 11개 지서를 공격하여 우익인사와 그 가족들을 살해했습니다. 경찰과 대동청년단, 독립촉성국민회 등 우익인사의 집을 지목해서 약탈하고 방화했습니다. 이날 하루 동안에만 경찰과 우익인사 등 사망 13명, 부상 39명, 행방불명 3명의 피해가 발생했습니다. 경찰과 군대가 변변한 대응을 못하면서, 이후에도 폭도들은 대구10월 조선공산당 폭동처럼 살인, 방화를 저지르며 주민들을 공포에 전율하게 했습니다. 죽창으로 찌르고, 철창으로 찢고, 철봉으로 입에서 항문까지 뚫어 죽였으며, 심지어 임신부의 배를 갈라 태아를 찔러 죽이기까지 했습니다.

"제주도폭동사건 인명사상오십삼명 방화·통신절단"이라고 보도하는 1948년 4월 7일 동아일보 기사. 이 외에도 5월 "제주도폭동현지답사"라는 기사가 4건 검색됩니다.

본문은 다음과 같이 시작됩니다. "삼천만 민족의 운명을 결정하는 총선거를 방해하려고 공산주의자들의 집단인 각 단체와 개인으로서 갖은 모략과 수단을 희롱하므로써 선량한 겨레들의 공분을 스스로 사고 있거니와 지난 4일 제주도 전역에 걸쳐 봉기된 좌익폭동으로 말미암아 한때 치안은 교란되고 민심은 흉흉하여져 총선거 등록실시의 사무를 정돈[停頓]상태에 빠지게 하였다."

조병옥 경무부장은 피해상황을 발표하는데, "경찰지서 습격 11개소, 테러 11건, 경찰관 피습 2건, 경찰관 사망 4명, 부상 7명, 행방불명 3명, 경찰관가족 사망 1명, 관공리 사망 1명, 부상 2명, 양민사망 8명, 부상 30명, 전화절단 4개소, 방화경찰서 3개소, 양민가옥 6개소, 도로교량파괴 9개소 등으로 이 급보를 받은 경무부에서는 즉시 15일 밤 김공안국장과 수원[隨員] 약간명을 파송하는 한편 응원경찰대를 급파하여 치안유지와 도민들의 생명재산을 보호하기 위한 긴급적절한 조치를 강구하며 반민족적인 폭력행위자들의 소둘을 발본색원적으로 소탕할 것"이라고 했습니다.

> 蘇『테로』戰術로 選擧破壞를 企圖
> 美紙濟州道暴動評

"소련이 「테러」전술로 선거파괴를 기도企圖. 미지美紙 제주도폭동평"이라고 미국 스크립스·하워드 계계신문을 인용한 1948년 5월 7일 동아일보 기사.

본문내용: "스탈린씨는 UN감시하의 5월 10일 조선선거방해공작에 유격전술까지 가하고 있다. 공산당은 조선에서 적색군사단체가 그리스 및 기타지역에서 사용한 것과 같은 '테러'전술을 사용하고 있다. 조선의 소련제도화는 소점령지 내에서 열린 적색회의에서 논의결정된 것이며 만일 스탈린씨가 인민의 자유투표를 두려워하지 않았다면 그는 이 문제에 관하여 UN을 무시하는 극단적 태도로 나오지 않았을 것이다. 스탈린씨는 UN조선위원단을 그리고 미주둔군을 위협하지는 못하였으며 그 결과로는 남조선의 민주주의선거를 살인공포수단으로 파괴하려하고 있는 것이다."

또, 경찰의 통신을 차단하기 위해 전신주를 절단하거나 차량의 접근을 막기 위해 도로를 파괴하고 돌무더기를 쌓아 차단했습니다. 새벽 2시부터 시작한 무장 폭도들의 광기 어린 학살극은 날이 밝을 때까지 계속되었습니다. 사기충천한 무장폭도들은 인민항쟁가, 적기가와 소련국가를 부르면서 행진했으며 한라산 숲속으로 숨어들며 전단지를 뿌렸습니다. '시민 동포들에게 드리는 글'이라는 전단지의 내용은 다음과 같습니다.

「시민 동포들이여! 경애하는 부모 형제들이여! 4.3 오늘은 당신님의 아들 딸 동생이 무기를 들고 일어섰습니다. **매국 단선단정을 결사적으로 반대**하고 **조국의 통일독립과 완전한 민족해방을 위하여!** 당신들의 고난과 불행을 강요하는 **미제 식인종과 주구들의 학살 만행을 제거**하기 위하여! 오늘 당신님들의 뼈에 사무친 원한을 풀기 위하여! 우리들은 무기를 들고 궐기하였습니다. 당신님들은 종국의 승리를 위하여 싸우는 우리들을 보위하고 우리와 함께 조국과 인민의 부르는 길에 궐기하여야 하겠습니다.」

이 전단지는 '제주4.3 남로당 폭동반란'의 성격을 명확하게 보여주고 있습니다. 저들이 밝히듯이 이 사건은 무기를 들고 일어선 무장폭동입니다. 단독선거와 단독정부를 결사반대한다는 것은 아직 건국되지 않은 대한민국에 반대를 천명한 것입니다. 그들이 말한 통일은 북괴에 의한 공산화된 한반도를 뜻하는 것이었습니다. 특히, 자신들을 석방해준 미군정에 대해서 식인종이니 학살 만행을 저질렀다며 거짓된 유언비어를 퍼뜨리기까지 했습니다. 저들의 조국은 대한민국이 아닌 북한, 그리고 그 종주국인 소련이었습니다.

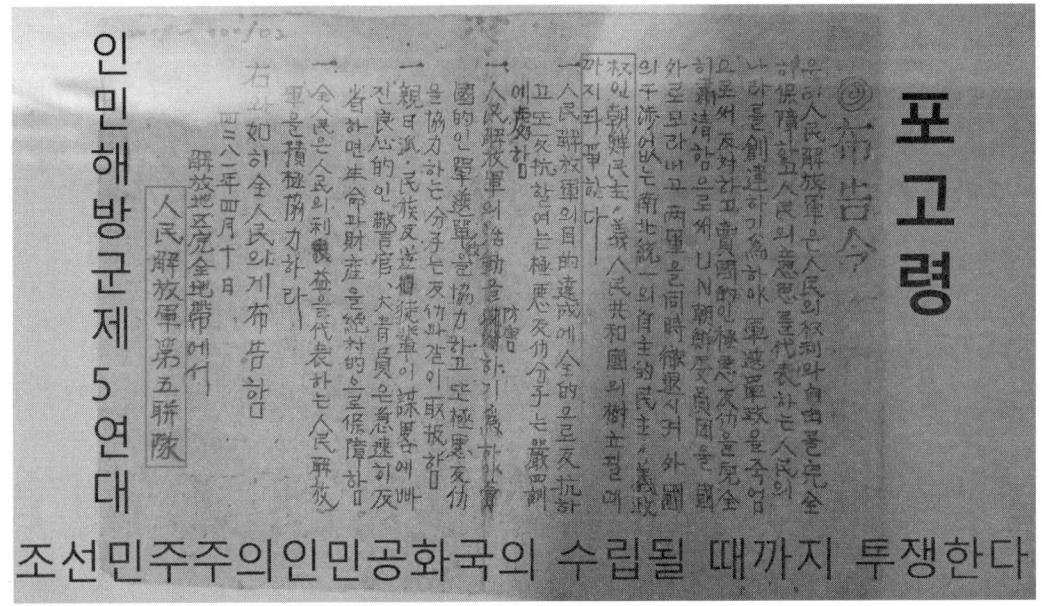

1948년 4월 10일 제주도에 뿌려진 '인민해방군 제5연대'의 포고령(제주4.3평화기념관). 'UN 조선위원단 추방', '미군철퇴', '반동몰이', '친일파몰이', '인민해방군에게 적극 협력' 등을 주장하고 있습니다. 이들은 '자주적 민주주의정권인 조선민주주의인민공화국의 수립될 때까지 투쟁한다.'고 썼습니다.

이 사건의 주된 목적은 UN이 실시하는 총선거 반대였습니다. 이를 위해서 인민유격대는 선거 직전에 주민들을 마을 근처 오름이나 숲으로 강제로 끌고 가서 며칠 동안이나 머무르도록 강요하고, 선거가 끝난 후에야 귀가시켰습니다. 이들은 또 총선이 치러진 5월 10일에는 선거인명부 탈취, 투표용지 훼손을 목적으로 투표소를 습격하고 방화를 서슴지 않았습니다. 도내道內 선거관리위원 1,206명 중 사망자 15명, 중상자 15명이 발생했고, 상당수가 피신하는 등 인적, 물적 피해가 막대했습니다. 이런 혼란 가운데 치러진 선거 결과는 북제주군의 투표율이 갑구 43%, 을구 46.5%인 과반過半 미달로 무효 처리되었습니다. 이로 인해 제헌국회의원은 198명이 되었습니다. 인민유격대는 인민공화국을 세우지는 못했지만, 도내 국회의원 3명 중 2명을 선출되지 못하도록 대한민국에 흠집을 내는 소기의 성과를 거두었습니다.

그러나 이들의 만행은 거기서 그치지 않았습니다. 고립된 '섬'이라는 지역적 이점과 오름, 숲, 자연동굴, 진지동굴 등 지형지물을 이용하여 게릴라전을 지속해 나갔습니다. 그리고 제주도 9연대 내의 남로당 프락치들은 군사기밀을 인민유격대에 제공하여 매복작전을 수행하게 하거나 도망칠 수 있도록 인민유격대를 도왔습니다. 또, 집단 탈영으로 반기를 들거나 부대장을 살해하는 등의 행위를 통해 폭동의 장기화를 초래했습니다.

군경들이 인민유격대를 진압하기 위해 전투를 벌이고, 마을 주민들에 대한 조사를 시행하는 과정에서 무고한 양민들이 희생되는 사례도 있었습니다. 특히 중산간 마을은 낮에는 군경이, 밤에는 인민유격대가 지배하는 혼란스러운 세상이 되었습니다. 이곳 주민들을 해안가 5km 이내로 내려오도록 하는 '소개령(疏開令)'을 내리거나, 해안 마을마다 돌로 성을 쌓아 보초를 서는 등의 노력을 통해 인민유격대와 주민들을 분리시킬 수가 있었습니다. 이 사건은 1957년 4월 2일 마지막 산사람(당시 인미유격대를 부르던 명칭)인 오원권이 생포될 때까지 만 9년 동안 지속되었습니다.

'제주4.3 남로당 폭동반란'을 이해하기 위해서는 이를 주도한 인민유격대 1대 총사령관 김달삼과 2대 총사령관 이덕구에 대해서 알아볼 필요가 있습니다.

김달삼의 교원기록부(제주4.3평화기념관). '10·1대구항쟁', '4.3무장봉기'라고 북한식으로 표현한 것이 이채롭습니다. 김달삼의 가묘가 북한에 있다는 것을 통해 그의 조국은 대한민국이 아니라는 것을 알 수 있습니다.

김달삼은 제주도 대정읍 출신으로 본명은 이승진입니다. 김달삼이라는 이름은 그의 장인인 강문석이 사용하던 가명(假名)으로 그가 이어받은 것입니다. 청년기에 일본에 유학한 그는 육군예비사관학교를 나와 일본군 소위로 복무했습니다. 일본에서 좌익 공산주의 사상에 물들어 해방 후 한반도로 들어온 김달삼은 1946년 조선공산당 경북도당 대구시당 서부지역 당세포 조직책으로 '대구10월 조선공산당 폭동'에 관여했습니다. 이 폭동으로 경찰에 쫓기게 된 그는 고향으로 돌아와 대정중학교 사회교사로 일하며 공산주의 사상을 학생들에게 가르쳤습니다. 이때 남로당 대정면당 조직부장과 제주도당 선전부장을 맡게 되었고, 무장투쟁을 결의하며 군사부장이 되었습니다. 그리고 '제주4.3 남로당 폭동반란'의 인민유격대 총사령관으로서 제주도를 혼란에 빠뜨린 후 1948년 8월 월북越北했습니다. 해주에서 열린 남조선인민대표자대회에서 대의원(국회의원)으로 선출되었고, 제주 폭동에 대한 전과를 발표하여 청중들의 갈채를 받았습니다. 이 공로로 김일성으로부터 '국기훈장 2급'을 받았고, 9월에는 김일성 등 49인의 조선민주주의인민공화국 헌법위원회 헌법위원으로 선출되었습니다. 이후 강동정치학원(대한민국 체제전복을 위한 특수부대훈련소)을 수료하고 인민유격대 제3병단을 지휘하는 태백산지구 사령관으로 남한으로 잠입했습니다. 1950년 3월 국군과의 교전 중 사살된 것으로 알려져 있습니다.

(좌) 김달삼의 생전 모습,
(우) 평양 애국열사릉의 묘비(가묘), 여기에는 사망일이 9월로 표기되어 있습니다.

다음은 1948년 8월 25일 김달삼의 해주인민대표자대회 연설문의 마지막 부분입니다.

「대표자 여러분!
이제 우리는 남조선 인민의 절대다수의 투표로서 선거되어 통일입법기관을 선거하고 우리의 손으로 **통일 중앙정부**를 수립하게 되었습니다. 이것은 과연 위대한 승리입니다. 제주도 인민들이 전 남조선 형제들과 함께 흘린 피는 이제 헛되지 않게 되었습니다. **적선(敵線)**에 쓰러진 우리의 동지들의 유지는 그 성공의 앞길이 광범하게 열리었습니다. **인민의 원수 매국노 리승만 김성수 리범석 도배들**이 인민의 재판에서 엄중한 판결을 받을 날이 가까워 왔습니다.
여러분!
조선 최고인민회의 남조선 대의원 선거를 성공적으로 완수합시다. **조선 최고인민회의와 통일중앙 정부의 깃발** 밑으로 북조선 형제들과 공고한 단결로서 통일과 독립을 위하야 끝까지 매진합시다. **우리 조국의 통일과 독립국가 건설**의 물질적 토대를 이루는 **북조선 민주개혁**을 남조선에서 하루 속히 실시하도록 우리는 용감히 싸웁시다.

1. 민주조선 완전자주독립 만세!
1. 우리 조국의 해방군인 위대한 쏘련군과 그의 천재적 령도자 쓰딸린 대원수 만세!」

이쯤 되면 '소위 제주4.3사건'은 한반도 적화통일을 위해 주동자 김달삼이 북한의 앞잡이 노릇을 한 대한민국에 대한 '반란'이라고 규정지을 수 있습니다. '완전자주독립'을 외치면서, '스탈린 대원수'를 추종追從하는 좌익 공산주의자들이 보이는 특유의 모순(矛盾)으로 연설을 마무리하고 있습니다. 오늘날의 좌익 주사파 정치인 중에도 아무런 원칙과 기준 없이 모순된 발언을 하는 사람들을 찾아보기 어렵지 않습니다. 좌익의 본질은 변하지 않기 때문입니다.

좌익 공산주의자들이 시위를 하거나 폭동을 일으키기만 하면 외치던 '스딸린 대원수 만세!'는 위 지령체계가 있었기 때문에 너무나도 당연한 것이었습니다. 현재 대한민국의 좌익 공산주의자들과 종북 주사파들에게 있어 스딸린을 대신하고 있는 존재는 누구일까요? 우리는 이를 진지하게 생각해보아야 합니다.

이덕구는 김달삼의 뒤를 이은 2대 인민유격대 총사령관으로 '제주4.3 남로당 폭동반란'을 이어갔습니다. 제주 조천면 출신으로 일본유학을 한 그는 학병으로 자원입대 후 관동군 소위로 복무 중, 일제의 패망으로 귀향하게 되었습니다. 그는 조천면의 신천중학교 역사·체육 교사로서 김달삼과 마찬가지로 학생들에게 공산주의 사상교육을 했습니다. '제주4.3 남로당 폭동반란' 초기 김달삼 휘하 지대장으로 조천면과 구좌면 일대에서 활동했습니다.

8월, 김달삼이 월북하자 그 직을 승계하고 10월 24일에는 대한민국 정부에 선전포고를 했습니다. 그의 주력부대는 전투에서 국군을 전멸시키는가 하면, 제주읍을 급습하는 등 대한민국에 지속적으로 항적했습니다. 1949년 6월, 패색이 짙어지자 지리산으로 도망가 빨치산에 합류하려던 그는 경찰부대에 포위(包圍), 사살되었습니다. 그의 시체는 제주읍 관덕정에 효시(梟示)[68]되었고, 북한최고인민회의 상임위원회에서는 그에게 국기훈장 3급을 수여했습니다. 이후 북한은 1990년에 '조국통일상'을 제정하여 이덕구에게 이를 수여하고 애국열사릉에 이덕구 묘비를 건립했습니다. 그 자리에는 북송되었던 이좌구의 아들(이덕구의 조카) 등 9명이 참석했습니다. 더구나 이러한 내용을 조국통일신보 (1990.12.15.)에 대서특필했습니다.

---

68) 효시는 시체를 일반 사람들에게 공개 전시하는 것을 말합니다. 오늘날과 같이 인권이 존중받는 사회에서는 상상할 수 없는 일입니다, 하지만 당시에는 나라를 뒤엎으려는 자를 처형해서 주민들에게 군경의 전과戰果를 알려 안심하게 함과 동시에 적의 편에 서는 자를 경계하기 위해 이루어졌습니다.

다음은 대한민국에 대한 '여수14연대 남로당 반란군'의 선전포고에 이은 이덕구의 선전포고문(宣戰布告文)입니다.

「친애하는 장병, 경찰관들이여! 총부리를 잘 살펴라. 그 총이 어디서 나왔느냐? 그 총은 우리들이 피땀으로 이루어진 세금으로 산 총이다. 총부리를 당신들의 부모, 형제, 자매들 앞에 쏘지 말라. 귀한 총자 총탄알 허비 말라. 당신네 부모 형제 당신들까지 지켜준다. 그 총은 총 임자에게 돌려주자. 제주도 인민들은 당신들을 믿고 있다. 당신들의 피를 희생으로 바치지 말 것을 침략자 미제를 이 강토로 쫓겨내기 위해 매국노 이승만 일당을 반대하기 위하여 당신들은 총부리를 놈들에게 돌리라. 당신들은 인민의 편으로 넘어가라. 내 나라 내 집 내 부모 내 형제 지켜주는 빨치산들과 함께 싸우라. 친애하는 당신들은 내내 조선인민의 영예로운 자리를 차지하라」

뒤에서 다룰 '여수14연대 남로당 반란'의 주동자 지창수 상사는 '총부리를 동포에게 겨눌 수 없다'며 10월 19일에 반란을 일으켰습니다. 이 말을 이어받은 이덕구 역시 '총부리를 동족에게 겨누지 말라'고 외쳤으나, 그 자신이야말로 수많은 제주도민을 향해 총부리를 겨누고 살상한 장본인이었습니다. 여느 공산주의자와 다름없이 그도 반미와 반정부를 외치며 선동했습니다. 이덕구가 이끄는 유격대와의 전투는 치열해지고, 11월 17일에는 제주도 전체에 계엄령이 선포되기에 이릅니다.

'제주4.3 남로당 폭동반란'의 원인을 1947년 3월 1일 '3.1절 발포사건'에서 기인한다고 주장하는 사람들이 있는데 이것은 인과관계가 성립하지 않는 말입니다. 3.1절 발포사건이 없었더라도, '단선단정반대 무장투쟁'이라는 남로당 중앙당의 지령을 받은 폭동·반란 사태는 일어나게 되어 있었습니다. '신촌회의' 당시 군경을 얕잡아보고 무장투쟁을 결의한 젊은 공산주의자들의 판단착오와 치기(稚氣) 어린 행동으로 시작된 것이 '제주4.3 남로당 폭동반란'입니다. 그 결과는 고스란히 제주도민의 안타까운 희생으로 이어졌습니다.

그런데 비극(悲劇)은 여기서 그치지 않았습니다. 역사를 뒤엎으려는 특정세력이 인과관계를 뒤틀면서 대한민국을 가해자로 만드는 사기극이 벌어진 것입니다. 1957년 4월 3일 『제주신보』에는 '공비사살 7,893명, 공비에게 참살당한 양민 1,300명, 합계 9,193명', 1989년 월간 『관광제주』에는 '공비에게 살해된 수 1,288명, 진압과정에서 살해된 수 6,750명, 합계 8,033명'이라는 기사가 발행되었습니다. 그런데 현재, 희생자로 등록된 숫자는 사망자와 행방불명자를 포함한 14,533명이 되었습니다.

제3장 대한민국은 축복받은 나라

제주4.3평화공원 위패봉안실에 표기된 희생자의 위패수는 14,412명, 생존 희생자는 121명이라고 합니다(2021년 4월 27일 촬영).

2000년 1월 12일 '제주4.3사건에 대한 진상규명 및 희생자 명예회복에 관한 특별법(제주4.3특별법)'이 공포된 이후, 2000년 6월부터 희생자 신고를 접수하기 시작했습니다. 2002년 11월 20일에 1,715명을 4.3희생자로 결정한 이래로 20여 년간 거듭해서 4.3희생자 추가 신고를 받은 끝에 이러한 숫자가 된 것입니다. 이러한 희생자 부풀리기 모집이 언제까지 지속될지 모르겠으나, 근래에 확인한 바로는 다음과 같이 각 지자체 단위의 희생자 모집을 쉽게 볼 수 있었습니다.

현재도 이루어지고 있는 4.3희생자 및 유족 추가신고와 신원확인을 위한 채혈 안내 플래카드와 공고문

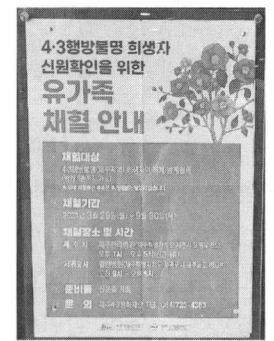

어떤 책에는 희생자를 8만이니, 3만이니 하며 그 수를 부풀려서 기록하고 있습니다. 어디서 근거한 이야기인지 알 길이 없습니다. 여하튼 과거 신문에 비해 많은 수의 사람들이 신고되어 대략 14,000여 명을 헤아리는 것이 소위 '제주4.3사건'의 희생자라고 합니다. 그런데 이런 희생자 수도 독려(督勵)하에 '모집'되었다는 사실을 대한국민은 얼마나 알고 있을까요? 실제로 4.3희생자 신고를 받기 시작하면서 신고가 저조(低調)하자 4.3위원회에서는 희생자 신고를 재촉했습니다. 그리고는 각 지역별로 할당(割當)을 내려보냈습니다. 제주도에서 읍면 단위로 읍면에서 동리 단위로 희생자 신고 할당이 배분되자, 동네 이장들은 '제주4.3 남로당 폭동반란' 시기에 죽었다는 사람을 무조건 희생자로 신고했고, 이들이 4.3희생자로 선정된 것입니다.

또한 이 희생자 명단에는 인민유격대로서 대한민국에 항적하고, 제주도민들을 살해한 자들도 포함되어 있습니다. 더구나 이런 가해자들의 위패를 진짜 희생자들과 나란히 모시고 있는 곳이 바로 '위패봉안소'입니다. '역사 뒤집기'도 정도껏 해야지, 이러한 날조 행위는 좌익 공산주의자들의 본성이 드러나는 대목입니다. 그리고 이에 동조한 사람들은 우리 국민의 혈세를 '보상금'이라는 명목으로 받는 데에 혈안입니다. 정당한 희생자들에 대한 명예회복과 보상은 이루어져야 합니다. 하지만 부당한 자들이 끼어들어 자신의 양심과 후손들의 미래를 돈 몇 푼에 팔아넘기고 있는 것은 너무나 낯뜨거운 현실이 아닐 수 없습니다. 역사를 바로잡지 않으면 대한민국의 미래는 없습니다. 우리 세대와 후손들은 가공된 역사 속에 살면서, 현실 세계를 올바르게 인식할 수 없게 될 것입니다. 아직 '제주4.3 남로당 폭동반란'은 끝나지 않았습니다. 진실을 밝히 드러내는 것만이, 혼란과 갈등을 종식(終熄)시키고 희망 가득한 미래를 보장해 줄 것입니다.

제3장 대한민국은 축복받은 나라

(좌) '제주4.3 남로당 폭동반란' 사건에 대한 왜곡을 바로잡으려는 의지가 없는 제주도지사와 도청 직원들에 대한 규탄(糾彈) 기자회견. (우) '제주4.3 남로당 폭동반란'의 핵심 인물 중 하나인 제주9연대 소속 남로당 프락치 문상길 중위를 '의인義人'으로 둔갑시킨 역사왜곡 다큐멘터리를 제작한 제주KBS방송국을 규탄하는 시민단체.

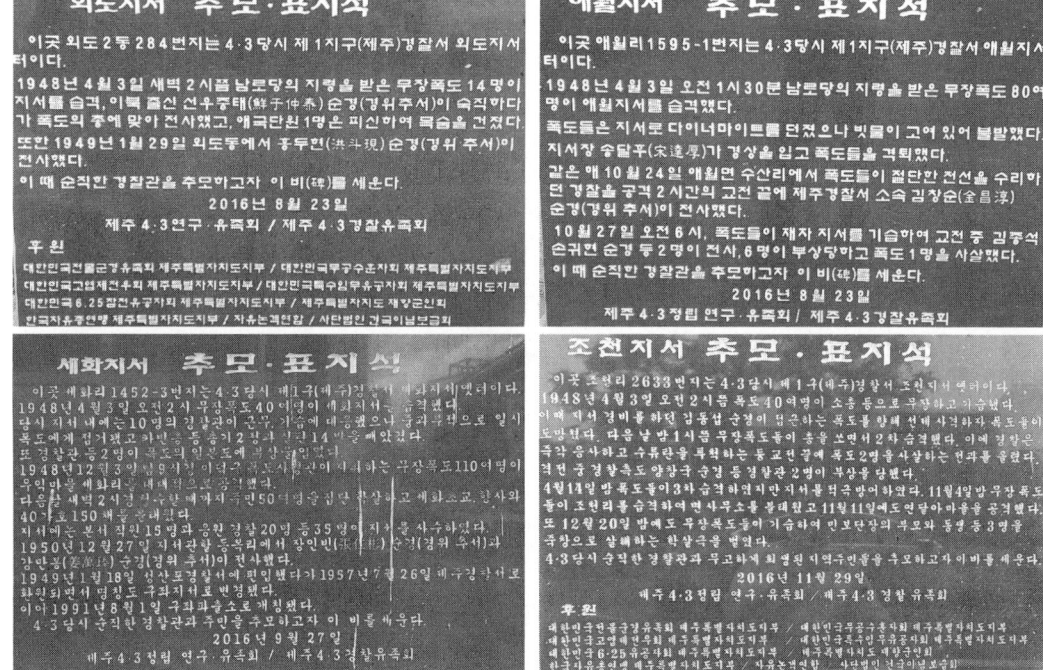

'제주4.3 남로당 폭동반란' 당시에 습격당한 지서 12곳 중 4곳의 추모·표지석. 사건을 아무리 미화시키려고 해도 변하지 않는 진실이 있습니다. 이 진실을 지키고 이어나가야 합니다. 그래야 이러한 비극이 되풀이되지 않습니다.

참조

양동안, 『대한민국 건국 전후사 바로알기』, 대추나무 2019, 116-128쪽.
박윤식, 『대한민국 근현대사 시리즈 2』, 휘선 2011. 90-229쪽.
김영중, 『제주 사건 4·3사건 문과답』, 제주문화 2016.
제주4·3진실규명을 위한 도민연대, 『제주4·3진실 도민보고서』, 제주문화 2018.
조남수, 『4.3진상』, 관광제주 1988.
박갑동, 『박헌영』, 인간사 1983, .198-200쪽.

3.1.8. 여수14연대 남로당 반란(여순반란사건麗順叛亂事件)

'제주4.3 남로당 폭동반란'으로 인해 신생 대한민국이 후방에서 교란을 당하고 있을 때, 또 한 건의 반란 사건이 일어납니다. 그것은 전라남도 여수를 기점으로 순천, 벌교, 보성, 고흥, 광양, 구례, 곡성, 남원 등으로 번져나간 1948년 10월 19일의 국군반란 사건이었습니다. 당시 좌익 폭도들이 일으킨 '제주4.3 남로당 폭동반란'으로 인해 제주도가 혼란에 빠졌고, 설상가상으로 국방경비대인 제주9연대가 공산당 프락치들로 인해 작전 전개에 어려움을 겪고 있었습니다. 정부는 1948년 10월 11일 제주도 경비사령부를 신설하고 부산 5연대, 대구 6연대 각 1개 대대를 배속하고 10월 15일에는 여수14연대의 1대대를 증파하기로 계획했습니다.

당시에는 통신이 발달하지 않아 여수우체국 일반전보를 통해 다음과 같은 출동 명령이 전달되었습니다. "14연대 1개 대대는 1948년 10월 19일 20시에 여수항을 출발하여 제주도 폭동을 진압하라." 그런데 불행하게도 남로당이 이 지령을 먼저 알게 되었습니다. 남로당원인 우체국 직원이 전남도당 책임자인 여수 인민위원장 김백동에게, 또 남로당 군사부장인 이재복과 남로당 빨치산 군사책인 이중업에게 이 사실이 알려지게 되었습니다. 그리고 그들은 지령을 내려 출동 대기 중인 14연대의 1대대의 지창수 상사가 그 반란의 임무를 맡게 되었습니다.

1대대는 10월 20일 0시에 여수항에서 출항, 제주도로 가기로 되어있었습니다. 19일 저녁 14연대 식당에서는 제주도 출동을 위한 송별회 겸 박승훈 신임연대장의 환영 회식이 열려 장교 30여 명이 참석하고 있었습니다. 이를 틈타 지창수 상사와 김지회 중위 등 프락치들은 식당을 공격해 장교들을 사살했습니다. 오후 8시에는 프락치 50여 명이 무기고와 탄약고를 점령하고 비상나팔을 불어 출동하는 1대대원을 집합시켰습니다.

지창수 상사는 이 자리에서 다음과 같은 허위사실을 유포하며 반란을 선동했습니다.

"여수경찰이 우리와의 사소한 충돌로 반감을 품고 전 일본 해군을 동원하여 여수에 상륙하여 14연대를 포위하고 공격하려고 하고 있다. 이승만 일당이 우리 군대를 믿지 않기 때문에 경찰을 시켜 우리를 도살하려는 것이다. 제주도 출동에 앞서 이들 악질반동 경찰과 일본군을 타도해야 한다. 제주도에 가서 동족상잔을 할 필요가 없으니 제주도 출동을 반대해야 한다.

제주도에선 인민들이 미 제국주의와 그 앞잡이 이승만 일당에게 항거하여 용감하게 싸우고 있다. 민족의 청년으로서 인민의 아들로서 어찌 우리가 그들과 맞서 싸울 수 있겠는가. …우리는 온 겨레의 염원인 남북통일을 원한다. 지금 북조선의 인민군도 남조선 해방과 일본군 격퇴를 위해 38선을 넘어 남진 중에 있다는 소식이다. 우리는 인민해방군으로서 북상한다. …미 제국주의의 앞잡이 장교들을 모조리 죽여라! 모두 나의 뒤를 따르라!"

물론 인민해방군이 된다는 소리에 놀라 반항하는 병사들도 있었지만, 그들은 끌어나가 총살당했습니다. 이러한 공포 분위기 속에서 병사들은 반란군에 가담할 수밖에 없었습니다. 그리고 사전에 남로당원들이 '제주도에 출동하면 그 수송선을 비행기가 폭파시킬 것'이라는 유언비어를 퍼뜨려 놓아서, 제주도로의 출병을 꺼려하는 분위기가 고조되어 반란에 쉽게 동조하게 된 것입니다. 반란군들은 이내 부대 내에 숨어 있던 장교들을 찾아 사살하고 연대 전체를 장악했습니다.

19일 20시경 연대 정문 앞에서 반란이 성공하기를 기다렸던 여수 인민위원회 소속 23명은 반란이 성공하자 영내로 들어와 합류했습니다. 이러한 사실은 이 사건이 남로당의 치밀한 지령에 따른 조직적 군사 반란임을 증명해주고 있습니다. 그날 밤 11시 30분, 반란군은 여세를 몰아 여수시내로 진출해 우체국, 경찰지서를 접수하거나 방화하면서 경찰과 우익인사들과 우익 청년단원들을 학살했습니다. 반란 시작으로부터 5시간이 지난 20일 새벽 1시경 반란군이 시내로 들어오자 좌익단체와 좌익학생 600여 명이 그 대열에 동조하여 "인민공화국 만세!", "인민해방군 만세!"를 외쳤습니다.

반란군이 여수 경찰서, 은행, 신문사 등 관공서를 접수하고 여수 시내에 인공기를 내걸었고 여수시내를 완전히 장악한 것은 오전 9시 경이었습니다. 이들은 읍사무소에 보안서(북한식 경찰서)를 설치하고, 경찰, 공무원, 우익인사와 그 가족들을 색출하였으며, 은행과 금융조합의 현금을 강탈했습니다. 반란군은 여수시민들의 눈과 귀를 가리기 위해 일체의 방송을 청취하는 자는 총살한다고 겁박하여 자신들에게 동조하도록 만들었습니다. 이내 여수시내에는 인민위원회가 조직되고 인공기가 나부꼈으며, 곳곳에 인민공화국 포스터가 나붙었습니다.

(좌) '여수14연대 남로당 반란' 당시 인민대회가 열렸던 현재의 중앙동 로터리, (우) 중앙동 인민대회장소를 알리는 안내판

반란군은 성공적으로 여수시내를 장악하자, 남로당 중앙당의 지령으로 지창수 상사는 치안을 담당했고 김지회 중위는 반란군 사령관이 되었습니다. 반란군은 '제주도 출동거부 병사위원회'를 조직하고 '이승만, 이범석 등 반동분자들이 민족상잔을 벌이려고 자기들을 제주도로 파견하려 했기 때문에 이를 반대하여 궐기했고, 남북통일을 위해 매진하겠다'라고 주장하면서 다음과 같은 성명서를 붙였습니다.

「제주도 출동 절대 반대!
미군도 소련군을 본받아 즉시 철퇴하라!

인민공화국 수립 만세!」

반란군은 좌익 청년들과 함께 여수시민들을 무기로 위협하면서 선동하고, 20일 오후 3시경 중앙동 광장(현재 중앙동 로터리)에서 천여 명의 군중을 모아놓고 지창수 상사의 사회로 인민대회를 진행했습니다.

① 개회사 : 남로당 여수지구당 위원장 이용기
② 격려사 : 보안서장 유목윤
③ 인사말 : 지창수 상사
④ 축사 : 민주청년동맹, 여성동맹 등 단체 대표들

그리고 '여수 인민위원회의 결정서 6개 항'을 발표했습니다.

1. 인민위원회의 여수행정기구 접수를 인정한다.
2. 조선민주주의인민공화국에 대한 수호와 충성을 맹세한다.
3. 대한민국 분쇄를 맹세한다.
4. 남한 정부의 모든 법령은 무효로 선언한다.
5. 친일파, 민족반역자, 경찰관 등을 철저히 소탕한다.
6. 무상몰수, 무상분배의 토지개혁을 실시한다.

대한민국 땅에 대한민국의 실효 지배를 인정하지 않는 해방구가 만들어진 것입니다. 여수 인민위원회는 북한식 사회주의 개혁(만행)을 실시하기 시작했습니다. 21일에는 은행예금 동결령, 재산몰수령, 인구와 적산가옥 조사, 인민재판을 통한 죽창, 총검, 몽둥이로 즉각 처형, 22일에는 군청 등 행정기관을 접수하고 군수 이하 11명을 파직했습니다. 23일에는 중앙동 광장에서 인민대회를 열고 반동으로 분류된 경찰, 우익인사들과 그 가족 800여 명을 처형했습니다. 이들은 사람들을 타살하거나 잔인하게 죽였는데, 여순경들은 신체의 일부를 절단하거나 크게 훼손당한 채 살해되었습니다.

20일 오전, 여수에 1개 대대를 남겨 두고, 기차와 차량으로 순천으로 향한 반란군 2개 대대는 오전 10시 반경 순천 경찰서를 점령하고 10여 명의 경찰들을 총살했습니다. 순천 지역 일대에서는 400여 명의 경찰관이 반란군에게 살해되었습니다. 20일 오후 3시에 순천을 장악한 반란군은 경찰서에 인공기를 내걸고 인민위원회 간판을 달았습니다. 그리고 경찰, 우익인사 검거에 나서며 500여 명을 인민재판으로 학살했습니다. 21일에는 800명의 우익인사들을 경찰서나 소방서 등 관공서에 감금시켜두고 취조하고 처형했습니다. 처형방법은 총살, 타살, 교살, 소살 등으로 방법이 정해지면 즉결 처형되었습니다. 폭도들의 만행으로 시내 곳곳은 시체로 넘쳐났고 순천시민들은 공산정권이 들어선 것으로 착각해서 그들의 강압과 선동에 넘어가 반란군에 가담하기 시작했습니다.

중요한 것은 군사반란에 동조한 토착 좌익세력들이 많이 있었다는 것이었습니다. 특히, 여수와 순천의 남녀 중고등학생들이 반란군에 동조하여 양민들과 군경들을 죽이는데 동원되었습니다. 반란군들은 여수수산고, 여수여자중 학생들에게 권총, 칼빈소총 지급했으며 치마 속에 총기, 수류탄을 숨겨 국군을 살상하게 했습니다. 여수여중학교의 송옥동 교장은 학생들에게 공산주의 사상과 무기 다루는 법을 가르쳤습니다. 아직 옳고 그름을 분별하지 못하는 어린 학생들은 송 교장이 가르쳐준 대로 조종당하는 인간병기일 뿐이었습니다. 어느 여학생은 군인을 두려워하지도 않고 "북에서 인민군이 내려와서 우리를 해방시킬 것이다!"라고 크게 외쳤습니다. 선생으로부터 거짓된 이야기를 듣고 세뇌되어 헛소리를 외치면서도 스스로가 옳다는 거짓된 확신으로 외쳤을 것입니다. 이 얼마나 황당하면서도 무서운 이야기인가요? 지금도 크게 다르지 않습니다. 전교조 교사 등에게 선동되어 거리로 나와 효순미선 반미시위, 광우병 파동 반미시위와 이명박 정권타도 시위, 세월호와 태블릿PC를 이용한 박근혜 대통령 탄핵시위 등에 참여한 학생들은 70여 년 전 그날의 학생들과 다르지 않습니다. 이 모든 시위에 동원된 학생들 뒤에는 전교조 교사 등의 선전과 선동 그리고 그 전교조 교사 등의 뒤에는 특정세력이 있었을 가능성을 유추해볼 수 있습니다.

(좌) 좌익사상에 물든 여수여자중학교 학생들이 격리된 모습
(우) 그들에게 권총과 칼빈소총 지급하여 치마속에 총기, 수류탄을 숨겨 국군을 살상하게 한 여수반란 지휘자 송옥동(송욱) 교장[69]. 송욱은 오늘날의 좌익 전교조 교사로 바뀌어, 좌익사관과 좌익 정신을 이어가고 있습니다.

반란군이 삽시간에 전라남도 일대를 장악하자, 육군 총사령부에서는 10월 21일 반군 진압을 위한 전투사령부를 설치하고 사령관에 송호성 준장, 참모장에 백선엽 대령, 사령부 예하에 제5여단장 김백일 대령과 제2여단장 원용덕 대령을 임명했습니다. 그리고 38선 접경 지역의 병력을 제외한 동원 가능한 병력을 파악하고 전주, 광주, 대구, 마산, 군산, 대전, 부산의 부대에서 총 12개 대대 병력을 투입해 진압작전을 수행했습니다. 그런데 광주 4연대에서 또 반란이 일어나 반란군에 합류하는 일이 일어났습니다. 제주4.3 남로당 폭동반란 보다도 더 빨리 번질 위험성이 있음을 파악한 이승만 대통령은 10월 23일 여수, 순천지구에 계엄령을 선포하게 되었습니다. 이 반란의 진압과정에서 연속 발생한 반란 사건은 다음과 같습니다.

-광주 4연대 2대대 1개 중대 반란
-마산 15연대 최남근 연대장, 반란부대에 자진 투항

---

[69] 1948년 10월 28일 평화일보.

-나주 주둔 4연대 1개 중대 반란
-군산 12연대 5중대 반란
-대구 6연대 반란(3차례)

이러한 반란이 6.25남침전쟁 중에 있었다면 국가적 재앙(災殃)을 맞이했을지도 모릅니다. 다행히 진압군은 이들을 평정해 나가며 10월 22일에는 순천을 시작으로 보성, 고흥, 광양 등을 탈환하고 10월 27일에 여수를 진압했습니다. 하지만 후퇴하던 반란군의 일부 잔존병력이 지리산으로 숨어들어 빨치산이 되었고 이들은 6.25기간 중, 그 이후에도 대한민국에 항적했습니다.

(좌) 여수시 지산공원에 있는 충혼탑(1949년 건립)과 충혼비(1950년 건립)
(우) 충혼탑에 대한 표지판

(상) 충혼탑 뒤의 순직경찰관 명단
(하) 충혼비에 새겨진 순직경찰관 명단과 복원 경과 설명. 반란군에게 희생당한 경찰관들을 잊는다는 것은 역사를 지워버리는 행위가 될 수 있습니다. 그것은 곧 대한민국의 정체성과 정통성을 부정하게 됩니다. 이런 일이 일어나지 않도록 바른 역사를 기억하고 전파하는 일이 중요합니다.

'여수14연대 남로당 반란'으로 인해 대한민국이 치른 피해는 막대했습니다. 여수, 순천에서만 2,500명 이상의 사망자와 암매장당했을 것으로 추정되는 행방불명자가 4,300여 명에 이르렀고, 보성, 광양, 구례 등 다른 지역에서는 수백 명이 학살되었습니다. 반란 진압 후, 좌익 시위자들을 대상으로 한 고등군법회의에서는 102명을 사형에, 반란군 가담자에 대한 군사재판에서는 410명을 사형에 처했습니다. 여수14연대는 10월 28일부로 영구 해체되었습니다. 이 사건은 명백한 반란인데, 항쟁이라느니, 무장봉기라고 미화하는 사람들이 있습니다. 과연 이들은 무엇을 위해 이러한 주장을 하고있는 것일까요?

여순사건의 원인과 결과에 대해 왜곡과 날조로 서술하는 게시글(제주4.3평화기념관).

여순사건의 원인은 '제주4.3 남로당 폭동반란 진압을 위한 파병派兵'을 거부하고 항명(抗命)한 제주 14연대의 반란이었습니다. 그 결과 남로당과 좌익세력의 민간인에 대한 인민재판이 이루어지며 전남 일대 수천 명의 경찰, 우익인사와 그 가족들이 살해당한 것입니다. 기념관의 게시글은 특정 정치집단을 대변하면서 왜곡된 서술을 하고 있습니다. '동족상잔'은 표면적인 현상이었고, 본질적으로는 '대한민국에 대한 항적'이었습니다. 또, '민간인 수천여 명이 군경에게 학살'된 것이 아니라 '남로당원과 학생들을 포함한 좌익세력에 의해 학살'되었습니다.

여순반란을 '여순민중항쟁'으로 표현하며, 특별법 제정을 환영하는 단체들의 순천역 앞 플래카드

출판물에서도 전쟁은 계속되고 있습니다. (좌) '여수14연대 남로당 프락치들이 일으킨 반란'으로 정의를 하는 책과 (우) 남로당 프락치 지창수가 이야기한 '동포 학살 거부'라는 명분을 내세우는 책입니다. 지창수는 남로당 제주도당 반란군을 동포로 여기며 출동을 거부했고, 14연대 장교들을 사살하고 여수·순천 등 전남지역 '동포'들을 학살하는 만행을 저질렀습니다. 지창수의 입장에서 책을 저술한 작가는 도대체 어느 나라 사람일까요?

참조
양동안, 『대한민국 건국 전후사 바로알기』, 대추나무 2019, 200-214쪽.
박윤식, 『대한민국 근현대사 시리즈 3』, 휘선 2011, 18-98쪽.

3.1.9. 국가보안법(國家保安法) 제정

국가보안법(이하 국보법)은 대한민국이 건국된 지 약 3개월이 더 지나 반국가 조직의 활동을 제한하기 위해 제정된 특별형법입니다. 국보법의 목적은 제1조에 다음과 같이 명시되어 있습니다. 「이 법은 국가의 안전을 위태롭게 하는 반국가활동을 규제함으로써 국가의 안전과 국민의 생존 및 자유를 확보함을 목적으로 한다.」 대한민국 건국 이후, 38선 인접 지역 경찰관들이

"북한의 지령을 받아 움직이는 공산주의자를 보고도 법률이 없어서 잡아들이지 못한다. 이러다간 대한민국이 공산주의자의 반란으로 무너지겠다."라고 호소할 정도로 위협을 받고 있었습니다. 조선민주주의인민공화국이 선포된 1948년 9월 9일 이후인 12일 아침에는 중앙청 국기 게양대에 인공기가 걸렸고, 다음날 아침 서대문 근처 독립문 위에는 인공기가 나부꼈습니다. 또 서울 곳곳에는 밤마다 '조선인민공화국 만세'라고 쓴 벽보가 붙고 전단지가 살포되었으며, 농촌지역에서는 '인공 수립 축하'와 '민중봉기'를 촉구하는 봉화가 산꼭대기에 켜졌습니다.

이에 따라 시민들 사이에서는 곧 난리가 날 것이라는 소문이 퍼져 사회는 혼란스러웠습니다.

이러한 혼란을 타계하기 위해 옹진군 출신의 김인식 의원은 32명의 지지를 얻어 9월 20일 국회 본회의에서 국보법의 전신이라고 할 수 있는 '내란행위특별조치법'을 제안했습니다. 9월 29일에는 법제사법위원회(법사위)에서 초안을 작성하여 본회의 제출하도록 했는데 국회의 휴회로 중단되었습니다. 제헌국회가 열린 이후 의원들이 쉬지 않고 일을 해오다가 10월 15일부터 20일간의 휴회를 하기로 한

것이었습니다. 그러던 중 10월 19일 여수14연대 남로당 반란이 일어나 국회 비상소집을 한 것이 10월 27일이었습니다.

건국된 지 얼마 지나지 않아 형법도 제정되지 않은 상태에서, '내란행위특별조치법'과 같은 특별 형사법의 준거기준이 불확실했고 다른 나라의 입법사례도 알지 못해 법사위의 초안 작성은 더디기만 했습니다. 결국, 법무부와 검찰의 협조를 얻어 법사위는 법률 초안을 만들 수 있었습니다. 이 과정에서 '내란행위 처벌법'의 명칭이 '국가보안법'으로 바뀌었습니다. '내란행위에 대한 처벌'은 통상적으로 형법에 있는 것이기 때문에 특별법의 명칭은 형법 조문과의 중복을 피해야 한다는 이유였습니다. 그래서 '내란을 방지하자'는 뜻과 비슷한 '국가를 지키자'는 의미의 '국가보안'으로 고치고 5개 조문의 국보법을 국회본회의에 제출했습니다. 그리고 초안에 대한 수정을 거쳐 11월 16일 정식으로 본회의에 상정되었습니다.

여순반란이라는 국가의 위기 상황 속에서 국보법 제정이 지연된 이유는 국보법 폐기를 주장하고 나선 의원들이 있었기 때문입니다. 이들은 이후에 국회프락치 사건으로 검거되거나, 6.25남침전쟁이 발발하자 북으로 자진 월북한 의원들이었습니다. 남로당과 남북협상파 등의 영향을 받은 국회부의장 김약수를 비롯한 프락치 의원들은 국보법 제정을 막기 위해 노력했습니다. 다행스럽게도 심의 과정에서 이루어진 몇 차례의 표결에서 프락치 의원들의 폐기 주장은 철회되었습니다. 그리고 제6조의 악용방지 조항을 추가하여 법집행자들의 직권남용이나 위증을 방지하도록 했습니다. 국보법 통과를 두고 이루어진 마지막 표결이 열린 11월 20일 본회의에서 재석 121명 중, 찬성 84, 기권 34, 반대 3으로 전격 통과되었습니다. 국보법은 12월 1일 법률 제10호로 제정, 12월 20일 공포되었습니다.

국보법 제정을 통해 그동안 대한민국의 건국과 안전을 방해해 왔던 좌익 공산주의자들을 처벌하고, 국민의 생명과 재산을 위협하는 살인, 방화 등 파괴적인 행동을 방지하기 위한 적극적 대책이었습니다. 이후 국군 내부의 남로당 프락치들에 대한 대대적인 숙군(肅軍) 작업을 법률에 근거하여 진행할 수 있었습니다. 이에 따라 육군 총병력의 약 10%인 10,317명을 숙군했는데 이 가운데 4,749명을 사형, 유기징역, 불명예 제대 처리되었고, 이에 놀란 남로당 프락치 5,568명은 탈영했습니다. 특히 강원도 지역 8연대의 대대장인 표무원, 강태무 소령은 자신의 부대원 수백 명을 이끌고 월북해버렸습니다. 이러한 월북사건은 해군과 공군에서도 있었으며, 월북자들은 6.25남침전쟁이 발발하자 대한민국을 공격하는 데 앞장섰습니다.

국보법에 의해 남로당이 불법적인 반국가단체로 규정되자, 전국의 남로당원에게 수배령이 내려졌습니다. 초조해진 남로당수 박헌영은 1949년 4월을 남조선 해방의 달로 정하고 폭동혁명을 통해 각 지역에서 유격전이 전개되면 이를 틈타 북한 인민군이 남침할 계획을 세웠던 것입니다. 남로당 서울시당의 서울 전역에서 도시게릴라전을 계획하고 무장대 편성과 전투계획 수립을 검토하였으며 2월 초부터는 수류탄 제조를 시작했습니다. 그러나 계획은 계속 지연되었고, 수류탄 6천 개를 압수당하는 등의 차질이 빚어졌습니다.

당시 남로당 서울시당 책임자인 홍민표는 4월에서 5월로, 5월에서 6월로 계속 미뤄진 이 폭동계획을 9월에는 무슨 일이 있어도 무장폭동을 일으키라는 지시를 받았습니다. 평양의 지도부는 9월 8일 홍민표에게 9월 20일까지 무장폭동을 일으켜 서울시내를 장악하라는 명령을 내린 것입니다. 그런데 정말 다행스럽게도 경찰 당국은 9월 16일 홍민표를 체포했고, 그가 전향하면서 조직원까지 연쇄적으로 전향시킴으로써 9월 무장폭동 계획은 수포로 돌아갔습니다. 이 과정에서 무장폭동에 사용할 수류탄 6천 개와 기타 무기들을 압수했습니다. 전향한 홍민표는 남로당 핵심간부 16명을 집단 전향시켰습니다. 정부는 1949년 10월 1일부터 11월 30일까지 자수기간으로 정하고였고 전국에서 약 33만 명이 자수하였습니다. 특히 이듬해 3월 1일에 남로당 특별공작원 196명과 3월 17일 남로당의 두 거물 김삼룡과 이주하가 체포됨으로써 남로당은 붕괴되고 말았습니다. 도시게릴라전을 바탕으로 서울시를 해방구로 만들고 전국적인 무장폭동을 일으킨 후 북한 인민군의 전격적인 남침으로 대한민국을 적화하려던 야욕은 허무하게 막을 내렸습니다. 실로 엄청난 국가적 재앙을 무사히 넘길 수 있었던 것은 국보법이 시행되었기 때문에 가능한 일이었습니다.

이처럼 대한민국의 자유민주 체제를 뒤엎으려는 사상에 대적(對敵)하기 위하여 자유를 일부 제한해서 파괴적 행위를 미리 차단하는 것은, 남북분단이라는 세계 유일의 특수한 상황에서는 불가피(不可避)한 조치입니다. 그런데 이 소중한 법을 철폐하라고 하는 자들이 있습니다. 진정한 대한국민은, 이 법이 존재한다고 해서 자신의 삶에 어떠한 사상과 양심의 자유도 제한(制限)되지 않습니다. 또한 진정으로 인권을 대변하는 사람이라면, 대한민국 국보법의 폐기를 주장하기에 앞서서 우리나라 국보법에 해당하는 북한의 '형법 제3조'를 폐기하라고 주장하는 것이 형평성에 맞습니다. 자유를 갈망하는 북한 동포를 압제하는 폭력적인 형법 제3조에 대해서는 아무런 이의를 제기하지 않는 자들이 대한민국의 국보법을 철폐하라고 하는 것은 앞뒤가 맞지 않는 소리입니다. 그런데 좌익 종북 주사파들과 친북세력들은 끊임없이 국보법 철폐를 외치고 있으며, 아무런 생각 없이 이에 동조하는 사람들이 늘어나고 있습니다. 역사를 모르고 지식이 없는 상태에서 좌익의 주장에 선동당하기 때문입니다. 지금도 여전히 친북 종북 좌익세력은 국보법이 남북 화해와 협력에 방해가 된다는 이유 그리고 사상과 양심의 자유를 침해한다는 이유로 폐지해야 한다고 주장하고 있습니다. 어리석고 모순적인 행동이 아닐 수 없습니다.

대한민국이 북한과의 법체계상의 형평성을 유지하기 위해서라도 반드시 국보법은 존속되어야 합니다. 국보법은 반국가활동을 금지하기 위함이지, 남북교류 자체를 금지하는 것은 아닙니다. 대한민국 헌법은 사상과 양심의 자유 등 여러 가지 자유를 인정하고 있지만, 국가안전보장, 질서유지와 공공복리를 위해서 필요한 경우에는 기본권을 제한할 수 있도록 하고 있습니다. 대한국민이 누리고 있는 자유를 파괴할 어떠한 자유도 허용하지 않으며, 허용해서는 안 된다는 것입니다.

참조
양동안, 『대한민국 건국 전후사 바로알기』, 대추나무 2019, 216-229쪽.
박윤식, 『대한민국 근현대사 시리즈 3』, 휘선 2011, 100-122쪽.

3.1.10. 6.25 민간인 학살

지금까지 다루었던 사건들의 연장선상에서 6.25남침전쟁을 조명해보고자 합니다. 6.25남침전쟁으로 인해 우리 국민은 엄청난 피해를 입었습니다. 수백만이 죽거나 다치고, 천만이 넘는 이산가족이 발생했습니다. 도시가 제 기능을 할 수 없을 정도로 파괴되었고, 가옥, 공장, 도로 등 온전한 시설을 찾기 어려웠습니다. 그 참상을 목격한 맥아더 장군은 폐허를 복구하는 데 한 세기는 걸릴 것이라고 말했습니다. 다행스럽게도 그리고 감사하게도 오늘날 우리 국민은 10대 경제대국으로 성장한 대한민국에서 살고 있습니다. 이처럼 눈부신 발전이 있었기에 과거의 참상이 쉽게 잊혀버린 것인지도 모릅니다. 혹은 불행하고 비극적인 역사를 애써 외면하고 잊기 위해 노력한 것은 아니었는지 모르겠습니다.

이 참혹했던 전쟁에서 반드시 기억해야 할 것이 있는데, 바로 셀 수 없이 자행된 양민학살입니다. 서울을 3일 만에 빼앗기고, 대한민국 국군이 낙동강 방어선 아래로 밀리게 되면서 방어선 바깥은 모두 북한 인민군 치하에 들어가게 되었습니다. 북한에서 내려온 공산주의자들과 남한 내에 숨어 지내던 토착 좌익세력들은 인민군 치하의 지역들을 다스리는 조직을 구성했습니다. 이 시기는 지역에 따라 짧게는 3개월 길게는 6개월 이상 지속되었습니다. 유엔군과 국군이 치안을 확보하지 못한 지역이 있었고, 9.28 서울수복 이후 미처 북으로 도망하지 못한 북괴군들이 빨치산으로 활동하며 대한국민을 핍박했기 때문입니다. 북괴군 점령지역에서는 북한에서 시행된 공산개혁을 실시하기 위해 곳곳에 '인민위원회'를 조직하고, 경찰서에 해당하는 '보안서'를 만들었습니다. 붉은 완장을 찬 자들이 대한민국 경찰과 공무원, 우익인사들과 그 가족들을 잡아들이고 인민재판을 했습니다. 이 모습은 흡사 여순반란사건 때 여수와 순천에서 행해진 인민재판의 복제판이었습니다. 그리고 재판 없는 무자비한 학살은 마치 제주 4.3 남로당 폭동반란의 김달삼과 이덕구의 인민유격대가 저지른 만행의 제2탄을 방불케 했습니다.

이처럼 토착 좌익세력은 무고한 민간인들을 극심하게 탄압했습니다. 1950년 6월 26일 김일성은 방송 연설을 통해 남한의 공산주의 세력과 빨치산에게 다음과 같은 지령을 하달했습니다.

"후방을 철옹성같이 다져야 한다. 도피분자, 요언(妖言: 요사스러운 말) 전파 분자와 무자비하게 투쟁하며 밀정 및 파괴분자를 적발, 가차 없이 숙청하고 반역자는 무자비하게 처단해야 한다."

이에 대한민국 내부에 숨어있던 좌익세력들이 호응함으로써 그 명령은 충실히 수행되었습니다. 민주청년동맹, 여성동맹, 직업동맹, 농민동맹 등 각종 좌익 단체들이 결성되어 군인과 경찰, 우익세력과 그 가족을 색출하고 처형했습니다. 1953년 내무부 통계연감에 의하면 128,936명이 학살되었다고 하는데, 싸우다 죽고, 납치되고, 행방불명된 사람들을 포함하면 적어도 백만 명이 희생되었습니다. 서울에 입성해서는 서울대학교 병원에 입원해 있던 군인과 민간인을 학살했고, 남하하면서는 대전형무소, 전주형무소 등에서 학살극을 벌였습니다. 특히 1950년 9월 15일 성공적인 인천상륙작전 이후 한 달여에 걸쳐 무자비한 학살이 자행되었습니다.

피해는 전라도 지역에서 컸습니다. 전남 영광군에서만 21,225명이 살해되었고, 영광군 전체 사망자의 12%인 2,500여 명이 10세 이하의 어린이였습니다. 전 교인의 2/3에 해당하는 77명이 순교한 염산교회와 전 교인 65명이 순교한 야월교회가 있는 염산면의 피해는 참담했습니다. '생산유격대'라 불리는 좌익 행동대가 바닷속에 수장, 일본도로 목을 베는 참살, 땅에 파묻는 생매장 등으로 교인들을 학살했습니다70)71).

왼쪽부터 염산교회 순교자 합장묘, 염산교회 77인 순교기념비, 야월교회 순교자들의 사진

전남 무안군 청계면 복길리 복길교회에서도 86명이 순교했는데, 고(故) 정대성 장로는 다음과 같은 증언을 남겼습니다.

"많은 사람을 잔인하게 때리고 수장시켜 바다는 온통 핏빛으로 변했다. 헤엄을 치거나 물 위로 떠오르는 사람들을 총대로 머리를 때려죽이거나 죽창으로 배를 찔러 창자가 나오고 어떤 사람은 죽창에 항문에서 입까지 산적처럼 꿰어져 죽었다. 이는 실로 천인공노할만한 풍경이었다."

충남 논산 병촌교회에서는 갓난아이에서 노인에 이르기까지 66명이 학살당했는데, 죽창과 몽둥이로 살해한 후 구덩이를 파고 매장했습니다. 5가구는 가족 전체가 몰살당했는데 갓난아이 5명이 포함되었습니다. 유엔군과 국군의 북진으로 도망가던 좌익세력들은 황해도 봉산 계동교회 180여 명의 성도 중 175명을 불태워 학살했고, 가장 잔혹한 함흥학살로 12,000여 명의 민간인을 학살했습니다.

다음은 '6.25피학살현장' 비석으로 1985년 6월 25일, 6.25남침전쟁 발발 35주년을 맞이하여 '한국방송공사'에서 세웠습니다. 이 비석의 글은 다음의 문장으로 끝을 맺습니다. '이에 6.25동란 35주년을 맞아 역사의 소용돌이 속에서 희생된 영령들을 추모하고 피흘림 없는 조국통일을 기원하면서 한국방송공사는 삼가 이 비를 세웁니다. 1985년 6월 25일'

---

70) 김태균, 『우리는 천국간다』, 쿰란출판사 2012.
71) 임준석, 『천국소망 순교신앙』, 쿰란출판사 2016.

강원도 강릉시 노암동. 이곳은 6.25당시 강릉시 반공인사 100여 명이 북한공산도당에 의하여 비참하게 집단 학살 당한 원통한 현장입니다. 강릉시에 침입한 북괴군은 이 지역 반공인사들을 가두고 위협과 모진 고문으로 동조를 강요하였습니다. 그러나 강릉시민의 거센 반발과 반공청년들이 조직한 유격활동이 격렬해지자 북괴도당은 100여 명의 반공인사들을 이곳 굴속에 몰아넣고 집중사격으로 학살하였습니다. 수복 후 가족이나 친지의 시신을 찾기 위하여 많은 사람들이 이곳을 찾았지만 형체조차 알아볼 수 없는 처참한 시신만 가득히 쌓여 있었습니다. 아직도 피맺힌 한은 여기에 머물러 이 곳을 지나는 열차의 기적소리에 실려 우리들 귀에 울리는 듯도 합니다.

전라북도 정읍군 고부면 입석리. 이곳은 6.25 당시 반인사 150여명이 북한공산당에 의하여 집단학살 당한 원통한 현장입니다. 정읍군 일대를 점령한 북괴군은 이 지역 유지와 공무원, 군경가족과 기독교인 500여 명을 정읍경찰서에 가두고 위협과 모진 고문으로 동조를 강요하였습니다. 전세가 불리해진 북한공산당은 수감자 중 150여 명을 이곳 폐갱으로 끌고와 몽둥이와 돌멩이로 때려죽이고 죽창과 대검으로 찔러 굴속에 밀어넣어 생매장하였습니다. 당시 깊이를 알 수 없는 폐갱은 현재 그 흔적만 남아있고 주변에는 수목이 우거져 세월이 흐름을 말해 주고 있습니다.

경기도 파주군 파평면 두포리. 이곳은 1950년 9월 하순 반공인사 수백 명이 집단학살 당한 현장입니다. 인천상륙작전에 이은 서울 수복으로 패주하던 북한 공산도당은 이곳에 이르러 납치해 가던 반공인사들과 마을 주민들에게 무차별 총격을 가해 학살했습니다. 이 지역 일대는 형체조차 알아 볼 수 없는 시체가 즐비했고 산과 들은 온통 피로 얼룩져 있었습니다. 죄 없이 죽어간 혼백은 말이 없고 시신은 한줌 흙이 되었을 뿐 학살의 현장이었던 이곳은 가꾸는 이 없는 폐허로 남아 잡초만 무성히 자라고 있습니다.

이처럼 세계 전쟁사에 유례가 없을 정도로 기독교인을 포함한 민간인들이 피를 흘린 전쟁이 바로 6.25남침전쟁이었습니다. 이 전쟁은 단순히 북한 인민군이 적화시키기 위해서 남침한 전쟁이 아니었습니다. 대한민국 내 좌익세력과 합세하여 자유를 갈망하는 사람들을 죽이기 위한 사상전이었습니다. 이 땅에 좌익이 존재하지 않았더라면 전쟁은 이처럼 비극적이지 않았을 것입니다. 국보법에 의한 단속에도 불구하고 법망을 피해 숨어 있던 좌익세력들이 들고일어나 분풀이하며 온갖 만행을 저질렀기에 그 결과는 너무나도 참혹했습니다.

6·25전쟁 전후 인구 현황(1949년, 1953년, 1955년)[72]

구 분	1949년	1953년	1955년
서울	1,446,019	1,010,416	1,574,868
경기	2,740,594	2,499,576	2,363,660
충북	1,146,509	1,374,205	1,192,071
충남	2,028,188	2,378,206	2,222,725
전북	2,050,485	2,286,873	2,126,255
전남	3,042,442	3,202,492	3,127,559
경북	3,206,201	3,521,671	3,363,798
경남	3,134,829	3,678,800	3,770,209
강원	1,138,785	1,302,125	1,496,301
제주	254,589	291,884	288,928
총계	20,188,641	21,546,248	21,526,374

광복 후, 2천만 명 정도였던 우리나라 인구가 전쟁을 치르면서 젊은이들의 희생이 컸기 때문에 53년보다 55년의 인구가 줄어들기까지 했습니다.

시·도별 인명 피해 현황(1950.6.25.~1953.7.27.)[73]

구 분	사망	학살	부상	납치	행불	계
서울	29,628	8,800	34,680	20,738	36,062	129,908
경기	39,728	7,511	25,479	16,057	39,965	128,740
충북	24,320	3,409	12,658	6,312	23,304	70,003
충남	23,707	5,561	20,290	10,022	15,829	75,409
전북	40,462	14,216	15,364	7,210	14,609	91,861
전남	14,193	69,787	52,168	4,171	53,469	193,788
경북	35,485	6,609	21,061	7,584	27,112	97,851
경남	19,963	6,099	32,417	1,841	11,986	72,306
강원	17,122	6,825	15,483	10,528	80,819	130,777
제주	55	119	25	69	57	325
총계	244,663	128,936	229,625	84,532	303,212	990,968

72) 출처 : 통계청, '대한민국통계연감(국가통계포털, www.koisis.kr)'; 내무부 통계국, 대한민국 통계연감(1953년), 1955, 10쪽. 1949년과 1955년은 경제기획원 통계국 자료이며, 1953년은 내무부 통계국 자료입니다.
73) 출처 : 내무부 통계국, 대한민국 통계연감(1953년), 1955, 212-3쪽.

위 표에서 주시할 것은 전라남도에서의 희생자가 가장 많았다는 것입니다. 학살자 수, 부상자 수가 가장 많았습니다. 1950년 9월 인천상륙작전이 성공하자, 퇴각하는 북괴군은 토착 좌익세력들을 이용해 마을 주민에 대한 대량학살을 시행합니다. 조선로동당은 9월 중순, 북괴 전선사령부에 후퇴 명령을 내리고, 각 지방당에는 다음과 같이 지시[74]를 내렸습니다.

1. 전세가 불리하여 후퇴한다.
2. 당을 비합법적인 지하당으로 개편할 것.
3. 유엔군 상륙 때 지주(支柱)가 되는 모든 요소를 제거할 것.
4. 군사시설로 이용될 수 있는 것은 파괴할 것.
5. 산간지대 부락을 접수하여 식량을 비축할 것.
6. 입산경험자와 입산활동이 가능한 자는 입산시키고 기타 간부들은 남강원도까지 후퇴케 할 것.

또한, 전선사령관 김책은 1950년 9월 20일 각 지역에 '유엔군과 국방군에 협력한 자'를 살해하고, '살해방법은 당에서 파견되는 지도위원과 협의하여 각급 당 책임자의 책임아래 실행하라'고 지시[75]했다고 합니다. 이러한 지시들로 인해 대한국민의 피해는 엄청나게 커질 수밖에 없었습니다. 총알이 아깝다며 죽창으로 찌르고, 돌을 목에 매달아 수장시키고, 생매장을 하는 등 온갖 만행을 저질렀던 것입니다.

그런데 이런 불법 남침 전쟁을 두고, '북침'이라고 주장하는 사람이 있는가 하면, '쌍방과실'이었다고 주장하는 사람도 있습니다. 도대체 이들은 왜 이런 '거짓'을 말하고 있는 것일까요? 그 답을 알게 되면 오늘날 대한민국의 총성 없는 전쟁이 보이기 시작합니다.

참조
현대사상연구회, 『6·25동란과 트로이목마』, 인영사 2011. 149-173쪽.
김재동, 『한국근현대사 바로알기』, 복의근원 2019. 156-158쪽.
김재동, 『김재동 목사의 잊지 말아야 할 그때 그 역사』, 복의근원 2020. 97-104쪽.

3.2. 6.25남침전쟁南侵戰爭

1950년 6월 25일 북괴군의 기습남침으로 시작된 6.25남침전쟁(이하 미국에서 사용하는 Korean War를 따서 '한국전쟁'으로 병기합니다)은 한반도에 사는 한민족韓民族에게 씻을 수 없는 상처를 남겼습니다. 세계적으로도 유래 없는 방식으로 같은 민족이 이념에 의해 서로 죽고 죽이는 참혹한 전쟁이었습니다. 전쟁 초기, 북괴군의 화력에 밀려 국군은 패퇴를 거듭했는데, 춘천대첩(춘천방어전투)과

---

74) 김남식, 『남로당 연구』, 돌베개 1984, 455쪽.
75) 9월 28일 전북 옥구군 미면 신관리 192에 사는 인민위원장 겸 노동당 세포위원장이었던 조억연이 소지했던 것이라고 합니다(안용현, 『한국전쟁비사2』, 경인문화사, 1992, 357~358쪽).

한강방어선 전투, 음성지구 전투, 죽미령 전투, 화령장 전투 등 여러 곳에서 지연전을 펼친 끝에 유엔군과 국군은 낙동강 방어선을 형성하고 버텨내면서 반격의 기회를 잡을 수 있었습니다.

낙동강 전선이 형성된 경상남북도 일대를 제외하고는 모두 북괴군의 치하에 떨어지게 되었습니다. 이 기간에 인민위원회가 설치되었고 피난 가지 못한 사람들은 이들의 지배를 받으며, 우익인사들은 반동으로 몰려 숙청을 당했습니다. 연합군과 국군은 1/5,000의 성공 확률을 가진 9월 15일 인천상륙작전을 통해 서울이 수복된 9월 28일이 지난 후에도 이북으로 도망가지 못한 북괴군 잔당은 빨치산으로 활동하며 해방구를 형성했습니다.

10월 1일 국군 3사단이 처음으로 38선을 넘어 북으로 진격했고, 이날을 기념하여 국군의 날이 제정되었다는 것은 잘 알려진 사실입니다. 이후 북진을 거듭 10월 19일에는 북한의 수도 평양을 탈환했고, 이후 압록강 초산까지 진출하며 통일을 눈앞에 두었으나, 중공군의 개입으로 좌절되며 밀리기 시작했습니다. 미군은 후퇴하는 과정에서도 자유를 찾아 내려오려는 10만 명의 양민들을 실어나르는 '흥남철수작전'을 통해 위대한 승리를 거두었습니다. 중공군의 총공세에 밀려 연합군과 국군은 1951년 1월 4일 수도 서울을 다시 내어주고 평택-삼척 라인으로 내려갑니다. 이후 전열을 가다듬은 유엔군과 국군의 반격으로 3월 15일 서울을 재탈환합니다. 4월 10일에는 트루먼 대통령이 맥아더 원수를 한국전쟁의 전략에 대한 견해 차이로 전격 해임합니다. 그리고 '소련의 참전'에 대해서 지레 겁을 먹고 제3차 세계대전을 우려한 미국에 의해 더 이상 북진을 하지 않고 교착상태에 빠지게 되었습니다. 그러던 중 6월 23일 소련의 유엔대사 말리크(Yakov A. Malik)가 유엔 안보리에서 휴전을 제의합니다.

7월 10일부터는 개성에서 휴전회담이 시작되었고, 확전을 경계하며 제한전(limited war)을 고수하며, 38도선을 중심으로 한 고지 쟁탈전이 벌어지면서 피아 간의 희생이 커지게 됩니다. 지지부진한 회담은 1953년 7월 27일 드디어 유엔군과 중공군, 북한군 사이의 '정전협정'으로 체결됩니다. 이 협정의 정식 명칭은 '국제연합군 총사령관을 일방으로 하고 조선민주주의인민공화국 최고사령관 및 중공인민지원군 사령원을 다른 일방으로 하는 한국 군사정전에 관한 협정'입니다. 한반도는 아직 종전終戰이 되지 않았으므로 전쟁의 위협이 지금도 이어지고 있습니다.

이 전쟁으로 한반도의 분단은 고착화되었으며 수많은 사상자와 이산가족을 만들었습니다. 전쟁을 일으킨 김일성을 비롯한 일당들은 '전범자'이자 '민족반역자'임이 분명합니다. 그럼에도 불구하고, '민족의 태양' 운운하며 그에게 충성맹세를 한 대한민국 국적자들이 존재한다니 안타까운 현실입니다. 좌익 종북 주사파들처럼 바른 역사를 공부하지 않는 자는 바른 삶을 살 수 없고 사회에 온갖 해악을 끼치게 됩니다. 거짓은 죄악에서 헤어나오지 못하게 하기 때문입니다. 오로지 진실만이 자신은 물론 세상을 이롭게 할 수 있습니다.

참조
윤석우, 『한국전쟁 요약』, 국방부전사편찬위원회 1986.

3.2.1. 유엔의 도움

한국전쟁이 발발하자 유엔 소속 16개 나라에서 1,937,330명의 군인들이 대한민국을 구하기 위해 왔습니다. 대한민국은 이런 도움의 손길을 거저 받았지만, 이 파병에는 절차가 필요했습니다. 현지 시각 6월 27일 오후 2시 뉴욕의 유엔안전보장이사회(이하 안보리)에서는 한국전쟁에 유엔군 파병을 결정하는 회의가 열렸는데, 거부권을 갖는 소련이 불참했습니다. 다행스럽게도 '북한의 침략을 격퇴하는 데 필요한 군사원조를 대한민국에 제공한다.'는 결의안이 찬성 7표, 반대 1표(유고슬라비아), 기권 2표(이집트, 인도)로 통과되었습니다. 당시 유엔 주재 소련대사 말리크가 불참한 이유는 한동안 알 수 없었습니다.

이 회의가 열리기 이틀 전인 현지 시각 6월 25일 오후 2시 안보리가 소집되어 미국이 제안한 '북한군의 침략 중지 및 38도선 이북으로의 철수'를 요구하는 결의안을 채택했습니다. 이 결의안 역시 거부권을 가지고 있던 말리크가 참석하지 않은 채로 찬성 9표, 기권 1표(유고슬라비아)로 가결되었습니다. 이 당시에도 말리크가 참석하지 않은 이유는 유엔에서 중화민국이 아닌 '중공'에 대한 대표권 인정을 요구하며 항의의 표시로 모습을 드러내지 않았던 것이었습니다. 그렇다면 그 항의의 연장선상에서 파병을 결정하는 27일 회의에 참석하지 않은 것이었을까요?

2005년 러시아의 국립문서 보관소에서 발견된 스탈린의 편지에서 그 이유가 드러났습니다. 1950년 8월 체코슬로바키아의 클레멘트 고트발트 대통령에게 스탈린이 보낸 서신에서는 다음과 같은 내용이 들어있었습니다.

「첫째, 새로운 중국(중공)과 소련의 결속을 과시하기 위해, 둘째, 미국이 국민당 괴뢰정권(중화민국)을 중국 대표로 인정하고 모택동이 이끄는 중공의 대표성을 인정하지 않는 정책의 어리석음을 드러내기 위해, 셋째, 두 강대국(소련과 중공)의 불참 때문에 안보리 결의는 정당성이 없음을 드러내기 위해, 넷째, 미국이 안보리 다수결을 이용 어리석은 짓을 마음대로 저지르도록」

이라고 하면서, 전쟁으로 인한 소련의 이득을 다음과 같이 서술했습니다.

「첫째, 미국은 막강한 병력을 보유한 중국과 싸워 이길 수 없다. 그들의 전선은 지나치게 넓어질 것이다(미국의 힘을 분산시킬 수 있다). 둘째, 미국은 제3차 세계대전을 일으킬 수 없다(여력이 없어지게 된다). 얼마나 오래 연기될지는 모르겠지만 소련은 (동)유럽에서 사회주의를 확장하는 시간을 벌 수 있을 것이고, 미국과 중공의 전쟁은 극동 전역을 혁명화(적화)할 것임이 분명하다.」

교묘한 술수로 무장한 소련의 이 얼마나 치밀한 계산입니까? 김일성에게 무기를 공급하고, 모택동의 지상군 참전 동의까지 받아내도록 지시하면서 일으킨 전쟁을 이용해서 동유럽의 공산화를 목적으로 하는 것입니다. 이후 이어지는 스탈린의 발언은 오늘날 좌익 공산주의자들이 현실 인식을 하는 방식과 완전히 일치하기에 옮깁니다.

「왜 소련이 안보리에 복귀했는지 묻는 이들도 있다. 우리가 복귀한 것은, 미국 정부의 침략적 정책을 폭로하고, 그들이 유엔 깃발을 이용하여 침략성을 은폐하려는 책동을 저지하기 위해서다. 미국이 한국(한반도)에 침략적으로 개입했으므로 안보리에 참여해서 이를 폭로하기가 아주 쉬워진 것이다. 이는 너무나 명백한 사안임으로 더 설명할 필요가 없다고 생각한다.」

어떻습니까? 자신이 남침 전쟁을 지원하고 승인까지 했으면서 그에 대응한 미국을 '침략자'로 몰아가고 있습니다. 정상적인 현실 인식이라고 볼 수 없는 언사言辭입니다. 공산주의자들은 이렇게 덮어씌우기를 주특기로 합니다. 오늘날에도 「대장동 게이트」 사건을 「윤석열 게이트」로 몰아가는 모습 등에서 쉽게 접할 수 있습니다. 이와 같은 왜곡과 날조야말로 그들의 생리生理이자 본질本質입니다. 이런 악한 생각을 품은 스탈린과 그의 지시에 따른 말리크의 불참은 대한민국과 대한국민에게는 축복이 되었습니다. 대한국민은 북괴군을 격퇴하기 위해 유엔의 결의에 따라 이 땅에서 피흘려 싸운 유엔군의 헌신을 잊어서는 안 될 것입니다.

휴가 중이었던 미국의 트루먼 대통령은 현지 시각 1950년 6월 24일 밤 9시 한반도에서 전쟁이 발발했다는 소식을 듣고 대응 방안을 구상했습니다. 그는 '북한의 도발은 자유 진영의 의지를 떠보기 위한 소련의 책동'이라는 것을 우선 떠올렸습니다. 2차 세계대전 발발 역시, 소규모 도발에 대한 미숙한 대응으로 기인했다는 사실을 상기했습니다. 그리하여 북한의 전면 남침은 3차 세계대전의 전초전(前哨戰)일 수 있다고 판단했습니다. 그는 참모들과의 회의를 거쳐 유엔을 통해 '북한군의 침략 중지 및 38도선 이북으로의 철수'를 요구하는 결의안을 채택하도록 했습니다. 그럼에도 불구하고 북괴군이 계속해서 남하하자 현지 시각 6월 26일 저녁 19시 국가안전보장회의를 열었습니다. 이 자리에서 '미 해, 공군이 38도선 이남의 북한군 부대, 전차, 포병에 대한 공격을 포함하여 한국군을 최대한 지원한다.'고 결정하고 극동군사령부에 이를 훈령으로 하달했습니다.

이 명령에 따라 7월 1일 스미스 특수임무부대가 부산에 도착해서 7월 5일 오산 죽미령전투에서 최초로 북괴군과 전투를 벌이게 되었고, 미 24사단 본대가 상륙해서 방어선을 형성했습니다. 7월 7일, 안보리는 영국과 프랑스가 공동으로 제안한 유엔군사령부 설치에 관한 결의안을 가결했습니다. 그 요지는 회원국들이 한국에 파견할 부대의 지휘체계를 갖추는 데에 '유엔군사령부의 설치와 사령관의 임명권을 미국에 부여하며, 유엔기 사용을 승인한다.'는 것이었습니다. 이 결의에 의거, 미국은 극동군사령관 맥아더 장군을 초대 유엔군사령관에 임명했습니다. 그는 도쿄에서 유엔군사령부를 공식적으로 창설하고, 극동군사령부의 참모진들을 유엔군사령부 참모로 겸임 발령했습니다. 결과적으로 미 극동군사령부가 한국전쟁 임무를 추가로 부여받고 유엔군사령부가 된 것이었습니다. 그리고 7월 14일에는 이승만 대통령이 국군의 작전권을 맥아더 장군에게 이양하여 유엔군과 국군의 지휘체계가 단일화되었습니다.

해방 이후 소련군의 한반도 진주로 인하여 한반도 전체가 적화될 위기에서 38도선을 그어 그 절반을 지켜준 미군은, 한국전쟁으로 또 적화될 위기에 처한 대한민국을 구해주기 위해 다시 한반도로 달려왔습니다. 이러한 미군에게 감사하기는커녕 악마로 묘사하고 반미선동을 통해 미군철수를 외치는 사람들은 도대체 무슨 생각을 하고 있는 것일까요?

(좌) 유엔기, (우) 1950년 7월 14일 유엔기를 이양하는 식장에서의 성조기, 유엔기, 맥아더 원수의 오성기

참조
배영복, 『6·25전쟁으로의 진실여행 진실과 비밀』, 세계문화 2017, 63-71쪽, 76-78쪽.

3.2.2. 미국의 도움

미국 알링턴 국립묘지 한국전 참전 기념비 동판에는 다음과 같은 비문이 새겨져 있습니다.

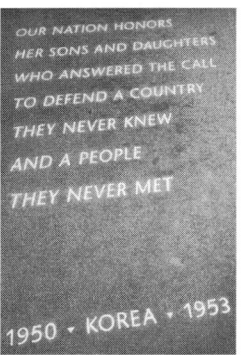

「우리나라는 우리의 아들딸들을 기립니다. 그들은 알지 못하고 만난 적도 없는 사람들을 수호하라는 부름에 응했습니다.」

한국전쟁으로 미국의 젊은이 54,246명이 전사했습니다. 그들은 알지도 못하는 나라에서 만나본 적도 없는 사람들을 위해 피땀 흘려 싸웠고 목숨을 바치기까지 했습니다. 미군 장성의 아들 142명이 참전했고, 이 중 35명이 전사했습니다. 대한민국이라는 유라시아 동쪽 끝의 조그만 나라와 그 국민의 자유를 위해 그들이 흘린 피와 희생은 고귀했으며, 결코 헛된 것이 아니었습니다.

한국전쟁이 국군 창설 후 2년이 채 되지 않아 발발했으므로 김석원, 김홍일 장군 등 일부를 제외하고는 사단급 지휘 경험을 가진 지휘관도 20대 후반에서 30대 초반이었습니다. 제1, 2차 세계대전을 경험한 미군 지휘관들은 전쟁수행을 주도했고, 한국군 지휘관들의 귀감이 되었습니다. 백선엽 장군은 우수한 미군 지휘관이 현역에 있었기 때문에 배울 것이 많았다고 회고했습니다. 전쟁 당시 맥아더 장군은 만 70세였고, 워커 장군은 61세, 밴플리트 장군은 52년 3월 전쟁 중 환갑을 맞이했습니다. 그 외 장군들도 제2차 세계대전의 격전을 체험한 50대 후반의 명장들이었습니다.

이제 대한민국을 구하기 위해 이 땅을 찾아왔던 미군 장성들의 이야기를 해보려고 합니다. 이들은 웨스트포인트 육군사관학교를 졸업하고 세계대전을 체험한 쟁쟁한 실력의 소유자들이었습니다. 이들이 있었기에 우리 선대들이 목숨을 부지하고 자유를 누릴 수 있었고, 오늘날의 우리도 그 혜택을 보고 있습니다. 이렇게 선한 영향력을 행사하던 미 장성들은 우리나라의 인재 양성에도 신경을 썼습니다. 훈련체계를 갖추고 육군사관학교를 세우는 등의 노력을 기울이기도 했고 함께 전쟁을 치르며 양성되었습니다. 대표적인 인물이 바로 낙동강 방어선의 다부동 전투에서 "내가 물러서면 나를 쏴라!"고 하며 대한민국을 지켜낸 백선엽 장군입니다. 각 절의 말미末尾에는 백 장군과 미군 장성들의 일화를 소개하며 진행하겠습니다.

참조
조성훈, 『한미군사관계의 형성과 발전』, 국방부군사편찬연구소 2008, 54쪽.

3.2.2.1. 맥아더(Douglas MacArthur, 1880~1964) 장군 - 적극적 지원으로 대한민국을 구한 영웅

대한국민이라면 맥아더 장군을 모르는 사람은 없을 것입니다. 그는 서울이 점령당하고 하루가 지난 29일 현지 시찰을 위해 대한민국 땅을 밟습니다. 이후 그는 1951년 4월 11일 유엔군 총사령관직에서 물러날 때까지 그의 전용기 C-54 바탄(BATAAN)호를 타고 18회에 걸쳐 한반도로 날아와 전황을 살피며 연합군을 지휘했습니다.

1950년 6월 29일 오전 6시 11분, 바탄호가 도쿄 인근 미 공군기지에서 이륙했습니다. 비행에 적합하지 않은 날씨였지만 대한민국에서 전쟁이 발발함에 따라 맥아더 장군의 현지 시찰과 판단이 시급한 시점이었습니다. 조지 스트레이트마이어(중장) 극동공군사령관 등을 포함, 7명의 연합군최고사령부(GHQ: General Headquarters) 장성과 지원 장병, 출입기자들이 탑승했습니다. 이륙한 뒤 비행하는 내내 먹구름으로 인해 시야가 좋지 않았다고 합니다. 바탄호는 장마철 악천후를 뚫고 고도를 조절하며 오사카, 히로시마, 대마도를 지나서 오전 10시쯤 부산을 통해 한반도 상공으로 진입, 오전 11시를 조금 넘겨 목적지인 수원 비행장에 도착했습니다.

(좌) 1948년 8월 15일 '대한민국정부수립 국민축하식'에서의 맥아더 장군과 이승만 대통령
맥아더 장군은 축사(祝辭)를 통해, '만일 대한민국이 공산군의 공격을 받으면 내 조국(祖國)의 캘리포니아주를 방어한다는 정신으로 대한민국을 지키겠다'는 연설을 했습니다[76].
(우) 1950년 6월 29일 수원 비행장에서 맥아더 장군을 반갑게 맞이하는 이승만 대통령

수원 비행장에 내린 맥아더 장군은 이날 수행원들과 함께 영등포역 근방까지 진출해 한강 일대의 상황을 관찰하고, 국군장병들을 만났습니다. 한강 방어선에서 맥아더 장군과 국군 병사[77]가 만난 일화는 기록으로 남아있습니다. 후퇴 명령이 내려지기 전까지는 참호에 남아 죽을 때까지 싸우겠다는 병사의 말에 감명을 받은 맥아더 장군은 도쿄에 돌아가는 즉시 무기와 탄약을 지원해 줄 것이라고 하며, '이런 군인이 있는 나라는 절대 망하지 않을 것'이라고 했다고 합니다.

(좌) 1950년 6월 29일 맥아더 장군의 한강 방어선 시찰 당시 모습
(우) 맥아더 사령관 한강방어선 시찰지 안내판(영등포공원)

---

76) 허도산, 앞의 책, 207쪽.
77) 하사관 또는 일등중사로 표현하는 자료가 있습니다.

맥아더 장군은 시찰 후 다음과 같은 결론78)을 내립니다. 화력과 기동력이 강한 3개 사단 규모의 미 지상군을 전 전선에 조속히 투입, 동서해안의 해군 함대 배치, 공군력의 신속한 확대 투입, 적절한 지역에서의 지연작전 후 대반격 작전. 맥아더 장군은 오후 6시에 다시 도쿄로 출발, 귀환하는 바탄호에서 스트레이트마이어(George Edward Stratemeyer, 1890~1969) 장군에게 전 전선에 걸쳐 남침한 북한군과 후방전략기지 등에 대한 폭격을 명령했습니다. 바탄호는 오후 9시 59분 도쿄에 도착, 맥아더 장군은 미국 정부에 전투 병력의 즉각 투입을 건의했습니다. 개전 4일 만에 최전선을 시찰한 맥아더 장군은 한반도 적화통일의 야욕을 무산시키는 첫걸음을 내디뎠습니다.

그리고 낙동강 방어선까지 밀린 절체절명의 위기에서 9월 15일 인천상륙작전을 통해 전쟁의 흐름을 바꾸고, 서울을 빼앗긴 3개월만인 9월 28일에 수복하게 되었습니다. 이 자리에서 맥아더 장군은 수복한 서울을 대한민국 정부에 이양하고 주기도문으로 행사를 마쳤습니다.

1950년 9월 29일 서울중앙청에서 서울수복식 행사

맥아더 장군은 1880년 1월 26일 현재 아칸사스주의 리틀락(Little Rock)의 일부가 된 지역의 군용 건물인 닷지 요새(Fort Dodge)에서 태어났습니다. 그의 가문은 스코틀랜드 출신인 캠벨(Campbell) 가문의 후예입니다. 부친 아더 맥아더(Arthur MacArthur) 역시 군인으로서, 어린 맥아더는 군인이라는 직업을 친근하게 받아들일 수 있는 분위기에서 성장했습니다. 그는 1899년 육군사관학교에 입학, 수석으로 졸업하는 영예를 안았습니다. 당시 미 육군에서는 공병대가 엘리트 그룹으로 여겨졌는데, 1903년 소위로 임관한 그는 공병대에 지원하여 제3공병대대에 배속, 필리핀으로 파견되어 동아시아와 인연을 맺게 되었습니다. 필리핀으로 향하는 배에서 "태평양을 지배하는 힘은 곧 세계를 지배할 수 있는 힘이다."라고 주장한 알버트 베버리지(Albert J. Beverige) 상원의원의 연설문을 읽고 감명을 받았다고 합니다. 그는 아시아는 장차 미국의 존재와 장래가 아시아와 그 주변 섬들과 불가분의 관계로 전초기지가 될 것이라고 내다보았다고 훗날 회고했습니다.

---

78) 「맥아더 장군 한강 방어선 시찰 비행기록 발견」, 2013년 9월 12일 국방일보.

1905년 아버지 아더 맥아더가 러일전쟁의 관전 임무를 위해 주일미국대사관의 무관으로 부임했습니다. 포츠머스 조약 후인 1905년 10월, 맥아더는 그의 아버지의 보좌관으로서 도쿄로 가라는 명령을 받았습니다. 이후 맥아더 부자는 일본 군사기지가 있는 교토, 고베, 나가사키 등을 방문한 후 홍콩, 자바, 싱가포르를 거쳐 1906년 1월에는 인도 캘커타에 도착한 여러 지역을 순회하였습니다. 중국으로 가서는 칸톤, 칭다오, 베이징, 톈진, 한코우, 상하이를 순회하고 방콕과 사이공을 경유, 8개월에 걸친 각국 군사기지 시찰을 마치고 일본으로 돌아왔습니다. 이 여행 중에 그는 도고 헤이하치로(東鄕平八郞, 1848~1934), 노기 마레스케(乃木希典, 1849~1912) 등 러일전쟁 때 활약한 일본의 지휘관들과 면담하고 잊을 수 없는 감명을 받았다고 회고했습니다. 귀국 후인 9월, 시어도어 루즈벨트 대통령의 요청으로 대통령군사고문의 보좌관을 역임했습니다. 1911년 대위로 승진하여 야전공병학교 군사공병반장으로 임명되었고, 1915년 12월 소령으로 진급해서 워싱턴의 전쟁부에 부임했습니다. 그는 합동참모본부에서 정규군 확대나 방어계획 수립에 참여했습니다.

그러던 중 1917년 4월 미국이 영국, 프랑스, 일본 등과 함께 연합국의 일원으로 제1차 세계대전에 참전하기로 결정되었습니다. 퍼싱(John J. Perching)이 이끄는 18개 사단 51만 명의 미군을 프랑스로 파병했습니다. 이때 맥아더도 제42사단에 배속되어 프랑스에서 복무했고, 뛰어난 작전 수행능력으로 수훈십자장 2개, 은성 훈장 7개, 프랑스 무공십자훈장 2개 등 총 15개의 훈장을 받았습니다. 1918년 11월 제42사단의 지휘관으로 진급했는데 이는 미군 역사상 최연소 전시 사단장이었습니다.

1919년 6월 미국으로 돌아온 그는 최연소 육군사관학교 교장이 되었습니다. 군사학 이외에 경영학, 역사학, 심리학, 사회학 등 새로운 교과목을 도입, 교육시스템의 근대화를 추진했습니다. 1922년 10월 그는 다시 필리핀의 마닐라군관구 사령관으로 전출되었습니다. 1925년 1월 44세의 나이로 소장으로 진급, 애틀란타의 4군관구 사령관을 거쳐 볼티모어의 3군관구 사령관이 되었습니다. 1927년에는 미 올림픽 위원회 위원장으로 선출, 1928년 암스테르담 올림픽 준비를 맡아 이 대회에서 미국은 1위를 차지했습니다. 윌슨 대통령 시절인 1930년 11월 최연소 대장으로 진급했고 육군참모총장이 되었습니다. 1935년 퇴임 후, 미국의 식민지인 필리핀 자치령의 요청으로 필리핀 생활을 시작하게 됩니다. 필리핀 대통령 마누엘 케손은 자신의 친구인 맥아더가 필리핀 군대의 창설을 감독하기를 원했고, 루즈벨트 대통령의 승인을 받은 그는 필리핀의 군사고문 겸 원수로 취임했습니다. 1937년 12월 맥아더는 공식적으로 육군에서 퇴역하고 민간 차원에서 필리핀 군사고문으로 남았습니다.

1941년 7월 26일, 일본과의 전운이 감돌고 있던 미국은 필리핀군과 통합 연방군을 조직하고 퇴역장군인 맥아더를 동원소집, 미 극동군사령관으로 지명, 24시간 후에는 중장으로, 12월에는 대장으로 진급시켰습니다. 맥아더 장군은 일본군의 동남아 남진 방어와 필리핀 방위의 임무를 맡게 될 것입니다. 그러나 12월 8일 일본군의 공격을 받고 필리핀 남부로 퇴각하게 됩니다. 이후 전투 피해로 물자부족과 영양실조, 질병으로 인해 전황이 불리해집니다. 1942년 2월 루즈벨트 대통령은 코레히도르(Corregidor) 섬에서 저항하던 맥아더 장군에게 호주로 이동할 것을 명령, 소수의 인원만 대동하여 미 어뢰정 2척을 타고 탈출에 성공했습니다. 호주에 도착한 3월 20일, "나는 여기에 왔고, 나는 돌아올 것이다(I came through and I shall return.)"라는 말을 전한 그는 일본에 대항하는 상징으로 찬사를 받게 됩니다. 미국-필리핀 연합군의 항복으로 4월 9일 바탄 섬이, 5월 9일 코레히도르 섬이 일본군의 수중에 떨어졌습니다. 맥아더 장군은 4월 18일, 미국, 호주, 영국, 네덜란드령 동인도 등의 군인으로 구성된 남서태평양지구 연합군 총사령관으로 임명되었습니다.

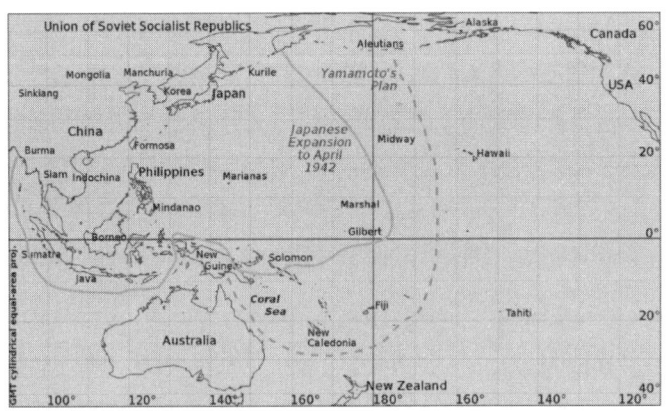

1942년 4월 일본제국이 확보한 영역(실선)과 일본제국 해군이 목표(Yamamoto's Plan)로 한 영역(점선)

이후 미군은 산호해, 미드웨이, 솔로몬, 필리핀해, 레이테 만 등에서의 해전과 과달카날, 사이판, 필리핀 탈환전 등 지상전에서의 승리를 이어나갔습니다. 맥아더는 '섬 건너뛰기' 전략으로 일본군의 중무장 요새를 우회하고 취약한 섬을 점령, 후방을 고립시키고 일본군의 퇴로와 보급을 끊는 방식이었습니다. 필리핀을 탈환한 그는 "People of the Philippines, I have returned(필리핀 국민들이여, 내가 돌아왔다.)"라고 말했다고 합니다. 1944년 12월 16일, 미국 상원은 육군대장 4명과 해군대장 3명을 원수로 진급하는 안을 승인했습니다. 이에 따라 맥아더, 마셜, 아이젠하워, 아널드를 육군 원수로 임명, 리하이 킹, 니미츠를 해군원수로 임명했습니다. 1945년 4월 미 합동참모본부는 루즈벨트의 진격명령을 받고 태평양사령부의 재편성을 발표했습니다. 태평양의 모든 지상군 지휘권은 맥아더에게 주어졌으며, 그는 미 태평양육군사령부의 사령관이 되었습니다. 1945년 4월 12일 루즈벨트가 뇌출혈로 사망하고 부통령인 트루먼(Harry S. Truman, 1884~1972)이 대통령직을 승계했습니다. 5월 8일 유럽에서는 독일이 항복을 해서 전쟁이 끝났고, 미국은 서유럽 전선의 병력을 아시아로 전환, 태평양 전선에 투입하기 시작했습니다. 이오지마 전투, 오키나와 전투를 치르고 일본 본토 진공을 마주한 상황에서 히로시마(8월 6일), 나가사키(8월 9일)에 원폭이 투하되고 8월 15일 일본의 무조건 항복으로 태평양 전쟁도 종결되었습니다. 전쟁 막바지에 트루먼은 연합군최고사령부(General Headquarters, the Supreme Commander for the Allied Powers)의 사령관으로 맥아더 장군을 지명했습니다. 이는 포츠담선언을 집행하기 위해서 일본의 점령정책을 실시하는 기관의 사령관으로서, 서남태평양지구 최고사령관 겸 태평양 육군최고사령관에 겸한 직책이었습니다. 이후 벌어진 한국전쟁으로 그는 유엔 연합군총사령관의 직책을 또 겸하게 됩니다.

(좌) 1945년 9월 2일 미주리 함에서의 항복 조인식
(우) 1950년 7월 14일 콜린스 육군참모총장으로부터 유엔기를 전달받고 있는 맥아더 원수

이렇게 맥아더 장군은 태평양에서 많은 경험을 하고 한국과 인연을 맺게 되었습니다. 장황하게 그의 군인으로서의 경력을 기술한 이유는, 이 과정에서 그가 바라보던 동아시아 세계와 전쟁으로 인한 미군들의 피해를 상기해 보기 위함입니다. 미국은 3년 8개월에 걸친 일본과의 전쟁으로 많은 물적 인적 피해를 감내했습니다. 식민지 조선은 일제의 일부로서 일본군에 부역해야 했는데, 징용되거나 지원해서 미군과 싸우기도 했습니다. 그러나 다행스럽게도 미군이 전격적으로 조선을 침공하지는 않았습니다. 오키나와 전투만 하더라도 전도요새화全島要塞化, 일본군의 결사항전과 집단자결 등으로 일본군 8만 명 전사, 원주민 10만 명 이상이 죽었습니다. 이런 의미에서 제2의 오키나와로도 볼 수 있는 제주도에서 이런 일이 생기지 않은 것은 축복이었습니다. 이미 제주도도 전도요새화로 곳곳에 진지동굴을 구축하고 전투태세를 하고 있었지만 전쟁이 종결되었기 때문입니다. 이는 미국인과 한국인이 서로 피 흘리며 싸우기를 바라지 않은 하나님의 은혜가 아니었을까 생각해봅니다.

(좌) 맥아더 장군, (우) 위에서부터 인천상륙작전을 반대한 미 합참의장 오마 브래들리, 콜린스 육군참모총장, 셔먼 해군참모총장

한국전쟁에서 미군이 수행한 인천상륙작전은 1945년 9월 8일 미군이 인천으로 상륙해서 서울로 들어갈 때 이미 고안된 것이었습니다[79]. 이 작전은 이미 1944년 미 합참의 JCS 924의 부록 B에 기술되어 있었고 이것의 연장선상에서 실행되었습니다. 그는 상륙지역으로 인천을 강조했으나, 동시에 다른 지역에 대해서도 그 가능성을 연구·검토하도록 지시했습니다. 합동전략기획단은 일단 인천·군산·해주·진남포·원산·주문진 등 가능한 모든 해안 지역을 대상으로 검토했습니다. 그리고 크로마이트 작전(Operation Chromite)이라는 인천상륙 100-B, 군산상륙 100-C, 주문진상륙 100-D의 세 가지 안으로 계획되었습니다. 결국 합동전략기획단은 8월 12일 극동군사령부 작전계획 100-B를 하달했습니다. 잠정적인 D-Day는 9월 15일로, 이후 인천 해안에서 상륙이 가능한 일자라고는 10월 11일, 11월 3일과 이날들을 전후한 2-3일뿐이었습니다. 1944년 일제를 공격할 계획으로 인천상륙작전을 준비했던 미군으로서는 인천지역의 자연환경 데이터를 충분히 확보하고 있었습니다. 5월~8월은 인천의 만조 시 수면이 비교적 낮고, 10월~이듬해 3월은 비교적 수면이 높은데, 9월은 전환기로서 인원과 장비를 상륙시키는 데 적합한 조건을 갖춘 유일한 달이었습니다. 이렇게 기후 상황에 의하여 작전 개시일은 9월 15일로 결정되었습니다.

성공확률이 5,000분의 1이라고 불리는 어려운 작전이었기에 미 합참에서도 반대 의견이 제출되었지만, 맥아더 장군의 권위와 의지로 추진된 작전으로 알려져 있습니다. 결과는 대성공이었습니다. 9월 28일 수도 서울을 수복하고 패주하는 북괴군을 쫓아 유엔군과 국군은 북진하게 됩니다. 그리고 10월 19일 평양을 탈환하고 북진을 하다가 중공군의 기습 공격에 밀리기 시작했습니다. 맥아더 장군은 뛰어난 전략가이자 지휘관이었지만, 그 한계도 많이 드러났습니다. 1950년 10월 15일 웨이크 섬에서 트루먼 대통령과 회담을 가진 그는 중공군이 개입하지 않을 것이라고 피력했습니다. 또 오판했다고 하더라도 중공군이 압록강을 넘어올 때 간단히 격파할 것이고, 제한적인 군사작전에 그칠 것이라고 과소평가했습니다. 추수감사절에 전쟁은 끝나고 장병들은 크리스마스를 고향에서 보낼 수 있을 것이라고 낙관했습니다.

인천상륙작전에 반대했다가 '눈부신 성공'으로 입지가 약화된 미 합참에서는 맥아더 장군의 작전에 대해서 이의를 제기하는 것에도 주저하게 되었습니다. 미8군과 10군단을 나누어 북진시키는 배치에 대해 우려의 뜻만 피력했을 뿐이었습니다. 제3차 세계대전으로의 확전을 고려하지 않을 수 없었던 트루먼 대통령은 제한전을 실시해야 한다고 강조했습니다. 반면, 맥아더 장군은 만주까지도 공격의 범위로 보고 확전만이 중국군 개입 이후 초래된 위기 상황을 탈출할 수 있는 유일한 길이라고 주장했습니다. 대통령의 정치적 목적에 부합하지 않은 군사적 목표는 실현되기 어려웠습니다. 특히 돌발적이고 다소 거만해 보이기까지 했던 맥아더 장군의 발언으로 인해 대통령의 권위에 대한 도전이자 명령에 대한 불복종으로 여겨졌기 때문에 해임은 불가피했습니다. 제1, 2차 세계대전과 한국전쟁을 치르며 전장에서 생을 보낸 그도 권력을 내려놓고 민간인의 신분으로 돌아가게 된 것입니다. 그의 보직은 당시 미8군사령관이자 유엔군 지상군사령관인 리지웨이 장군이 승계하게 되었습니다.

---

79) 이상호, 「인천상륙작전과 맥아더」, 백년동안 2015, 65-7쪽.

귀국 후 열렬한 환영을 받으며 한때 공화당의 대선후보로까지 거론되던 맥아더 장군의 대외 영향력은 시간이 갈수록 약해졌습니다. 1964년 4월 5일, 맥아더는 담즙성 간경변증으로 월터 리드 육군병원에서 서거했고 장례식은 국가장으로 치러졌습니다. 그의 유해는 버지니아주 더글러스 맥아더 기념관에 묻혀있습니다. 전장에서 수없이 많은 공을 세운 그였지만, 과도 없지는 않았습니다. 그러나 대한민국과 대한국민이 이 위대한 장군에게 빚을 졌다는 것은 부인할 수 없는 사실입니다.

서울탈환 포스터

백선엽 장군은 1사단장 시절 맥아더 장군과 다음80)과 같은 일화가 있습니다.

「백 장군은 1951년 3월, 서울 재탈환 후 서대문 근처 만리동의 한 초등학교에 사단사령부를 두고 있었는데, 이 때 맥아더 사령관의 방문을 받았다. 이때 맥아더 사령관은 필요한 것이 없느냐고 물었다. 백선엽 사단장은 보급품 중 야채와 설탕 등이 조금 부족하다고 말해 부족한 급식 문제를 해결한 일이 있다. 백 장군은 그때의 고마움을 잊지 않고 있다가 1953년 5월 참모총장으로서 미국을 방문할 때 뉴욕의 월도프아스토리아 호텔에 묵고 있던 맥아더 원수를 찾아뵙고 당시의 고마움을 전했다. 백 장군은 그 당시 맥아더는 우리 국민들에게 신(神)과 같은 존재였다고 말한다. 군인으로서 맥아더는 최고였다.」

---

80) 남정옥, 『백선엽』, 백년동안 2015, 163-4쪽.

1951년 3월 18일 만리동의 국군 1사단 지휘소를 찾은 맥아더(지프 앞 앉은 이) 유엔군총사령관이 1사단장 백선엽 장군과 악수하고 있습니다.

백 장군은 맥아더 장군을 신神이라고 까지 표현했습니다. 실제로 일본에서 그의 권위는 점령군의 최고사령관으로서 신이라고 알려졌던 천황보다도 높은 지위에 있었습니다. 그리고 그가 트루먼 대통령에 의해 해임되어 일본을 떠날 때에 일본인들은 일본에 민주주의를 전해 주었고 재건을 감독한 공로에 감사하며 전송했다고 합니다.

맥아더 장군도 젊은 시절에 장성이 되었고 백선엽 장군도 그러했습니다. 영웅은 영웅을 알아보았나 봅니다. 아래는 장성한 백선엽 장군이 참모총장이 되어 미국을 방문하고 맥아더 장군을 예방할 당시의 모습입니다.

육군참모총장 신분으로 퇴임한 맥아더 장군을 예방한 백선엽 장군

참조
이상호, 『인천상륙작전과 맥아더』, 백년동안 2015.
https://ko.wikipedia.org/wiki/더글러스_맥아더.

3.2.2.2. 워커(Walton Harris Walker, 1889~1950) 장군 – 대한민국을 사수하고 목숨을 잃은 장군

한국전쟁 중 이승만 대통령과 미8군사령관 워커 장군

「북한군의 기습남침에 의해 한국전쟁이 발발하고 유엔안보리에서 미국 주도로 유엔군창설을 결의한 후, 한국군이 북한군에 의해 계속 밀리는 상황에 1950년 7월 13일 미8군 초대 사령관으로 임명을 받았다. 낙동강으로의 지연전, 낙동강방어선 방어작전, 북진, 중공군 개입으로 철수작전을 수행하는 과정에 불행하게도 1950년 12월 23일 현 서울 도봉구 도봉동 부근에서 교통사고로 순직하였다.」[81]

위 내용은 초대 미8군사령관이자 유엔군 지상군사령관으로 한국전쟁 초기 6개월간 진두지휘했던 워커 장군의 간략한 소개입니다.

1889년 12월 3일 텍사스주 벨튼에서 출생한 워커 장군은 1912년 미국 웨스트포인트(육군사관학교)를 졸업했습니다. 제1차 세계대전 중인 1918년 4월 기관총대대 중대장으로 프랑스에 파병, 2개의 은성무공훈장을 받았습니다. 또 제2차 세계대전 중 패튼(George Smith Patton Jr., 1885~1945) 장군 휘하에서 노르망디 전투를 승리로 이끌었고, 패튼 장군의 선봉 역할을 수행하여 빠른 진격 속도로 인해 '유령 군단(Ghost Corps)'이라는 별명을 얻었으며, 이 시기에 은성무공훈장과 수훈십자장을 수훈했습니다. 특히 북아프리카 전투에서 독일군의 롬멜 부대와 맞서 공훈을 세우고 중장으로 승진했으

---

[81] 송재익 (2021), "낙동강방어선 방어작전을 통해서 본 워커 장군의 전투지휘 및 리더십 재조명", 군사연구, 151, 35-65.

며, 제2차 세계대전의 영웅인 조지 패튼 장군이 가장 아꼈던 부하로 평가받아 '패튼 장군의 불독'이란 별명을 얻었습니다. 그는 평소 조용한 성격이었으나 전장에 나서면 그의 애칭인 '불독'처럼 집념과 투지가 넘치는 군인이었다고 합니다. 참고로, 패튼 중장의 제3군 휘하에 워커 소장의 제20군단이 있었고, 그 휘하에는 한국전쟁 당시 제3대 미8군사령관으로 부임하는 밴 플리트 준장의 제90사단이 있었습니다.

제2차 세계대전 중의 조지 패튼 장군과 워커 장군

1948년 워커 장군은 일본의 점령군 임무를 수행 중이던 주일駐日 미8군사령관으로 부임했고, 1950년 6월 25일 한국전쟁이 발발하자 극동군 총사령관인 맥아더 원수로부터 미8군을 전투준비 상태로 회복시킬 것을 명령받았습니다. 7월 13일 초대 주한 미8군사령관으로 부임해 첫째, 전투부대들은 방어선을 확보하고 차후 공세를 준비하며, 둘째, 미 제24보병사단은 금강선을 저지하며, 미 제25보병사단은 한국군을 지원하라는 임무를 부여했습니다. 전선을 유지하며 후방으로 후퇴를 하면서 반격을 도모하는 지연전을 펼친 것입니다.

북괴군 전력에 밀려 전쟁 초기 대한민국은 제주도나 서사모아의 어느 섬으로 망명할 수밖에 없는 절체절명의 위기에 처했습니다. 워커 장군은 낙동강 전선을 지키며 "버티느냐 죽느냐(Stand or Die)"라며 방어선 사수 명령을 내렸는데, 동료와 부하들에게 "내가 여기서 죽더라도 끝까지 한국을 지키겠다. 철수든 전선 조정이든 어떤 것이든 뒤로 물러서지 않을 것"이라고 말했습니다. 지프와 경비행기로 최전방을 쉴 새 없이 누비던 그의 집념으로 마침내 낙동강 방어선을 지켜냈습니다. 마침내 대한민국 최대의 위기를 극복하고, 맥아더 원수의 인천상륙작전이 성공할 때까지 시간을 버는 데에 성공함으로써 반격의 발판을 마련할 수 있었던 것입니다. 포항-영천-대구-창녕-마산-통영을 연결하는 이른바 '워커 라인'의 방어작전은 국군과 유엔군 간 최초의 연합작전이었으며 한·미 군사동맹의 바탕이 되었습니다.

하지만 그는 1950년 12월 23일 한국전쟁에 소총중대장으로 참전하여 중공군과 싸우고 있던 아들 샘 워커(예비역 대장) 대위에게 은성무공훈장을 직접 달아주고 전방시찰을 위해 이동 중 지금의 서울 도봉동 596-5번지 현장에서 차량이 전복돼 목숨을 잃고 맙니다. 이날 오전 10시경 워커 장군 일행이 탑승한 두 대의 지프차는 의정부 근처 미 제9군단 예하 제24사단 전투지휘소를 향해 이동 중이었습니다. 그때 한국군 제6사단 2연대 수송부 정비대 민간 수리공이 수리를 마친 닷치 쓰리쿼터 (3/4톤)의 시험주행을 위해 트럭을 출발시키다가 마주 오던 워커 장군과 부관, 운전병, 호위병 네 사람이 타고 있던 지프의 측면을 들이받았습니다. 이 충격으로 워커 장군은 앞유리창 밖으로 튕겨져 나가 땅바닥에 부딪히면서 숨지고 말았습니다. 이 소식을 들은 이승만 대통령은 트럭 운전사를 사형에 처해야 한다고 했으나, 미군 참모들의 만류 끝에 과실치사로 인정 3년의 징역형을 받았습니다. 당시 미국 지도자들은 "워커 장군이 살아있었다면 전쟁의 양상이 달라졌을 것"이라고 안타까워했다고 합니다.

서울 수복과 평양 탈환, 압록강까지 북진을 지휘한 워커 장군, 대한민국을 집어 삼키려는 붉은 군대를 격파하고 국민들에게 희망을 안겨준 구국의 영웅 워커 장군. 그의 업적에 비해 초라하기만 한 '워커 장군 전사지戰死址' 표지석이 1호선 도봉역 2번 출구 맞은편 아파트 대로변에 놓여 있습니다.

(좌) 한국전쟁 당시 대구에서 방어를 지휘하는 워커 장군
(우) 현장 순시 중인 워커 장군

아버지의 유해는 의전부대에 맡기고 바로 전장으로 돌아가 싸우겠다는 아들 샘 워커에게 맥아더는 직접 알링턴 묘지에 가서 안장시키도록 명령했다고 합니다. 워커 장군은 대장으로 추서되었고, 아버지 못지않은 유능한 아들 샘 워커 대위는 훗날 미군 역사상 최연소 대장이 되어, 워커 부자父子는 미 육군 역사상 최초 부자 대장이 되었습니다.

(좌) 워커 장군과 (우) 아들 샘 워커(Sam Sims Walker, 1925~2015) 장군

1950년의 뜨거운 여름, 낙동강 방어 전투에서 워커 장군이 없었더라면 대한민국은 어떻게 되었을까요? 제주도나 태평양의 섬에 망명정부를 세웠을지도 모릅니다. 그의 효과적인 전술, 뛰어난 정보수집 능력, 결단력과 의지를 바탕으로 수세에서 공세로 전환하며 북진할 수 있었습니다.

알링턴 묘지의 워커 장군 묘비

미군은 'M41 워커 불독'이라는 경전차에 이름을 붙여 워커 장군을 기념하고 있습니다. 우리나라에도 워커 장군 전사지 표지석(서울 도봉구), 워커힐 호텔(서울 광진구), 캠프 워커(대구 남구), 한국전쟁 초기 미8군사령부였던 워커 하우스(부산 남구) 등 그의 공적을 기리기 위해 이름을 붙인 곳이 남아있습니다.

2013년 10월 2일 서울 광진구 워커힐호텔에 위치한 워커 장군 추모비에 헌화하는 워커 장군의 손자 월튼 워커 2세와 샘 워커 2세[82]. 국방부는 건군 65주년 국군의 날을 맞아 제1회 백선엽 한미동맹상 수상자로 월튼 워커 전 미군 대장을 선정했습니다. 손자인 월튼 워커 2세가 이 상을 대신 수상했습니다.

다음83)은 워커 장군과 백선엽 장군의 일화입니다. 워커 장군의 현장 지휘를 통해 백 장군은 자연스럽게 학습했을 것으로 보입니다.

「백 장군은 제1사단장일 때 미 제8군사령관 워커 중장을 만났다. 워커 중장은 한국전선에서 현장을 찾아다니며 문제점을 파악하고 이에 대한 대책을 강구했다. 워커 장군은 현장 위주의 작전지도를 선호했다. 그럴 때마다 그는 헌병의 호휘도 없이 지프차를 타고 전선을 누볐다. 지프 뒤에는 항상 30구경 기관총을 장착하고, 지프 밑바닥엔 강판으로 보강하고, 지프 바닥위에는 흙 마대를 깔아 지뢰에 대처했다. 전선시찰을 와서 사단사령부를 방문할 때는 상황판에서 사단상황을 보고 받고 몇 가지 질문한 뒤 결정은 사단장의 몫이라고 말하고 배웅도 받지 않고 훌쩍 떠나갔다. 백 장군은 워커 장군에게서 우회전술(by-pass)과 현장을 보러 다니는 습관을 배웠다.」

2017년 4월 25일, 용산미군기지에서 열린 워커 장군 동상 이전행사에서 기념촬영84).
왼쪽부터 토마스 밴달 미8군 사령관, 빈센트 브룩스 주한미군 사령관, 백선엽 명예 미8군 사령관. 동상은 용산기지에서 평택의 캠프 험프리스(Camp Humphreys)로 이전되었습니다.

참조
https://ko.wikipedia.org/wiki/월턴_워커.

---

82) 「헌화하는 故 워커 장군 손자들」, 2013년 10월 2일 연합뉴스.
83) 남정옥, 『백선엽』, 백년동안 2015, 164쪽.
84) 「평택 앞으로」, 2017년 4월 25일 연합뉴스.

3.2.2.3. 리지웨이(Matthew Bunker Ridgway, 1895~1993) 장군 – 패배 의식에 젖은 유엔군을 독려하고 중공군 반격에 성공한 장군

한국전쟁 당시 리지웨이 장군의 모습. 마지막까지 싸우겠다는 의지를 어깨에 매단 수류탄이 보여주고 있습니다.

리지웨이 장군은 워커 장군의 순직으로 미8군 사령관으로 부임(1950년 12월 26일)한 후 UN군 총사령관이던 맥아더 장군의 해임(1951년 4월 11일)과 동시에 그의 직을 승계하기까지 4개월에 미치지 않는 기간 동안 미8군을 지휘했습니다. 부임을 전후로 당시 유엔군은 중공군의 공세에 계속해서 밀리던 절체절명의 위기에 있었습니다. 후퇴를 거듭하던 장병들에게 있어, 정신력 쇄신의 필요성을 파악한 이 위대한 사령관은 부임 후 병사들의 목표의식을 일깨워 전열을 가다듬고 반격을 개시하게 되었습니다. 결국 이 기간에 서울을 재탈환하고 북쪽으로 진출한 방어선을 구축했습니다. 유럽 전선의 영웅으로 공수사단장과 공수군단장을 역임한 그는 부임 직후 비행기, 헬기, 지프차로 최전방을 시찰하며 장병들을 독려했습니다. 또, 예하 부대 작전참모가 후퇴할 작전계획을 수립하면 그 자리에서 경질하는 공격형 지휘관이었습니다. 한국전쟁 중 가장 유명한 작전이 인천상륙작전이기에 이를 지휘한 맥아더 장군을 많이 기억하지만, 리지웨이 장군을 기억하는 사람은 많지 않은 것 같습니다. 이제 이 잊혀버린 장군에 대해서 알아보도록 하겠습니다.

1895년 3월 3일 미국 버지니아 주의 몬로 기지(Fort Monroe)에서 태어난 리지웨이 장군의 아버지 토머스 리지웨이 역시 군인이었습니다. 그는 포병 대령으로 여러 기지를 옮겨 다녔고, 아들은 군대의 환경에 익숙한 생활 속에 자라게 되었습니다. 리지웨이 장군은 어린 시절을, "첫 기억들은 대포들과 행진하는 군인들 그리고 기상호포[85] 소리에 일어나고 밤에는 '소등 나팔 신호(Taps)'의 달콤하고 슬픈 가락이 하루를 공식적으로 마감할 때 잠자리에 들던 것이다."라고 회상할 정도였습니다. 그는

---

85) 기상호포(起床號砲): 기상의 최초 호음으로, 또는 일출 시각에 발사되는 호포 및 장례 때 조의를 표하는 예포. mourning gun이라고도 함(군사용어사전).

1917년 웨스트포인트 육군사관학교를 졸업하고 소위로 임관, 1년 후에는 모교에서 스페인어 교관으로 보직, 당시 학교장이었던 맥아더 장군의 지시로 생도대 훈육관과 체육처장을 맡았습니다. 1920년대 중반 한편, 이 기간에 제1차 세계대전에 참전하지 못한 것에 대해 실망했으며 참전용사들 앞에서 기를 펴지 못했다고 밝혔습니다. 6년간의 사관학교 근무를 마치고 엘리트 코스인 미국 육군 보병학교의 고등군사반 과정에 입교했고, 전술교관의 경험을 살려 2등으로 수료하고 중국 천진의 제15보병연대에서 근무하게 됩니다. 당시 연대장이 훗날 참모총장과 국방장관을 역임하게 되는 조지 마셜 중령이었습니다.

1930년대에는 군단과 군의 참모장 보좌관 등을 역임하다가 유럽에서 제2차 세계대전이 일어나자 육군 참모총장 마셜 대장에 의해 전쟁기획부에 배치되었습니다. 1942년 1월까지 그곳에서 일하며 준장으로 진급, 보병사단을 공수사단으로 변모시키는 전례 없는 임무를 수행해냈습니다. 이 부대가 바로 제82공수사단으로 1942년 8월 소장으로 진급, 사단장이된 그는 1943년 7월, 이탈리아 시칠리아 섬 상륙작전에서 부대를 지휘했습니다. 또 1944년 6월 노르망디 상륙작전에서도 부대원들과 함께 낙하하여 싸웠습니다. 그해 9월 1제18공수군단장이 되어 발지 전투(Battle of Bulge)에 참여하고 이듬해 2월에는 발틱 해에서 소련군과 역사적인 연결작전을 이루어냅니다. 한 달 후에는 독일로 진격해서 바시티 작전(Operation Varsity) 수행 중 수류탄에 어깨를 다치기도 했습니다. 1945년 6월 중장으로 진급했고 전후戰後 필리핀, 지중해, 유엔, 카리브해에서 부대를 지휘했습니다. 한국전쟁 발발 당시, 그는 미 국방성에서 육군 작전 및 행정 담당 참모차장으로 근무하고 있었습니다.

1950년 12월 워커 장군의 순직 후, 극동군사령부와 워싱턴의 합참에서도 미8군사령관의 유일한 후임으로 리지웨이 장군을 지목했다고 합니다. 그만큼 그의 재량이 뛰어났다는 사실을 알 수 있습니다. 리지웨이 장군은 중공군의 개입과 1·4후퇴 이후 후퇴 일로에 있던 유엔군이 1951년 1월 25일을 기해 일제히 반격에 나선 라운드업 작전(Operation Roundup)을 개시했습니다. 중공군 린퍄오(林彪) 사령관이 지휘하는 제4야전군에 포위되어 고립된 미 제23연대 전투단이 있는 지평리 전장을 위험을 무릅쓰고 헬기로 방문했습니다. 사령관이 직접 전장까지 날아와 "오늘 밤만 더 버텨달라"며 격려했고, 고립된 장병들은 승리로써 보답했습니다. 이 지평리전투의 승리로 수도 서울을 재탈환하며 전선을 북으로 끌어올릴 수 있었습니다.

리지웨이가 한국에 도착했을 때, 무엇보다 중요시했던 것은 중공군에 밀려 패전을 거듭하던 아군에게 전쟁의 목적을 명확하게 깨우쳐주는 것이었습니다. 복거일은 다음[86]과 같이 서술합니다.

「1950년 12월 25일 리지웨이가 한국에 부임해서 전선을 시찰했을 때 그가 본 것은 목적을 잃은 군대였다. 미군 병사들은 자신들이 조국에서 멀고 낯선 땅에서 무엇을 위해 싸우는지 알지 못했다. 조국이 공격받은 제2차 세계대전과는 달리 '한국전쟁'은 그저 비참한 전쟁에 지나지 않았다.

---

[86] 복거일, 『리지웨이, 대한민국을 구한 지휘관』, 백년동안 2015, 18쪽.

리지웨이는 미군 병사들에게 목적의식을 불어넣는 것이 무엇보다도 급하다고 판단했다. 그는 바로 미군 병사들에게 6.25전쟁의 뜻을 설명하는 성명서 '왜 우리가 여기 있는가? 무엇을 위해서 우리는 싸우는가?(Why Are We Here? What Are We Fighting For?)'를 발표했다.

아울러 그는 한국 정부와 군대를 서둘러 안심시켜야 할 필요를 느꼈다. 한국 사람들도 한국이 미국에 그리 중요하지 않다는 사실을 인식하고 있었기 때문이다.」

당시 중공군의 개입으로 인하여 후퇴를 거듭하던 유엔군과 국군의 모습, 미국이라는 나라가 동아시아의 조그마한 대한민국에 대한 지정학적 가치를 어떻게 생각하고 있는지 다음[87])과 같이 서술합니다.

「실제로 중국의 국공내전(國共內戰:중국 국민당과 공산당의 내전)에서 많은 국민당 군대가 항복해서 공산군에 편입되었고 한국에 침입한 병력의 다수가 원래는 국민당 군대에 속했다. 리지웨이로선 미국의 의지에 회의적인 한국군 부대들이 공산군에 투항하는 사태를 걱정하지 않을 수 없었다. 한국이 미국의 의지에 대해 의구심을 가질 근거도 충분했다. 중공군의 개입이라는 새로운 상황을 맞아 맥아더는 미군 합동참모본부에 작전지침을 요청했다. 그가 받은 지침에는 그의 기본적 임무가 '일본의 수호'이고 아주 어려운 상황에선 일본으로 철수하라는 명령이 담겼다. 미국은 일본을 지킬 마음이 굳었지만 전략적 가치가 작다고 판단된 한국은 사태가 불리해지면 언제라도 버릴 생각이었다.

그래서 리지웨이는 이승만 대통령을 처음 만난 자리에서 "대통령 각하, 나는 당신을 만나 기쁘고 이 자리에 서게 되어 기쁘며 나는 여기 머물 생각입니다(I'm glad to see you, Mr. President, glad to be here, and I mean to stay)."라고 인사했다. 그제야 굳었던 이 대통령의 얼굴이 밝아졌다고 그는 회고했다. 이어 그는 한국군 참모총장 정일권 장군에게 보낸 편지에서 "(오직 하나의 궁극적 목표가 있다면 귀하의 국민들의 자유를 지켜내는 일입니다. 이 목표를 달성하기 위하여 우리는 함께 싸워야 합니다.)[88]) 우리 통합된 연합군에겐 오직 하나의 공통된 운명만이 남아있습니다."라고 밝혔다.」

또한 이재전(육사8기·중장 예편·작고) 장군은 리지웨이 장군이 전쟁을 최일선에서 수행하는 청년 장교 수백 명을 선발, 6개월 동안 미 육군 보병학교에 유학 보냈다며, 이것은 장기적인 안목을 가진 리지웨이 장군의 일대 결단이었다고 말했습니다. 미군 편에서 보면 한국군 장교단의 미국식 교육을 통해 근대화에 눈뜬 친미親美 혹은 지미知美파 장교들을 양성한다는 측면이 있었습니다. 하지만 한국 편에서 보자면 군인이라는 집단이 우리 사회에서는 처음으로 근대화 및 민주주의 교육과정을 체험하게 된 것이라며 한국군 근대화에 큰 영향을 준 미군 장성이라고 평가했습니다[89]).

---

87) 복거일, 『리지웨이, 대한민국을 구한 지휘관』, 백년동안 2015, 19쪽.
88) ( )부분은 원문에서 추가. 「이 추운 겨울 리지웨이 장군을 생각한다」, 2006년 12월 16일 조갑제닷컴.
89) 「리지웨이 장군 별세」, 2019년 7월 23일 국방일보.

한국 전선에 부임한 직후 이승만 대통령을 방문한 미8군사령관 리지웨이 장군

리지웨이 장군은 4개월이 채 되지 않는 기간에 이승만 대통령에게 강한 인상을 받은 듯합니다. 다음은 그의 회고입니다.

"이승만 대통령의 무력통일론은 집요했고, 한국은 인적 자원이 많으므로 무기를 달라고 끊임없이 요청했다. 그러나 나는 마음 속으로 이 용감한 노신사에 대해 존경과 동정을 금할 수 없었다. 공산당에 대한 증오와 그 자신의 국민들을 위해 매우 편견에 가득 차 있기는 했지만……그리고 더 나아가 거의 불가능한 것을 끊임없이 요구해 왔지만, 그는 전 생애를 통해 헌신한 그의 조국에 대한 깊은 애정에서 이같이 행동하고 있었다."

-리지웨이 장군의 회고록 중에서

국적은 달랐지만, 자유세계를 지켜내자는 하나의 목표를 위해 영웅들은 힘을 모았습니다. 다음90)은 리지웨이 장군과 백선엽 장군의 일화입니다.

「리지웨이 사령관도 백선엽에게는 스승이었다. 리지웨이 사령관과는 백선엽이 사단장과 군단장으로 있을 때 만났다. 그는 용모부터 특이했다. 차양에 커다란 중장 계급장과 낙하산 마크를 붙인 방한모, 코트 왼쪽 어깨엔 용(龍)을 모티브 한 제18공정군단의 배지, 그 왼쪽에는 미 제8군 배지, 오른쪽 가슴의 X벨트에는 수류탄, 허리의 탄띠에는 38구경 권총을 찼다.
또한 말을 할 때는 오른손 집게손가락을 찌를 듯 가리키며 얘기하는데, 열이 오르면 한 발 한 발 다가와 상대와 맞닿을 정도였다. 그러면 상대편은 그의 가슴에 달려 있는 수류탄에 신경이 쓰였지만, 견뎌야 별도리가 없었다. 그는 한마디로 전투형 지휘관이었다. 리지웨이 장군은 확실한 정보를 중요시했다. 상황판에 있는 적정에 대해서는 꼬치꼬치 물으며 출처를 확인했다. 답변이 시원치 않거나 우물쭈물하면 "즉시 척후를 보내. 아니 귀관이 직접 가서 확인해. 두 발 뒤서 뭣

---

90) 남정옥, 『백선엽』, 백년동안 2015, 164-5쪽.

해."라고 호통을 쳤다. 특히 리지웨이 사령관은 전의가 부족한 지휘관은 용서치 않았다. 그런 지휘관을 만나면 대번에 "귀관은 전선에서 필요없다."며 교체했다. 리지웨이 장군은 전투형의 지휘관이자 위기관리에 뛰어난 사령관이었다.」

1사단 사령부를 방문한 리지웨이 장군(왼쪽에서 세 번째)과 백선엽 장군(오른쪽 첫 번째)

1951년 4월 11일, 트루먼 대통령은 미 극동군사령관 겸 유엔군 총사령관 맥아더 장군을 해임하고 그 후임에 리지웨이 장군을 임명했습니다. 4개월이 채 되지 않는 기간 리지웨이 장군은 본인의 의지와 경험을 바탕으로 군인들의 사기를 진작시키고, 수도 서울을 재탈환하며 대한민국을 수호하는 데 큰 공헌을 했습니다.

중공군의 개입으로 새로운 국면을 맞이한 UN군은 지상군 사령관 겸 미8군 사령관이던 워커 장군을 잃었습니다. 대한민국은 적군의 대공세를 눈앞에 두고 새로운 사령관을 필요로 하고 있었습니다. 한편, 미국은 당시 지정학적으로 전략적 가치를 낮게 평가받고 있는 한반도에서의 전쟁을 어떻게 치러야 할지 많은 고민을 하고 있었습니다. 이런 위기의 때에 리지웨이 장군의 부임으로 지평리 전투를 비롯, 여러 전투를 통해 서울을 재탈환하는 등 중공군의 공세에 반격을 가하며 전선을 북쪽으로 옮겨갈 수 있었습니다. 리지웨이 장군은 한국전쟁 이후 NATO사령관, 미 육군 참모총장 등을 지낸 뒤 퇴역하고, 1993년 7월 26일 세상을 떠나 알링턴 국립 묘지에 묻혔습니다.

1951년 4월 14일 리지웨이(전임) 밴플리트(후임) 이취임식   알링턴 묘지의 리지웨이 장군 묘비

이하 리지웨이 장군의 『우리는 왜 여기 있는가? 우리는 무엇을 위해 싸우는가?』 전문(全文)91)

「내가 한국에 온 지난 수 주 동안 제8군 장병들의 마음속에 두 개의 절실한 의문이 있다는 것을 알게 되었다. 그것은 '우리는 왜 여기 있는가?'와 '우리는 무엇을 위해 싸우는가?'이다.

8군 사령관으로서 나는 모든 장병들이 나의 응답을 들을 권리가 있다고 판단하여 1951년 1월 21일자로 8군에 소속되거나 관련된 모든 사람들에게 아래와 같은 나의 응답을 전달하도록 지시했다.

첫 번째 질문, '왜 우리는 여기에 있는가?'에 대한 답은 간단하고 단호하다. 우리가 존중하는 정부의 합헌적合憲的으로 구성된 당무자들이 내린 결정에 의해서 우리는 여기에 와 있다. 유엔군 사령관인 더글러스 맥아더 원수는 말했다: '유엔 회원국들이 우리에게 부여한 임무에 따라서 우리 사령부는 한국에서 군사적 포진(布陣)을 유지할 것이다'
더 이상의 논평은 불필요하기 때문에 나의 대답은 간단하다. 우리가 바치고 기대하는 충성심은 이상의 명령에 대한 아무리 사소한 의문이라도 허용하지 않는다. 그래서 나의 대답은 단호한 것이다.

두 번째 의문은 아주 심각한 것이므로 우리 사령부 소속원들은 논리적이고 완전한 답변을 들을 권리가 있다. 나의 답변은 이렇다.

나로선 문제가 명쾌하다. 한국의 이런저런 도시와 농촌을 지키느냐 마느냐의 문제가 아니다. 여기서 그런 부동산 문제는 부수적인 것이다. 문제는 동맹국 한국의 자유에만 한정되지도 않는다. 한국인들의 지조와 용기가 전쟁 중 가장 어려운 시기에도 꺾이지 않았음을 우리가 높게 평가하지만, 한국의 자유를 수호한다는 것은 더 큰 명분의 한 상징이며 이 대의(大義)명분 속에 포함되는 셈이다.

문제의 본질은 서구 문명의 힘, 하나님께서 우리의 사랑하는 조국에서 꽃피도록 하신 그 힘이 공산주의를 저지하고 패배시킬 수 있는가 하는 것이다. 문제의 본질은, 인간의 존엄성을 비웃고, 포로들을 쏘고, 시민들을 노예로 삼는 독재 세력이 개인과 개인의 권리를 신성하게 보는 민주 세력을 뒤집어엎을 것인가이다. 문제의 본질은, 하나님께서 우리를 인도하심에 따라서 우리가 생존할 것인가, 아니면 하나님 없는 세상에서 시체처럼 사라질 것인가이다.

이것이 사실이라면, 나는 그렇게 생각하지만, 이 싸움은 동맹국 한국의 국가적 생존과 자유만을 지키기 위한 싸움이 아니라는 사실이 논란의 여지가 없이 명백해진다. 이 전쟁은, 우리의 조국이 독립과 명예를 누리는 가운데 우리 자신의 자유와 우리 자신의 생존을 유지하기 위한 투쟁이다. 우리가 바친 희생과 도움은 他人을 위한 자선이 아니라 우리를 지키기 위한 직접적 자위自衛행동이었다.

결론적 분석: 여기 한국에서 제기된 문제의 핵심은 공산주의냐, 개인의 자유냐의 투쟁이며, 무리가 목격한 그 겁에 질린 사람들의 대탈주를 중단시킬 것인가, 아니면 머지않은 장래에 우리가 사

---

91) 「67년 전의 겨울, 리지웨이 장군을 생각하면 가슴이 따뜻해진다.」, 2017년 12월 5일 조갑제닷컴.

랑하는 사람들까지도 절망적이고 비참한 그 소용돌이 속으로 말려들 것인가이다.

이것들이 우리가 싸우는 이유들이다. 일찍이 그 어떤 군 사령부의 소속원들도 우리가 직면한 이런 도전을 감당한 적이 없다. 이는 도전이기도 하지만 우리 자신과 우리 국민들 앞에서 최선의 노력을 보여줄 수 있는 절호의 기회이다. 그리하여 군인이란 직업과 우리를 키워준 용감한 사람들에게 영광을 돌리자.」

리지웨이 장군은 이 전쟁의 목표를 분명히 알고 있었습니다. 공산 독재 세력과 민주 세력 간의 싸움이자, 다른 누군가를 돕는 차원이 아니라 자신의 생존을 지키기 위한 자위적 차원의 전쟁이라는 것이었습니다. 2022년 대한민국에서 일어나는 일에도 동일하게 적용됩니다. 좌익 공산주의자들과 종북 주사파 세력이 가짜 민주를 내세우면서 참된 민주를 탄압하고 독재체제를 구축하려고 합니다. 지금 당장 내 일이 아니니 무시하고 지내다가 그 위협이 자신의 코앞에 당도했을 때는 이미 늦었다는 진실을 설득력 있게 이야기했습니다.

자신의 확고한 신념을 지키기 위해 장병들을 설득하고 행동을 통해 공산 세력에 맞서 싸웠던 리지웨이 장군을 복거일은 다음[92]과 같이 평가합니다.

「워커 장군의 후임인 미 제8군 사령관 리지웨이 장군, 그는 워낙 일처리가 빈틈없어서 도쿄 극동군사령부와 워싱턴 D.C. 정부 모두 그를 워커의 유일한 후임으로 지목했다.

브래들리[93]는 중공군의 개입으로 위태롭던 상황에서 중공군의 개입으로 위태롭던 상황을 리지웨이가 반전시킨 업적을 "미군의 역사에서 발휘된 가장 큰 개인적 지도력"이라고 평가했다. 리지웨이 자신은 지도력이 성격, 용기 그리고 능력으로 이루어진다고 여겼다. 그는 원만한 성격, 차분한 용기 그리고 뛰어난 능력을 갖춘 지휘관이었다.

한국전쟁이 '잊힌 전쟁'이 된 1986년 5월 12일 리지웨이에게 대통령 자유 메달(Presidental Medal of Freedom)을 수여하면서 레이건(Ronald Reagan 1911~2004 미국 40대 대통령) 대통령은 "영웅들은 그들이 필요할 때 나옵니다. 위대한 사람들은 용기가 드문 것처럼 보일 때 앞으로 나옵니다."라고 말했다. 당시 위급한 처지에 놓인 한국은 정말로 영웅을 필요로 했다. 그 영웅은 리지웨이라는 지휘관으로 나왔다. 비록 우리는 너무 빨리 그 영웅을 잊었지만.」

대한국민은 잊혀버린 영웅 리지웨이 장군을 다시 조명해서 감사하고 기념해야 할 것입니다.

참조
복거일, 『리지웨이, 대한민국을 구한 지휘관』, 백년동안 2015.
https://ko.wikipedia.org/wiki/매슈_리지웨이.

92) 복거일, 『리지웨이, 대한민국을 구한 지휘관』, 백년동안 2015, 132쪽.
93) 브래들리(Omar Nelson Bradley, 1893~1981): 미 육군 원수(오성 장군)로, 제2차 세계대전 중 북부 아프리카와 유럽에서 미국 육군을 지휘한 주요 사령관으로 한국전쟁 당시 초대 미 합참의장 역임.

3.2.2.4. 밴플리트(James Alward Van Fleet, 1892~1992) 장군 - 한국전쟁에서 외아들을 잃고 한국군의 아버지가 된 장군

밴플리트 장군은 한국전쟁 당시 리지웨이 장군의 후임으로 미8군사령관이자 유엔군 지상군사령관으로 한국땅을 밟았습니다. 그는 1, 2차 세계대전을 치른 역전의 용장이자, 그리스의 공산화를 막아낸 미 군사고문으로서 임무를 충실하게 소화해냈습니다. 밴플리트 장군의 부임은 마셜 국무장관의 추천과 콜린스 육군참모총장, 트루먼 대통령의 적극적인 동의로 이루어졌습니다.

워싱턴과 도쿄를 거쳐 1951년 4월 14일 대구공항에 도착한 그는 자신의 각오를 다지며 "제군들, 나는 항복하고 이 나라에서 철수하기 위해 온 것이 아니오. 승리하기 위해 여기 왔소. 따라서 나와 함께 일하기 싫다면 당장 집으로 보내 주겠소."라고 말했습니다. 이것이 이승만 대통령이 그를 믿고 좋아했던 이유였습니다. 리지웨이 장군이 부임했을 때처럼 중공군은 두 차례의 공세(4월, 5월 공세)를 퍼부었으나, 수도 서울을 지켜냈습니다. 지휘관으로서 수도를 빼앗기지 않는 것이 국민 정서와 삶에 어떤 영향을 미치는지 알고 공세를 막아낸 밴플리트 장군을 이승만 대통령은 더욱 신뢰하였습니다. 하지만 그해 7월 10일부터 휴전회담이 시작되자 밴플리트 장군의 북진 전략은 번번이 퇴짜를 맞았습니다. 워싱턴 수뇌부는 3차 세계대전으로의 확전을 두려워하며 중공군을 과대 평가했고, 유엔군 총사령관 리지웨이 장군은 수뇌부의 규율을 엄격하게 따랐기 때문이었습니다. 대한민국을 지켜내기에는 동서의 폭이 가장 좁은 평양-원산을 잇는 39도선을 확보하는 것이 효율적이며, 휴전된 이후에도 방어에 유리하다고 판단한 밴플리트 장군의 주장은 거부되었습니다.

워싱턴 수뇌부와 유엔군 사령부의 제한전(limited war) 지침에 따라 작전 반경을 넓힐 수 없었던 밴플리트 장군은 자신의 재량권 내에서 최대한 공세를 전개했습니다. 이 덕분에 오늘날의 휴전선이 보다 북쪽으로 올라가게 되어 전쟁이 끝나고 대한민국의 영토가 7% 증가한 것입니다. 그러한 밴플리트 장군도 워싱턴의 전쟁지침에 한계를 느끼고 있을 무렵, 22개월의 임무를 마치고 1953년 2월 12일 대한민국을 떠났습니다.

밴플리트 장군은 한국전쟁 당시 80을 바라보는 이승만 대통령의 전선시찰을 매주 수행하며, 대통령의 해박한 지식, 인성과 조국에 대한 사랑에 감동했다고 합니다. 겨울의 혹한과 여름의 폭염에도 아랑곳하지 않고 자신의 자식과 같은 장병들과 고난을 함께하겠다고 나선 대통령의 모습에 감동하여 수행하게 된 것입니다. 장군은 다음과 같이 회고합니다.

「내 재임 2년 동안, 이승만 대통령은 거의 1주일에 한 번씩 온갖 역경을 마다하지 않고, 전방지역과 훈련지역을 시찰했다. 추운 날 이른 아침, 지프를 타야할 때 죄송하다는 내 말에, 대통령은 미소로 답하고는 자동차에 올랐다. 목적지에 도착할 때까지 그의 밝은 얼굴과 외투 밖으로 보이는 백발은 마치 검은 구름 위에 솟아오르는 태양처럼 빛났다.」

전선시찰 중 불시착하여 저녁도 부대에서 먹다 남은 음식으로 때워야 했을 만큼 어려운 상황 속에서도 대통령은 미소를 띤 채 농담하고 주위사람들을 편안하게 했다고 합니다. 특히 1952년 10월, 중부전선 백마고지에서 혈전을 치르던 국군 9사단을 방문하고 격려한 자리에도 밴플리트 장군이 동행했습니다. 이때 격려받은 김종오 사단장은 훗날 "대통령이 내 손을 꼭 잡고 눈물을 적실 때 가슴이 메어졌다. 그래서 기필코 이 전투를 이기고 말겠다는 각오를 되새기게 되었다."고 회고했습니다. 이처럼 한반도의 유엔군 지상군을 총괄하면서 이승만 대통령의 전선시찰을 수행하는 일은 그에 대한 존경과 우애가 없었다면 불가능했을 것입니다.

밴플리트 장군은 '대한민국 국군의 아버지'라는 별명을 갖고 있습니다. 1954년 미의회 상하의원 합동연설에서 이승만 대통령의 발언이었는데, 실제로 대한민국 육군사관학교 설립에 밴플리트 장군이 큰 공헌을 했습니다. 미국 웨스트포인트 육군사관학교에서 근무하고 있던 사위에게 사관학교의 교육과정, 군사훈련 내용, 조직과 편성 등에 대한 기밀 자료를 요청하고 이를 바탕으로 학교를 설립한 것입니다. 장군은 우수한 장교 인력을 양성하기 위한 사관학교의 필요성을 파악하고 1951년 10월 경상남도 진해에 4년제 정규 육군사관학교를 재개교94), 육군의 정예화에 앞장섰습니다. 더 이상의 북진 공세가 어려워지자, 국군의 질적 향상을 도모하는 데 눈을 돌린 결과물이었습니다. 1952년 1월 육사 11기생의 입학시에는 훗날 대한민국 대통령이 되는 전두환, 노태우 두 생도가 있었습니다. 밴플리트 장군은 학교 건립뿐만 아니라 국군 장교들의 질적 향상을 위해 미국 유학을 통해 선진 군사학을 교육받을 수 있도록 배려했습니다. 이에 따라 선발된 장교들에게는 미 육군보병학교, 육군포병학교, 지휘참모대학 등에서 교육을 받을 기회가 주어졌습니다.

그리고 국군의 양적 향상을 위해서도 아낌없이 지원을 시작한 것이 밴플리트 장군이었습니다. 전쟁 초 8개 사단에 불과했던 우리나라 국군은 1953년 11월에 이르러 20개 사단으로 증편되었습니다. 그 시작이 밴플리트 장군 재임시절로 거슬러 올라갑니다. 특히 국군 제2군단 재창설을 위해 미군 장교들을 투입해서 국군 장교들을 맞춤식 교육을 했습니다. 전투, 정보, 통신, 수송, 공병, 인사 등 전 분야에 걸쳐 일대일 현장 교육을 실시했습니다. 1952년 4월 5일의 창설식에는 이승만 대통령과 언제나처럼 밴플리트 장군이 함께했습니다. 전날인 4월 4일 밴프리트 장군은 자신의 아들이 실종되었다는 소식을 들었음에도 슬픔을 감추고 태연하게 창설식에 참석하여 축하와 격려를 아끼지 않았습니다.

---

94) 육군사관학교는 1946년 5월 1일 '조선경비사관학교'라는 이름으로 태릉에서 개교했습니다. 한국전쟁으로 임시 휴교 상태에 놓였지만, 1951년 10월 31일 경남 진해에서 4년제 정규사관학교로 재개교했습니다. 휴전 후인 1954년 6월 21일 현재의 위치로 복귀하여 옛 화랑의 얼과 정신을 이어받고자 '화랑대'로 명명했습니다.

(좌) 2군단 창설식에서, "이제 국군의 면모가 일신(一新)됐다. 이제 국군은 인적, 물적으로 싸울 수 있게 됐다. 오랑캐를 무찌르고 북진통일을 해야 한다"고 격려하는 이승만 대통령과 수행하는 밴플리트 장군, (중)미 9군단 와이먼 소장(앞줄 왼쪽에서 둘째)으로부터 군단기를 건네받는 백선엽 신임 2군단장, (우) 창설된 2군단 예하 6사단, 수도사단, 3사단의 배치도.

그의 외아들 지미(James Alward Van Fleet, Jr., 1925~1952)는 아버지를 따라 육군사관학교를 졸업하고 1948년 6월 이본 루이스(Yvonne Cloud Lewis, 1927~2000)와 결혼했습니다. 밴플리트 장군은 아들도 보병 병과를 지원하기를 바랐는데 그는 항공 병과를 지원, 신설된 미 공군 소속으로 임관합니다. 갓난 아들(제임스 밴플리트 3세, 1949~2008)이 있었지만 아버지를 돕기 위해 한국전쟁에 참전했습니다. 공군 중위로 B-26 폭격기를 몰고 북한 후방의 보급로를 공격하는 작전을 수행하기 위해 1952년 4월 3일 야간 출격을 했다가 다음 날 새벽 연락이 두절되고 말았습니다. 이 소식을 보고 받은 밴 플리트 장군은 "나는 내 아들 지미가 이 전쟁에서 희생당한 10만 명 이상의 사상자와 마찬가지로 자신의 임무에 최선을 다했다는 점에서 위안을 찾습니다."라고 하며 수색을 중지시켰습니다.

이 안타까운 소식을 접한 사람들로부터 수백 통에 달하는 위로의 편지가 밴플리트 장군과 부인 헬렌 여사를 위해 날아왔습니다. 장군은 부활주일에 오히려 한국전쟁에서 자식을 잃은 미국의 부모들에게 성경말씀과 함께 위로 전문[95]을 보냈습니다.

「나는 모든 부모님들이 내가 느끼는 것처럼 느끼시리라고 믿고 바랍니다. 우리의 아들들은 나라에 대한 의무와 봉사를 수행 중이었습니다. 오래전 하나님께서 말씀하신 것처럼 사람이 친구를 위하여 자기 목숨을 버리면 이보다 더 큰 사랑은 없습니다[96].」[97]

참으로 위로가 되는 말이 아닐 수 없었을 것입니다. 부자父子가 함께 같은 목적을 위해 각자의 최선을 다해 임무 수행 중 생이별을 했음에도 오히려 격려를 한 밴플리트 장군이었습니다. 그는 아들의

---

95) Paul F. Braim, 『The Will to Win』, Naval Institute Press 2001. 296쪽.
96) (요15:13) 사람이 친구를 위하여 자기 목숨을 버리면 이보다 더 큰 사랑이 없나니.
97) I hope and trust that all parents feel the same as I do – that their sons were doing their duty and services to their country....As the One so clearly stated so long ago, 'Greater love hath no man than this, that a man lay down his life for his friends.'.

수색 과정에서 또 다른 희생자의 발생을 막기 위해 수색작전을 중지시키고 아들을 가슴에 묻은 아버지였습니다. 어쩌면 더 이상 아들에게 줄 수 없는 사랑을 한국군에 대신 베풀기 위하여 자신의 재량권 내에서 할 수 있는 모든 일에 매진한 것이 아니었을까요?

1953년 2월 11일 밴플리트 장군은 신임 사령관 테일러(Maxwell Davenport Taylor, 1901~1987) 장군에게 미8군사령관직을 이임하고 미국으로 돌아가게 되었습니다. 미8군사령부의 연병장에서 거행된 이취임식 행사에는 이승만 대통령과 한미 양국의 군 수뇌부가 참석했습니다. 그리고 이 자리에서 이승만 대통령은 대한민국 최고무공훈장인 태극무공훈장을 밴플리트 장군에게 수여하고 그의 전공을 치하했습니다. 이에 앞선 1월에는 부산의 임시 경무대에서 대한민국 건국훈장을 수여했습니다. 대한민국 국군의 초석(礎石) 쌓은 그의 공적을 잊어서는 안 될 것입니다.

1953년 1월 28일 부산의 임시 경무대에서 건국훈장을 받는 밴플리트 장군과 이승만 대통령

(좌) 미8군사령관 시절의 밴 플리트 장군,
(우) 1952년 3월 17일 서울 컬럼비아 고아원 방문

(좌) 1952년 3월 19일 아버지 밴플리트 사령관의 생일을 축하하는 아들 밴플리트 주니어.
(우) 1952년 4월 14일 한국 부임 1주년 서울시가행진

밴플리트 장군은 1892년 네덜란드계 미국인으로 뉴저지주 코이츠빌(Coytesville)에서 태어났습니다. 그는 누나 둘과 형 셋이 있는 다복한 가정에서 성장했습니다. 태어난지 1년만에 플로리다주로 이주해서 자연과 더불어 살면서 형에게 사냥과 낚시를 배우며 자랐습니다. 한국에 와서도 사냥을 즐기고 아들과 함께했던 것도 웨스트포인트에 들어가기 전까지 이곳에서의 경험 덕분이었습니다. 아버지의 권유로 사관학교에 들어간 청년 밴플리트는 184cm, 84kg의 건장한 체격과 강인한 체력을 바탕으로 사격술과 미식축구에서 두각을 나타냈습니다. 그리고 4학년 때 해군과의 미식축구 경기에서 20 대 0으로 이기는데 풀백을 맡아 완벽한 수비로 승리를 견인, 싸우면 이길 수 있다는 필승의 의지(will to win)를 군인으로서의 좌우명으로 갖게 되었습니다.

그는 체육활동과 군사학에서 뛰어난 성적을 냈지만, 다른 과목에서는 고전을 면치 못했습니다. 졸업할 때 164명 중 92등으로 졸업하고 보병병과를 지원했습니다. 1918년 1차 세계대전에 기관총 중대장으로 참전, 프랑스에 도착해서는 대대장으로 임명되었습니다. 전투에서 파편에 맞아 부상을 입기도 했지만 부대에 복귀해서 싸웠으며, 전쟁이 끝났을 때 2개의 은성무공훈장을 받고 지휘관으로서 인정을 받았습니다. 전쟁 후, 플로리다 대학 학군단장을 맡으며 미식축구부 감독까지 맡으며 팀원들을 훌륭하게 양성했습니다. 그는 미식축구를 통해 전쟁의 원리를 터득하고 그 경험을 전투에서 활용했습니다. 가장 중요한 것은 '굳은 의지'로 강한 의지에 의해 승리할 수 있다는 신념을 가지게 되었습니다. 이후 파나마 주둔 대대장, 보병학교 교관으로 근무했으며, 대공황시기에는 국토개발단의 임무를 수행하였습니다. 이후 예비군 지휘관 훈련교관과 보병대대장을 거쳐 1941년 6월에는 대령으로 진급하며 제8보병연대장이 되었습니다. 그리고 2차 세계대전이 발발하고 미국이 참전하게 되자 강도 높은 훈련에 들어갔고, 1944년 6월 6일 노르망디 상륙작전을 시작으로 27일 쉘부르 점령에 크게 기여했습니다.

당시 2차 세계대전을 지휘하는 장군들은 밴플리트 대령의 1915년 동기와 후배들이었습니다. 그와 같은 졸업기수 164명 중 59명이 장성이 되었는데, 동기생인 아이젠하워는 연합군 최고사령관이었고,

브래들리는 군사령관이었으며, 2년 후배인 콜린스는 군단장이었습니다. 이처럼 그의 진급이 늦어지게 된 이유는 인사권을 지닌 마셜 육군참모총장이 장군 진급에서 번번이 그를 탈락시켰기 때문이었습니다. 그 이유는 이름이 비슷한 알코올 중독자 장교와 혼동했기 때문이었다고 합니다. 노르망디 상륙작전의 전과와 동기생인 아이젠하워, 브래들리 장군의 해명으로 밴플리트 대령에 대한 오해가 풀리면서 승진하게 되었습니다. 같은 해 8월 준장으로 승진하며 제2사단 부사단장, 10월에는 90사단장에 취임하여 워커 장군의 20군단과 패튼 장군의 3군 예하에서 임무를 수행하게 되었습니다. 당시 밴플리트 장군의 활약은 저돌적인 패튼 장군에게도 큰 인상을 주었습니다. 패튼 장군은 자신과 함께 한 부하 장군들 중에서 가장 뛰어나다고 극찬했을 정도였다고 합니다.

1945년 2월 영국 주둔 23군단장에 보직되었고, 3월에는 3군단장으로 부임해서 독일의 관문인 라인강 도하를 앞두게 되었습니다. 이 임무에서 3군단이 선봉부대를 맡게 되었고 4월 15일 루르를 점령했을 때 10만 명에 달하는 독일군을 포로로 잡았습니다. 전쟁이 끝났을 때, 3군단은 22만 6천 명의 전쟁포로를 잡았고 26개 사단과 협조하여 공격작전을 수행했습니다. 유럽 전선에서 전쟁이 끝나자 태평양 전선에서 일본 상륙을 목표로 3군단을 이끌고 미국 루이지애나로 이동해서 대기 중이었는데 원폭 투하로 인한 일본의 조기 항복으로 실현되지 못했습니다.

1947년 3월 미국은 트루먼 독트린으로 그리스와 터키의 반공(反共) 정부에 대하여 미국의 경제적·군사적 원조를 제공하며 소련에 대한 봉쇄 정책을 추진하며 냉전(Cold War)시대의 시작을 알렸습니다. 6월에는 서유럽 16개국의 전후복구를 지원하기 위한 유럽부흥계획인 마셜 플랜이 발표되었습니다. 나치스 독일이라는 공동의 적을 두고 함께 싸웠던 미국과 소련의 관계가 변화되면서 밴플리트 장군도 미 유럽군사령부로 전출되었습니다. 그는 작전, 계획, 편성, 훈련 등 부참모장으로 보직하며 독일 점령임무를 수행했습니다.

1948년 2월 밴플리트 장군은 그리스 군사고문단장으로 파견됩니다. 마셜 국무장관이 그리스 여왕으로부터 공산반군(빨치산)을 진압할 수 있도록 그리스군을 훈련시킬 유능한 장군을 보내달라는 요청을 받은 후의 일이었습니다. 당시 육군참모총장이었던 동기생 아이젠하워 장군의 추천이 있었습니다. 마셜 장관도 2차 세계대전에서 연대장을 시작으로 군단장까지 풍부한 전투경험을 가진 밴플리트 장군을 트루먼 대통령에게 적임자로 보고했습니다. 그는 군사고문단장으로 부임하면서 중장으로 진급하게 되었습니다. 이는 4년만에 대령에서 중장으로 진급하는 쾌속 승진이었습니다.

그리스 아테네에 도착한 그는 그리스군의 장비구매와 장비 운용과 관리방법이라는 고문단의 임무를 군사훈련으로 확대시켰습니다. 당시 그리스는 공산반군에 의해 철로, 교량 등이 파괴되고, 관공서와 학교를 방화하고, 대중교통과 공공시설을 파괴하며 정부의 기능을 마비시키려 했습니다. 또, 정부 요인들과 정부 지지자들에 대한 테러를 일삼았습니다. 이에 미 군사고문단장을 맡은 밴플리트 장군은 그리스군을 지휘관의 리더십을 강화하고 강도 높은 훈련을 통해 강한 군대로 양성하는 것을 목표로 했습니다. 한때 2만 명을 넘던 '그리스민족해방전선' 공산반군들은 밴플리트 장군의 지도하에 조직적이고 체계적인 토벌작전을 벌인 그리스군에 패퇴를 거듭했습니다. 미식축구에서 배운 강한 의지가 승리를 낳는다는 정신을 그리스군에게 불어넣은 결과였습니다. 뿔뿔이 흩어진 '그리스민족해방전선'은 1950년 5월 500명도 채 되지 않았습니다. 그리스 빨치산 토벌의 경험은 한국전쟁에서도 지리산의 빨치산을 토벌하기 위해 백선엽 장군의 '백 야전사령부'를 구성해서 운용할 때에도 빛을 발했습니다.

그리스는 3년간의 내전으로 5만 명이 전사하고, 50만 명의 그리스인이 난민이 되는 대재앙을 겪었습니다. 한국전쟁의 전초전이 유럽에서 벌어진 것이라고 할 수 있습니다. 미국은 군사고문단 400여 명 파견과 4억 달러에 달하는 군사원조를 통해 그리스의 공산화를 저지하는 데 중요한 역할을 했습니다. 그리스 정부는 이 공로를 기려 밴플리트 장군에게 훈장을 수여하고 밴플리트의 전방지휘소가 있던 그리스 북부도시 카스토리아에 동상을 세웠습니다. 1950년 7월 15일 임무를 성공적으로 완수한 밴플리트 장군은 그리스를 떠나 미국에 도착, 8월에는 미 2군사령관으로 부임했습니다. 1, 2차 세계대전에서의 전투 지휘와 그리스 내전의 빨치산 토벌을 위한 군사훈련 등 다양한 경험을 다시 한번 발휘하게 될 한국전쟁 참전의 순간을 기다리고 있었던 것입니다. 그리스에서의 경험은 현지인의 문화와 관습을 존중하면서 미국의 반공 정책을 수행해나가는 정치적 주의력을 길러주었습니다. 한국도 마찬가지였습니다. 한국으로 부임하라는 콜린스 육군참모총장의 전화를 받았을 때, 그는 상당한 정치적 주의력을 요하는 자리라는 것을 직감했습니다. 북진통일을 주장하는 이승만 대통령의 입장과 공산 측과의 휴전을 도모하려는 워싱턴의 입장 사이에서 조화롭게 임무를 수행해나가야 했던 것입니다.

1949년 그리스 독립기념일 퍼레이드에 참석한 밴플리트 장군(왼쪽에서 세 번째).

공산 세력과의 내전에서 승리하며 자유 진영에 남게 된 그리스는 한국전쟁에 보병 1개 대대와 공군 1개 수송비행편대를 파병해주었습니다. 1950년 12월 9일 부산항에 도착한 보병대대는 미 제1기병사단에 배속되어 전투를 수행했고 이천, 연천, 김화의 고지전에서 전과를 올렸습니다. 제13수송편대는 1950년 12월 1일 일본에 도착한 후 장진호 전투를 지원했으며, 미 해병사단을 직접 지원하여 전사상자를 후송하는 역할을 담당했습니다. 그리스군은 10,255명이 참전했고, 187명의 전사자와 543명의 부상자가 발생했습니다. 대한민국 수호를 위한 이들의 헌신과 희생은 밴플리트 장군이 뿌린 씨앗의 열매라고 할 수 있을 것입니다.

만약, 밴플리트 장군이 동기들처럼 정상적으로 진급을 했다면, 과연 대한민국과 인연이 닿았을지 모르겠습니다. 맥아더 장군이 해임되고 리지웨이 장군이 영전해 가면서 공석이 된 미8군사령관직을 누가 맡느냐는 미국에서도 큰 문제였지만, 대한민국의 운명이 걸린 문제였습니다. 2차 세계대전 기간 중 미 육군참모총장, 전후에는 국무장관을 지낸 마셜 장관이 인천상륙작전 직후에는 국방장관에 임명되었습니다. 이 뛰어난 마셜 장관이 미8군사령관으로 밴플리트 장군을 지명한 것입니다.

밴플리트 장군은 이 땅에서 환갑을 맞이했고, 자신이 사랑하는 외아들을 잃었습니다. 그리고 모든 역량을 동원하여 대한민국 국군의 질적, 양적 발전에 기여했으며, 퇴역 후에도 한미 경제협력을 위해 노력했습니다. 특히, 미8군사령관 시절 신병훈련소가 있던 제주도를 방문하면서 목장지로서 최적의 요건을 갖추고 있는 것을 알게 되었고, 퇴임 후 다시 제주도를 찾아 송당 지역을 목장 개발지로 선정하게 되었습니다. 이것이 바로 '송당목장'으로 후에 '국립제주목장'으로 이름이 바뀌었습니다. 당시 목장 건설계획은 이승만 대통령의 적극적인 지원과 관심하에 진행되었습니다. 이때 '우리 국민도 이제는 쇠고기를 먹어야 합니다'는 유명한 말을 남겼습니다. 밴플리트 장군의 고향인 플로리다에서 수송된 수백 마리의 소가 세 차례에 나뉘어 제주도로 들어왔습니다. 이승만 대통령과 밴플리트 장군의 우애와 서로 간의 존경과 믿음을 바탕으로, 대한민국과 자유 진영의 수호라는 공동 목표가 지켜졌습니다. 그리고 이들이 뿌린 씨앗의 열매를 우리 세대가 누리고 있습니다.

1965년 7월 19일 이승만 대통령은 하와이 마우나라니 요양원에서 세상을 떠났습니다. 이때 밴플리트 장군은 이승만 대통령의 유해를 미 의장대 특별기편으로 옮기고 고국에 묻힐 때까지 함께했습니다. 이후 대한민국의 재건과 부흥을 바라며 한미친선협회인 '코리아 소사이어티'를 만들어 한미우호를 위해 노력했습니다. 1992년 100세의 일기로 세상을 떠났고, 그의 유해는 알링턴 묘지에 묻혔습니다. '한미우호 증진'이라는 그의 뜻을 기리기 위해 '코리아 소사이어티'는 1992년 '밴플리트 상'을 제정해 한미관계 발전에 기여한 인물을 선정해 매년 시상하고 있습니다.

이러한 밴플리트 장군과 백선엽 장군과의 사이에도 여러 이야기가 숨어있습니다. 다음[98]은 1952년 7월 육군참모총장으로 영전한 백선엽 장군에 관한 일화입니다.

「그런 염려 속에서 백선엽은 제2군단장직을 육군참모차장이던 유재흥 소장에게 인계하고, 이승만 대통령에게 신고하기 위해 서울을 거쳐 임시경무대가 있는 부산으로 갈 계획이었다. 서울에 들른 백선엽은 동숭동에 위치한 미 제8군사령부를 찾아가 밴플리트 사령관에게 이임인사를 했다. 밴플리트 사령관은 그의 영전을 진심으로 축하해 주며 저녁식사를 대접했다. 백선엽의 총장 임명에는 밴플리트 사령관의 추천이 있었을 것이라는 것이 당시의 여론이었다.

(중략)

백선엽은 밴플리트 사령관과의 저녁식사 자리에서 어떻게 하면 참모총장직을 잘 수행할 수 있겠

---

[98] 남정옥, 『백선엽』, 백년동안 2015, 123-5쪽.

느냐며 자문을 구했다. 서른두 살의 젊은 나이에 참모총장에 임명된 백선엽으로서는, 역전의 노장이자 인생과 전투에서 경험이 풍부한 밴플리트에게 자문을 구하는 것이 당연한 처사였다. 그때 밴플리트 사령관은 정년퇴임을 1년 남겨 두고 있었다(실제로는 1953년 2월 11일, 미국 육군 제8군 사령관의 직위를 맥스웰 테일러 중장에게 이임하고, 미국 본토로 돌아갔으며, 3월에 31일 전역했습니다). 밴플리트는 한참 동안 생각하더니 백선엽에게 나직하게 말했다. 마치 아버지가 사랑하는 아들에게 하듯이 사랑이 가득 담긴 목소리로 말했다.

"나는 귀관의 전력으로 보아 총장직을 훌륭히 수행할 것이라 믿는다. 다만 말을 많이 하지 말고, 참모와 예하 지휘관들의 말에 귀를 기울이시오. 또 어떠한 어려운 일에 봉착하더라도 조급하게 결론을 내리지 말고, 하룻밤을 잔 다음 결정을 내리시오. 그리고 예스(yes)와 노(no)는 분명히 하되, 사람들 앞에서는 절대로 화를 내지 마시오."

밴플리트의 조언은 총장이 될 백선엽에게 가슴으로 다가왔다. 계속되고 있는 전쟁, 복잡한 정치현실, 혼란한 사회의 와중에서 총장이라는 막중한 임무를 수행하는데, 꼭 새겨들어야 할 말이었다. 백선엽은 이 말을 금과옥조로 삼고 실천해 나갔다. 그가 총장직을 훌륭하게 수행한 데에는 밴플리트의 이런 조언이 있었기에 가능한 일이었다. 그만큼 밴플리트는 백선엽에게 군인으로서 스승이자 인생의 대선배로서의 역할을 해줬다.」

1952년 크리스마스 이브, 미8군 사령부에서 왼쪽부터 백선엽 장군, 이승만 대통령 내외, 밴플리트 장군

전방부대 시찰 왼쪽부터 손원일 제독, 토마스 장군, 이승만 대통령, 밴플리트 장군, 무초 미대사

1958년 해후하는 이승만 대통령과 밴플리트 장군

알링턴 묘지의 밴플리트 장군과 부인 그리고 아들의 이름이 쓰인 묘비

참조
남정옥, 『밴플리트 대한민국의 영원한 동반자』, 백년동안 2015.
https://ko.wikipedia.org/wiki/제임스_밴_플리트.

3.3. 대한민국 호국護國의 영웅들

이 절에서는 대한민국을 구한 대한국민에 대해서 알아봅니다. 이분들이 충실하게 자신의 임무를 수행했기 때문에 오늘날의 대한민국이 존재합니다. 하지만, 수많은 거짓이 이분들을 깎아내리고 있으며 우리 세대와 후손들이 잘못 알도록 조장하고 있습니다. 이래서는 오늘 우리가 누리고 있는 모든 것에 대하여 감사할 수 없습니다. 또, 스스로와 대한민국에 대해서도 죄를 짓게 됩니다. 역사적 사실을 바로 알아야 지킬 것을 지키고, 후손들에게 물려줄 수 있습니다.

3.3.1. 이승만 대통령

6.25남침전쟁 당시 이승만 대통령의 행적에 대해서 많은 말들이 있습니다. 특히 좌익 공산주의자들과 종북 주사파들은 '런승만'이라고 부르며 이 대통령을 깎아내리기에 바쁩니다. 그런데 그들이 주장하는 '의혹' 내지 '폄하'하는 내용은 근거가 없습니다. 그리고 일견 그들의 주장이 옳다고 보이더라도 어쩔 수 없는 상황들이라는 것이 존재하는데, 배경 설명은 덮어두고 비난을 가하는 것입니다. 이 대통령의 생애와 그에 관한 '오해' 내지 '의혹'을 다루는 좋은 책들이 이미 출간되어 있으므로 〈부록 1〉에서 추천하는 것으로 대신하겠습니다. 본 절의 내용 이해를 돕기 위해 6.25남침전쟁의 첫 3일간의 행적을 다룬 기사[99]를 꼭 참고해주시기 바랍니다. 이 내용을 보시면 그 긴박한 상황 속에서도 이 대통령이 국가 지도자로서 적절한 상황판단을 통해 기민(機敏)하게 대처했는지를 알 수 있습니다.

여기서는 앞에서 살펴본 미군 장성들을 포함한 외국인들이 이승만 대통령을 어떻게 평가했는지에 대해서 살펴보겠습니다.

"이승만은 결단력이 있고 타협할 줄 모르는 당대의 영웅적인 항일투사"
"그는 대한민국보다 크다."

-더글러스 맥아더(초대 유엔군 총사령관)

"이승만은 공산주의에 대한 증오에서는 타협을 몰랐고, 자기 국민에 대한 편애가 심했고, 불가능한 일을 끈질기게 요구했으나 마음속에는 깊은 애국심으로 가득했고, 애국심에 의지해 오랜 망명생활을 보내고 귀국한 이후 눈뜬 시간의 거의 전부를 나라를 위해 바쳤다."

-리지웨이 장군(前 미8군 사령관, 前 유엔군 총사령관)

"한국 현대사의 가장 위대한 사상가, 학자, 정치가, 위대한 한국의 애국자, 강력한 지도자, 강철 같은 사나이, 카리스마적인 성격의 소유자로 자기 체중만큼의 다이아몬드에 해당하는 가치를 지닌 인물이다."
"군 생활 마지막 9년 동안 세계 각국의 쟁쟁한 정치가들을 만나는 행운을 얻었다. 그중에 이승만 박사가 가장 뛰어나다."

-밴플리트 장군(前 미8군 사령관)

"한국의 이승만 같은 지도자가 베트남에도 있었다면, 베트남은 공산군에게 패망하지 않았을 것이다."

-테일러 장군(前 미8군 사령관, 前 육군참모총장, 前 합참의장)

---

99) 「남침후 3일간 무슨 일? 이승만 행적은? "1人10役"」, 2015년 6월 25일 뉴데일리.

"나는 지금도 한국의 애국자 이승만 대통령을 세계에서 가장 위대한 반공지도자로 존경고하고 있다"

-클라크 장군100)(前 유엔군 총사령관)

"이승만은 빈틈이 없고 책략이 풍부한 인물임을 확인할 수 있었다. 이승만은 우리 미국을 궁지로 몰아 넣었고, 그리고 그는 그것을 잘 알고 있었다."

-로버트슨(前 미국무차관보)

"그는 아주 머리가 좋은 사람이었고, 45년간 한국의 독립이라는 하나의 목표를 위해 달려온 의지 인간이었다. 그는 아주 고차원적 시각에서 복잡한 세계 정세를 정확하게 이해했다. 그의 영어는 글과 말 무엇이든 유창했고, 그의 레토릭은 미국인들을 사로잡았다."
"이승만은 미국인보다 미국 정치, 역사를 더 잘 알고 있다. 그가 미국 역사를 이야기하면 넋을 잃어가면서 들었다."

-존 무초(초대 주한 미국대사)

"이승만 박사가 없었더라면 한국인들은 쉽게 우리(미국) 의지대로 움직였을지도 모른다. 그러나 이 박사의 명령에 따라, 그들은 우리의 의견을 따르지 않았다."
"나는 이 대통령이 여러 차례 자기 주장을 굽히는 막다른 순간까지 갔으리라고 생각한다. 그러나 그 순간에 이를 때마다 그는 자신에 대한 반란을 일으켰다. 그렇게 함으로써 신랄한 비판을 찬사로 바꿀 수 있었다."
"이 박사는 공산 치하에서 고통받는 북한 주민들을 생각하고 북한이 중국의 1개의 성이 되리라 상상하고는 고독하고 외로운 행보를 계속하고 있다."

-짐 루카스(종군기자, 퓰리처상 수상자)

위와 같은 외국인들의 이승만 대통령에 대한 찬사를 어떻게 생각하십니까? 왜 외국인들은 찬사를 보내는 대통령을 자국민들은 욕을 하고 있을까요? 사람은 공(功)과 과(過)를 가질 수밖에 없는 존재입니다. 좌익세력들이 끊임없이 북한의 입장을 대변하며 이승만 대통령을 폄훼한 결과, 역사가 왜곡되고 잘못된 지식이 통설(通說)처럼 굳어져 버린 것입니다. 그들이 주장하는 과가 진실인지 아닌지 따져봐야 하는데, 분별하지 않고 받아들임으로 이 땅 위에 진정한 '자유'를 처음으로 제도화하여 모든 국민이 누릴 수 있는 환경을 만든 사람을 욕하고 있습니다. 배은망덕(背恩忘德)을 저지르고 있는 사회가 되어 버린 것입니다. 대한국민의 자격은 대한민국의 역사를 바르게 아는 것에서 출발합니다. 진실이 아닌 거짓을 좇고, 거짓에 속해 있는지도 모르는 사람에게 대한민국은 존재하지 않는 것과 다름없습니다.

---

100) 리지웨이 장군의 후임 유엔군 총사령관으로 '이 대통령이 반대했던 휴전회담을 추진하느라 그에게 가장 많은 시달림을 받고, '반공포로 석방'이라는 날벼락까지 맞았던 사람이었다'라고 프란체스카 여사는 회고합니다. 클라크 장군의 아들도 한국전쟁에 참전했다가 후유증으로 사망했습니다.

다시 본론으로 돌아가면, 6.25남침전쟁으로 인해 우리나라 국민은 엄청난 희생을 치러야 했습니다. 1958년이 되어서야 전쟁 이전으로 복구되었다고 당시 부흥부(復興部)101)가 발표했습니다. 이를 통해 그 피해가 얼마나 컸는지를 짐작할 수 있습니다. 그런데 이 전쟁을 통해 대한민국이 무엇과도 바꿀 수 없을 정도로 큰 이득을 본 것이 있습니다. 바로 '한미상호방위조약'입니다.

「우리는 앞으로 여러 세대에 걸쳐 이 조약으로 인해 많은 혜택을 받게 될 것이며, 이 조약은 앞으로 우리를 번영케 할 것입니다. 한국과 미국의 이번 공동조치는 외부 침략으로부터 우리를 보호함으로써 우리의 안보를 확보해 줄 것입니다.」
-1953년 8월 8일, 조약 최종안이 서울에서 가조인(假調印)된 후 이승만 대통령의 발언.

「1822년 한미 통상조약 이후로 오늘날 미국정부와 공동방위조약이 성립된 것은 처음 되는 일이오, 또 우리나라 독립 역사상에 가장 긴중(緊重)한 진전이다.

(중략)

지금에 와서 이 결과로 한미방위조약이 성립된 것은 그 영향이 자손만대에 영구히 미칠 것이니 우리가 잘만해서 합심합력으로 부지런히 진전시키면 이웃나라들이 우리를 무시할 수도 없을 것이고 무시하는 자가 있어도 침략하는 자가 없을 것이니 이번 아이젠하워 대통령의 지도로 미 국무장관 일행이 와서 이만치 해 놓은 것은 감사히 여기지 않을 수 없는 것이다.」
-1953년 8월 9일, 가조인 다음 날 국민 담화에서의 이승만 대통령의 발언.

이러한 이 대통령의 발언대로 대한민국은 안보를 튼튼히 하며, 경제 발전에 힘을 기울이게 됨으로써 번영을 누리게 되었습니다. 전쟁이 일어난다는 것은, 곧 안정이 파괴되고 평상시의 정상적인 활동이 멈추는 것을 말합니다. 이러한 위험이 존재하는 한반도에서 6.25남침전쟁 이후 전면적인 침략전쟁이 일어나지 않은 것은 미군이 주둔했기 때문입니다. 베트남 패망과 아프가니스탄 사태가 그 반증입니다. 대한민국은 이 조약을 통해 안보는 물론, 10억 불의 경제원조까지 받아 국가재건에 시동을 걸 수 있었습니다.

---

101) 1955년 2월 「정부조직법」 개정에 따라 산업경제부흥의 계획과 관리조정업무를 관장하기 위해 설치한 중앙행정기관으로 1961년 건설부가 신설됨에 따라 폐지되었습니다.

회담 기간 중 경복궁 근정전 앞에서 덜레스 장관, 로버트슨 차관보와 대화하는 이승만 대통령

미국은 동아시아의 약소국인 대한민국과 굳이 이 조약을 맺을 이유가 없었습니다. 그러나 한국전쟁이라는 사건은 미국으로 하여금 이 조약을 맺을 수밖에 없도록 했으며, 외교의 달인이라고 불리는 이 대통령은 이 기회를 놓치지 않았던 것입니다. 당시 미국 대통령 아이젠하워는 '한국전쟁의 종식'을 공약(公約)으로 당선되었습니다. 그리고 당선자 자격으로 1952년 12월 한국에 와서 이승만 대통령을 만나 함께 현지 시찰을 하기도 했습니다. 미국 내에서도 점점 정전협정(停戰協定)을 맺고 더 이상 미국 청년들의 희생이 생기지 않도록 반전(反戰)여론이 강해졌습니다. 이 대통령은 우리나라와 민족을 위해서는 '북진통일北進統一'밖에 없다고 끊임없이 주장했지만, 실제로는 자력만으로는 어렵다는 현실 인식은 하고 있었습니다. 하지만 이 상황을 십분 활용해서 대한민국과 국민을 위한 기회로 삼은 것입니다.

1882년 조미수호통상조약으로 미국과 외교 관계를 맺은 조선은 열강들의 틈바구니에서 길을 헤맸습니다. 1905년 8월 청년 이승만은 특사 자격으로 미국의 루즈벨트(Theodore Roosevelt: 1858~1919) 대통령에게 독립청원서를 제출했지만 받아들여지지 않았고, 11월에는 대한제국과 일본 제국 사이에 을사조약이 체결되고 말았습니다. 그리고 5년 후에 일제의 식민지가 되어버린 것이 조선의 운명이었습니다. 약소국의 설움을 몸소 체험한 뒤, 국제정치학을 공부하고 '외교의 달인'이 된 이승만 대통령은 과거를 거울삼아 국익을 최대한으로 끌어올리는 조약을 맺게 된 것입니다.

이 조약의 협상을 이끌어 낸, 목숨을 건 이 대통령의 결단이 바로 1953년 6월 18일의 '반공포로석방'이었습니다. 인민군의 포로가 되어 전쟁터로 내몰렸던 대한민국 청년들의 자유를 찾아주겠다는 이 결단을 통해 2만 7천여 명이 자유를 되찾았습니다. 그러나 애써 휴전 협상을 진행 중이던 자유 진영 국가들은 발칵 뒤집어졌습니다. 미국 아이젠하워 행정부는 한때 고집불통 이 대통령을 제거하기 위한 '에버레디 작전'을 준비했지만, 실행에 옮길 수 없었습니다. 대한민국 대통령을 죽일 명분도 없을뿐더러 그에 버금가는 지도자를 찾을 수 없었기 때문이었습니다. 미국이 이 대통령으로부터 휴전에 대한 동의를 받아내려면, 그가 끊임없이 요구해 왔던 한미상호방위조약 체결에 응할 수밖에 없다는 사실을 뒤늦게 깨달았던 것입니다. 이 조약의 기초 협상을 위해 미국은 로버트슨 차관보를 보내고 16일간 12차례에 걸쳐 진행되었습니다.

이후 덜레스 미 국무장관이 내한하여 3차례의 본격적인 협상을 하게 되었습니다. 기간 중 이 대통령은 덜레스 장관과 로버트슨 차관보를 경복궁으로 초청, 직접 안내하며 대한제국 말의 역사 이야기를 들려주었습니다. 일본제국이 사무라이를 동원해서 민비를 살해한 현장을 돌며, 패전 후의 일본을 키워주고 있는 미국에 대해서 일본의 재침再侵 위협을 경고하며 조약에 미군의 상시주둔을 명백히 규정할 것을 역설하기도 했습니다. 망국의 역사 현장에서 또 다른 망국을 방지할 안보 협상을 벌인 것입니다. 우리 역사뿐 아니라 미국의 역사를 미국인보다 더 잘 알았다고 하는 이 대통령이었기에 가능한 협상이었습니다. 이 조약은 공산권의 침략에 대한 방어뿐만 아니라 일본의 재침도 방어할 수 있는 이중의 방위 효과를 지닌다는 것을 아는 사람은 많지 않습니다.

6.25남침전쟁으로 국군과 미군이 함께 흘린 피, 국제정세를 꿰뚫은 혜안과 집요한 벼랑끝 전술의 탁월한 외교력 그리고 목숨을 건 용기로 국가와 국민을 최우선으로 섬겼던 이승만이라는 지도자에 의해 탄생한 것이 한미동맹이었습니다. 로버트슨 차관보와 덜레스 국무장관, 아이젠하워 대통령 등 인내하며 서로 존중할 줄 아는 사람들이 함께 모여 대화로 일구어낸 '신뢰의 열매'가 한미동맹인 것입니다. 말과 행실이 일치하지 않고, 거짓말을 일삼으며 '보이지 않는 것은 존재하지 않는다'는 유물사관을 가진 좌익 공산주의자들과 종북 주사파들은 결코 만들어낼 수 없는 것이 바로 '신뢰'에 바탕을 둔 일입니다. 그들은 입으로 '말'을 하지만, 보이지 않는 '말'을 믿을 수 없다며 존재하지 않는다고 '말'하는 어리석은 존재입니다. 나라의 위기와 격동의 순간에 위대한 지도자의 '말'과 '행동'으로 인하여 살아남은 선조 세대들과 그들의 후손인 대한국민은 이 은혜를 거저 받아 지금의 삶을 누리고 있는 것입니다.

6.25남침전쟁을 겪게 된 이 대통령의 나이는 76세로, 오늘날 평균 수명으로는 100세 이상이 될지도 모릅니다. 그는 노구(老軀)를 이끌면서 복잡, 다난한 대내외적인 일들을 처리해 나가며 나라를 지켜내기 위해 무릎 꿇고 하나님 앞에 기도를 드린 '기도의 사람'이었습니다. 1950년 6월 25일부터 1951년 2월 15일까지의 6.25 전쟁 상황을 기록한 영부인 프란체스카 여사의 일기 『프란체스카의 난중일기』에는 기도드리는 이승만과 영부인의 모습이 자주 묘사됩니다.

「"하나님, 어찌하여 착하고 순한 우리 백성이 이런 고통을 받아야 합니까? 이제 결전의 순간은 다가옵니다. 우리 한 명이 적 10명을 대적할 수 있는 힘과 용기를 주소서"」
「"하나님, 우리를 도와주소서! 장마철이지만 제발 하늘을 개게 해서 우리 비행기가 출격할 수 있도록 보살펴 주소서."」
「"하나님, 제발 이 나라를 구해주소서!"」
「한밤중에 침대에 엎드려 "하나님, 이 미련한 늙은이에게 보다 큰 능력을 허락하시어 고통받는 내 민족을 올바로 이끌 수 있는 힘을 주소서!"하고 기도하는 대통령의 모습을 보면 나도 모르게 눈물이 뺨을 타고 흘러 내린다.」

또, 낙동강 방어선에서 '왜관 방어선'이 붕괴 위기에 놓인 1950년 8월 14일부터 8월 16일까지 옛 경남도청에 목사님들을 불러 모아 나라를 위한 기도회를 열었습니다.

"지금 공산세력들이 당장이라도 낙동강 방어선을 뚫고 들어오기만 하면 대한민국이 공산화되는 것은 시간문제입니다. 그렇기때문에 저 낙동강 방어선에 진을 치고 있는 공산세력들을 괴멸시키기 위해서 저 오키나와에서 B29 폭격기가 떠서 융단폭격을 해야 하는데 지금 계속되는 장마와 악천후의 날씨 때문에 폭격기가 뜨지를 못하고 있습니다. 그러니 하나님께서 좋은 날씨를 주시도록 기도해 주십시오."

이후 8월 16일 오전 11시 58분부터 12시 24분까지 B-29 99대 융단폭격, 960t의 폭탄투하가 되었고 방어선이 무너지지 않았습니다. 그리고 1950년 9월 5일 오전 영천을 빼앗겨 낙동강 방어선이 다시 붕괴 위기에 처했습니다. 미8군사령관 워커 장군은 정일권 참모총장에게 "영천을 탈환하지 못하면 미군은 철수할 수밖에 없다. 국군 2~3개 사단을 포함, 약 10만 명의 요인을 괌이나 하와이로 철수시킬 것이니 준비하되 극비로 하시오."라고 말했습니다. 이때에도 이 대통령은 9월 5일 오후 6시 부산에 있는 76명의 목사님들과 나라를 위한 기도회를 열었습니다. 9월 11일 국군은 공산군 3,799명 사살, 국군 29명 전사로 영천탈환에 성공했습니다. 또, 8월 말부터 9월 중순까지 나라를 위한 기도 모임이 초량교회에서 있었는데, 일정기 신사참배의 죄를 회개하였으며 9월 15일에는 인천상륙작전에 성공했습니다. 미 해병 1사단과 국군 해병대가 선봉이 된 유엔군은 1950년 9월 28일 서울을 탈환했습니다. 이승만 대통령은 유엔군이 서울을 수복한 다음 날인 29일 서울중앙청에서 열린 환도식(還都式) 행사에서 맥아더 장군에게 태극무공훈장(당시는 1등 무공훈장) 제1호를 수여했고 "대한민국을 되찾게 도와주신 하나님께 감사드린다."라고 이야기 했습니다. 맥아더 장군 역시 "대한민국 수도 서울을 이승만 대통령 각하가 영도하는 대한민국 정부에 돌려드립니다. 오늘의 승리는 오로지 하나님의 도우심이 없었다면 불가능했을 것입니다. 이제 서울 시민들은 공산군의 압제에서 해방되어 자유와 인권을 되찾게 되었습니다."라고 이야기했고 이날 행사는 '주기도문'으로 마쳤습니다.

여기서 잠깐 이승만 대통령과 맥아더 장군의 관계를 언급하겠습니다. 어떻게 약소국의 대통령이 초강대국 미국의 극동군사령관이자 일본의 실효 통치자인 맥아더 장군과 막역하게 지낼 수 있었을까요? 전쟁이 개시되고 얼마 지나지 않은 6월 26일 새벽 3시, 이 대통령은 동경의 맥아더 장군에게 직접 전화를 걸어 '당신네들이 관심과 성의를 가지고 대처했으면 이런 일은 벌어지지 않았을 것'이라며 전쟁이 일어난 것은 미국의 책임이라며 무섭게 항의를 했습니다. 이에 맥아더 장군은 무스탕 전투기 10대, 105mm 곡사포 36문, 155mm 곡사포 36문과 바주카포를 긴급지원하겠다고 약속했습니다. 그리고 이 대통령은 한국인 조종사 10명을 일본으로 보내 단기훈련을 받고 무스탕을 몰고 다시 한국으로 돌아오도록 하겠다며 전화를 끊었습니다. 『프란체스카의 난중일기』에서는 미국 망명생활 시절, 이 대통령은 맥아더 장군을 소령시절부터 잘 알고 지냈다고 합니다. '한국우호연맹(League of Friends of Korea)'의 고참 멤버로 활동하던 맥아더 장군의 장인과 친분이 있었다는 것입니다. 절체절명(絶體絶命)의 순간에 대한민국을 구할 수 있었던 지도자가 이 대통령 외에 과연 누가 있었을까요?

이승만 대통령은 누구보다도 일찍 공산주의의 폐해를 알아차린 사람이었습니다. 1923년 3월 『태평양잡지』에서 일목요연하게 공산주의의 부당성을 다음과 같이 밝히고 있습니다.

1. 재산을 나누어 가지자 - 게으른 가난뱅이가 늘어난다.
2. 자본가를 없애자 - 지혜와 상공업 발달이 정지된다.
3. 지식계급을 없애자 - 모든 이들이 우매해진다.
4. 종교를 혁파하자 - 덕과 의가 타락한다.
5. 정부와 군사와 국가사상을 다 없애고 소련만 믿으면 결국 배반당한다.

그의 혜안이 아니었다면, 유라시아 동쪽 끝의 이 한반도는 이미 공산화되어 지금 우리는 존재하지 않았을지도 모릅니다. 그리고 혹 태어났다고 하더라도 김정은의 노예로 살아가고 있었을 것입니다.

끝으로 1950년 8월 15일 전란(戰亂) 중에도 희망을 잃지 않고, 임시수도 대구에서 경축일 행사를 치렀던 이승만 대통령의 연설문을 인용합니다. '8월 15일'을 왜 기념하는지, 자유를 파괴하는 공산주의자들의 침략 속에서도 어떻게 생각하고 행동했는지를 알 수 있는 사료입니다.

8·15 경축일을 맞이하며
단기 4283년 8월 15일
대구문화극장에서

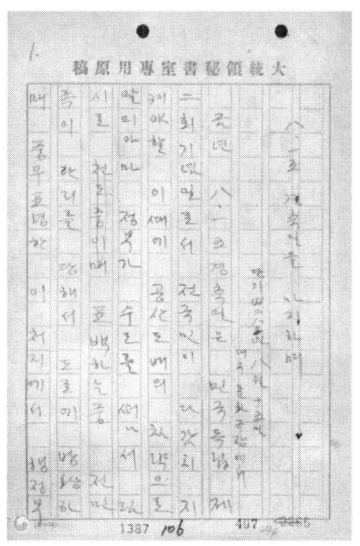

금년 8·15 경축일은 민국독립 제2회 기념일로서 전국민이 다 같이 지켜야할 이 때에 공산도배의 침략으로 말미암아 정부가 수도를 떠나서 임시로 표백하는 중 전민족이 난리를 당해서 도로에 방황하며 풍우표령(風雨飄零)한 이 처지에서 행정부와 입법부와 대구시 주최 하에 백절불굴(百折不屈)의 기상으로 이와 같이 기념식을 거행하게 된 것은 우리가 잠시 당한 위난보다 이날을 얼마나 중요시 한다는 것을 세인에게 표시하는 것이므로 이 경축이 더욱 의미 있고, 역사적인 것을 인증하는 바입니다. 우리가 더욱 치하할 것은 공산도배의 침략을 정지시키기 위해서 세계 모든 문명한 나라들이 군사와 물질과 성심으로 참전하고 있어서 날마다 원조가 들어오는 중이므로 비록 처음에는 침략자들에게 약간 승리가 있었다 할지라도 얼마 아니 되어서 적군은 다 패망하고 남북이 민국정부 밑에서 통일을

완수할 것임에 우리가 오늘 잠시 동안 곤란한 경우에 처한 것을 별로 염려할 것이 없는 줄로 아는 것입니다. 공산군의 난리를 만나서 얼마동안 곤욕을 보는 것은 우리뿐만 아니라 거진 세계 모든 나라가 다소간 당하는 것인데 한나라가 당하는 환란을 위해서 세계 모든 나라가 일제히 일어나서 싸우게 되는 것은 우리나라에서 비로서 처음 되는 일이므로 우리도 싸워야 할 것입니다. 모든 동포들은 이러한 정신과 각오로서 더욱 위로하여, 건전한 마음으로 끝까지 분투해서 만세복리(萬歲福利)의 기초를 세우는 데 큰 공헌이 있는 기초자가 되기를 바라며, 이말로서 기념사를 마칩니다.

-단기 4283년 8월 15일 대통령 이승만

참조
김재동, 『한국근현대사 바로알기』, 복의근원 2019.
김재동, 『김재동 목사의 잊지 말아야 할 그때 그 역사』, 복의근원 2020.
로버트 올리버, 『건국과 나라 수호를 위한 이승만의 대미투쟁』, 비봉출판사 2013.
박원철, 『선지자 이승만 대통령』, 킹덤북스 2020.
프란체스카 도너 리, 『프란체스카의 난중일기』, 기파랑 2011.
프란체스카 도너 리, 『이승만 대통령의 건강』, 도서출판 촛불 2007.

3.3.2. 백선엽 장군과 김백일 장군

대한민국을 위기에서 구한 영웅이자 대한민국 첫 사성(四星)장군인 백선엽 장군은 6.25남침전쟁 동안 미국의 베테랑 장군들과 어깨를 나란히 하며 조국祖國의 수호에 앞장섰습니다. 특히 낙동강 방어선에서 "내가 물러서면 나를 쏴라!"고 외치며 사단장으로서 병사들을 진두지휘해서 고지를 탈환하고 승리로 이끈 다부동 전투는 유명합니다. 이 전투에서 패배했다면 오늘날과 같은 모습의 대한민국은 존재하지 않았을지도 모릅니다. 그런 면에서 지금 이 땅에 살고 있는 모든 대한국민은 그에게 빚을 진 것입니다.

지난 2020년 7월 백 장군이 100세의 일기로 돌아가셨습니다. 국장으로 치러야 마땅할 그의 장례식은 좌익 정권이 들어서서 초라하게 치러지게 되었습니다. 다행스럽게도 자발적으로 모인 애도의 물결이 광화문 광장에서 자연스레 이어졌습니다. 한편, 장군의 유해는 서울 현충원이 아닌 대전 현충원으로 가게 되었는데, 그곳에서 일대 혼란이 일어나게 되었습니다. 좌익세력들이 백 장군을 친일파라고 매도하며 대전 현충원에 안장되는 것을 반대했기 때문입니다. 〈제5장〉에서 이 '친일파 몰이'에 대해서 자세히 서술하지만, 이 절에서 백선엽 장군이 정말 친일파인가에 대해서 객관적으로 정리해보고자 합니다.

백 장군은 1920년 11월 23일 평안남도 강서군에서 태어났습니다. 이 지역은 일찍부터 서양 선교사들이 들어와 조만식, 안창호와 같은 선각자들을 배출한 곳이었습니다. 백 장군의 어머니도 기독교인으로, 비록 남편을 일찍 여의었지만 자녀들의 교육을 위해 평양으로 이사했습니다. 어려운 환경에도 불구하고 백 장군은 열심히 공부해서 1935년 평양사범학교(5년제)에 입학했습니다. 당시 사범학교는 경성사범학교, 대구사범학교, 그리고 평양사범학교 세 곳밖에 없었습니다. 이 학교에서 군사학(軍事學)과 전사(戰史)에 대한 독서를 평생의 취미를 삼게 되었고, 영어를 처음으로 접하며 훗날 한미연합작전을 수행하는 발판을 마련했습니다. 또, 교련, 실탄사격 등 군사훈련까지 있어 숨어있던 무인武人으로서의 자질을 발굴하는 계기가 되었습니다. 사범학교 졸업 후, 1940년 초에 만주에 있는 봉천군관학교(奉天軍官學校)에 진학하여 군인의 길을 선택했습니다. 그는 봉천군관학교 마지막 기수인 제9기로 1941년 12월 졸업하고 만주국군보병 28연대의 소위로 임관했습니다.

이제부터 백선엽 장군에 대해서 '친일파'라고 하는 사람들에게 변호 아닌 변호를 해보려고 합니다. 좌익 공산주의자들과 종북 주사파들은 당연히 백 장군을 '친일파'로 몰아세웁니다. 해방정국 때부터 자신들의 좌익 노선에 서지 않는 사람을 '친일파'로 몰고 탄압하던 본성이 바뀌지 않기 때문입니다. 그런데 자칭 보수 혹은 우익이라고 자부(?)하는 사람들조차 "백선엽 장군이 한국전쟁 때 우리나라를 구한 영웅임에는 틀림이 없지만, 젊었을 때 만주국 장교로 친일파였어." 혹은 "일본군 장교로 독립군을 토벌했어."라며 말끝을 흐립니다. 확실하게 말해서 그것은 '거짓말'입니다. 역사를 알지 못하고 좌익세력들의 왜곡과 날조로 만들어진 '거짓 역사'에 세뇌되었기 때문입니다.

해방 전 1940년대 만주에서는 일본 관동군이 실세로 군림하면서 청나라의 마지막 혈통 푸이(溥儀, 1906~1967)를 꼭두각시 임금으로 내세운 괴뢰국인 만주국이 있었습니다. 이 나라는 한반도의 5배가 넘는 땅 위에 일본제국의 기획과 투자로 만들어졌습니다. 일제는 이곳의 방어와 치안을 위해 부대를 설치하게 되었는데, 그런 부대 중 하나가 '간도특설대(間島特設隊)'였습니다. 이 부대는 주로 1936년 중국공산당의 지도하에 만주에서 만들어진 '동북항일연군(東北抗日聯軍, 이하 항일연군; '동북인민혁명군'이라고도 불렀습니다)'과 전투를 치러 괴멸시켰습니다. 항일연군은 이름에서 드러나듯 '항일', 즉 일본에 대항하는 공산주의 세력이었습니다. 항일연군은 적게는 절반 정도 많게는 90% 이상이 조선인으로 구성된 조직이었습니다. 특히 이 부대는 중앙 보급이 없는 조직이었기 때문에 식량, 의복, 무기 등 필요한 물자를 부대 단위에서 충당해야 했습니다. 따라서 양민에 대한 약탈, 납치, 살인, 방화 등을 저지르며 유지된 당시의 마적단들과 다를 바 없이 행동했습니다. 차이가 있다면 오직 '항일'과 '공산혁명'을 목표로 내걸었다는 점이었습니다. 이런 항일연군을 일제와 만주국은 공비(共匪; 공산비적共産匪賊)라고 불렀습니다. 공비들은 강력한 일본 군부대와 관공서를 공격해서 물자를 탈취하기보다는 만만한 양민들을 수탈 대상으로 삼았습니다. 그리고 부잣집을 공격해서 '친일파'를 응징했다는 거짓 명분을 떠벌이며 돌아다녔습니다. 이들은 젊은 남녀를 납치해서 조직의 인력을 충당했고, 노인들은 인질 대금을 받고 풀어주는 악행을 저지르며 연명延命했습니다.

항일연군은 '반만항일反滿抗日로 동북실지東北失地의 회복回復과 중화조국中華祖國의 옹호擁護', '일적日賊주구走狗의 재산 몰수', '민중과 연합하여 항일구중국抗日救中國'을 목표로 했습니다. 이들은 조선의 해방이나 독립과는 전혀 무관한 조직이었다는 것입니다. 항일연군은 중공(중화인민공화국)을 세우기 위해 일제와 싸운 부대로 그들의 국적은 중국이었지 조선이 아니었습니다. 이는 국제공산당의 '일국일당제一國一黨制'라는 지시에 공산당원들이 충실히 따랐기 때문이었습니다.

이런 부대의 제2방면 군장(중대장급)이 김일성으로 위 기사와 같은 만행을 저지른 것이 역사적 사실입니다. 이 사실을 접할 때 우리는 '연결 짓기'를 잘해야 합니다. 빨치산 투쟁을 하며 동포를 살해하면서도 자신을 정의롭다고 여기는 행위는 만주에서뿐만 아니라 해방 이후 한반도에서도 이어졌습니다.

바로 제주4.3 남로당 폭동반란과 여수14연대 남로당 반란사건입니다. 동족들을 반동反動으로 몰아 죽이면서도 스스로가 조국과 통일을 위한다고 선전·선동했습니다. 그것은 '조국과 통일'을 가장한 공산혁명이었습니다. 독자 여러분, 이 본질은 DNA와도 같은 것이라 절대로 변하지 않습니다. 그들이 사건을 저지르면서 항상 '정신계승精神繼承'102)을 부르짖는 이유입니다.

1941년 3월 이후 노조에토벌대103)에 의해 만주에서 완전히 소멸된 항일연군 잔당들은 소련으로 도피했습니다. 이때 김일성도 동료들과 함께 도망쳤고, 소련은 제88독립보병여단(이하 88여단)을 통해서 이들을 수용했습니다. 특이한 것은 만주국을 승인한 몇 안 되는 나라 중 하나가 소련이었으며, 소련은 1941년 4월 일본과 '중립조약'104)도 맺었습니다. '반만항일'을 목표로 했던 항일연군 잔당들이 소련으로 피신해 명맥을 유지한 것은, 그들의 애초 목적이 '항일'에 있기보다는 '공산혁명'에 있었다는 증거입니다.

1943년 10월 5일, 전투 훈련 후 촬영한 88여단(다민족 빨치산 부대) 지휘부 사진과 김일성(원 속의 인물), 왼쪽에 여단장 주보중, 오른쪽에 부여단장 시린스키.

88여단 창설 당시 인원은 한족(漢族) 373명, 조선인 103명, 나나이족 316명, 러시아인 462명, 기타 100명 등 총 1,354명(장교 149명, 하사관 358명, 병사 847명)이었습니다. 만주 빨치산 출신 조선인들은 60여 명이었는데, 그 가운데 김일성은 이 부대의 1대대 영장(중대장급)을 맡아 활동했습니다. 88여단은 '조선의 정치 군사지도자 양성을 위한 부대 창설'이라는 1942년 6월 스탈린의 지령에 따라 창설되었습니다. 이후 발견된 문서에서도 "폴란드, 체코슬로바키아 등 빨치산 부대들의 모범을 본받아

---

102) 우리는 〈제7장〉에서 9월 총파업 폭동, 대구10월 조선공산당 폭동, 제주4.3 남로당 폭동반란, 광주5.18 도시게릴라, 소위 '6.10민주항쟁'의 정신계승 등을 살펴볼 것입니다.
103) 만주 제669부대장 노조에마사노리(野副昌德,1887~1981) 소장을 중심으로 편성된 항일연군 토벌대로 1939년 10월부터 1941년 3월까지 작전을 수행하고 항일연군을 괴멸시켰습니다.
104) 소련은 나치 독일과 2차 세계대전을 치르는 중에 일제와 전쟁을 벌이고 싶지 않았기 때문입니다.

중국과 조선을 강점하고 있는 일제와의 전쟁에 대비하여 이들 지역에서 빨치산 투쟁을 전개하고 정치군사전문가를 양성한다."고 창설 목적을 밝히고 있습니다.

88여단의 만주 빨치산(항일연군) 출신들은 해방 당시 한반도 내에 아무런 기반이 없었음에도 불구, 북한을 점령한 소련군을 등에 업고 북한의 핵심 권력층이 되었으며 그 권력을 세습했습니다. 이들은 만주에서 출생했거나, 유년기에 만주로 가서 성장했기 때문에 중국공산당에 동화된 의식 구조를 가졌습니다. 심지어 자신들끼리의 대화는 중국어로 할 만큼 '조선인'으로서의 정체성이 없었습니다. 이들은 한자로 된 자신의 이름도 러시아어로 쓸 때 조선어 발음이 아닌 중국어 발음으로 표기했습니다. 심지어 김일성은 자신의 이름 '金日成'을 중국어 사투리 발음 진지첸(Цзин Жи Чен, 또는 Цзин Жичэн, Jing Zhichen)으로 적었습니다. 특히 빨치산 출신 중에는 한글을 쓸 줄 모르는 자도 있었고, 중등교육을 받은 자는 중학교 중퇴자인 김일성과 최용건, 김책, 안길 등 6명에 불과했으며, 나머지는 초등학교 3학년 수준의 저학력 집단이었습니다. 이처럼 만주의 산과 들에 숨어 게릴라전을 펼치던 빨치산 출신은 애초부터 국가를 통치할 능력이 없었습니다. 그런 그들이 북한의 정권을 장악했으니, 이들로부터 지배를 받는 사람들의 생활 수준은 예견된 것이었습니다. 1932년 중국공산당에 입당, 항일연군에서 마적질하다가 소련으로 도피, 1942년 7월 17일 소련군에 입대한 자가 김일성이었습니다105)106)107)108). 그는 일제에 대해 이렇다 할 전과戰果를 올린 적도 없었으며, '보천보 전투' 등 항일운동을 했다는 것은 모두 거짓입니다.

그렇다면 좌익세력들이 그렇게 비난해 마지않는 간도특설대는 어떤 조직이었을까요? 일본의 자료109)를 아래에 옮깁니다.

「간도특설대는 1935년에 설치된 조선인 국경감시대가 해체, 국경경찰에 편입된 뒤, 그곳의 하사관을 기간요원으로 만주국군의 예하로서 1938년 12월 간도성(間島省) 명월구에 설치되었다. 주로 간도지역에서 지원모집 된 조선인 병사로 조직되어, 부대장과 중대장 일부가 일본군관이고 그 외에는 만주국 군관학교에서 교육받은 조선인 장교가 배속되었다. 소속은 만주국군이었지만, 부대의 건설과 교육, 작전투입은 모두 일본군의 지배하에 있었다. (중략)
편성당시 부대본부와 제1중대, 제2중대, 기관총중대로 조직되어 총원 360명이었다. 이후 2개 보병중대와 기박(기관총과 박격포)중대로 편성이 되었다. 보병중대도 우수한 체코제 경기관총을 갖추는 등 당시 일본군을 능가하는 화력을 가진 엘리트 부대였다. 일본군의 대소련 공세계획의 일익(一翼)을 담당하여 소련영내에 침투해서 파괴공작 등 특수작전을 목적으로 했지만 실현되지 못했다. 대신 부대는 간도지역에서 항일 빨치산 토벌전에 투입되었다. (중략)

---

105) 「金日成-한국전 관련 舊蘇비밀문건 요지」, 1992년 6월 16일 연합뉴스.
106) 「金日成 중국에서 약탈,도둑질 일삼아」, 1993년 4월 19일 연합뉴스.
107) 「"김일성이 이끌던 조선인 단독 부대는 없었다"」, 2019년 4월 1일 주간조선.
108) 「김일성 소련 '붉은군대' 이력서 단독입수」, 2019년 4월 1일 주간조선.
109) https://ja.wikipedia.org/wiki/間島特設隊.

1939년부터 1941년까지 일본의 노조에토벌대의 토벌작전에 참가하여, 일본군으로부터도 '상승의 조선인부대'라고 높이 평가될 만큼 토벌에 공헌했다. 부대는 2차 세계대전의 종전과 함께 해체되지만, 이 부대의 조선인 출신 장교는 초기 대한민국 육군의 중요한 지위를 독점했다. 연대장, 장군까지 진급한 사람도 많았으며 대한민국 건국 후의 반란 진압과 공산 빨치산 토벌에 활약했고 이후 조선전쟁110)에서도 싸웠다.」

마지막 줄을 눈여겨볼 필요가 있습니다. 일본이 세운 만주국의 사관학교 출신인 간도특설대원들은 해방을 맞이한 한반도에서 '자유'를 수호하기 위한 용사들이 되었다는 것입니다. 이 객관적인 사실을 일본 사람들은 알고 있는데, 어찌 된 일인지 한국 사람들은 알지 못하고 오히려 이 용사들을 비난하고 있습니다. 바로 좌익세력들의 역사왜곡 세뇌공작에 오염이 되었기 때문입니다. 진정한 대한국민은 역사를 바로 알고 이 사실을 전파해야 합니다. 왜냐하면 이 땅의 모든 대한국민은 이 용사들의 피와 땀으로 지켜진 '자유'의 혜택을 받아 태어났고 살아가고 있기 때문입니다.

(좌) 간도 조선인들로 구성된 조선인 특설부대를 창설한다는 1938년 10월 12일 매일신보 기사
「간도성내 거주동포 자제로 편성하여 대만주국 방위에 활약!
감격할 성사 간도성장 이범익씨 이야기
과거 조선인공로를 인식한 일종산물 마쯔자와 외무부장 이야기」
(우) 간도 조선인 특설부대에 228명이 입소한다는 1938년 12월 14일 매일신보 기사
「대만주를 수호할 조선인특설부대 간도있는 조선동포의 감격과 환호를 받으면서」

간도특설대는 좌익 공산주의자들이 주장하는 것처럼, 속칭 '친일파'가 아니라 내 가족, 내 나라를 지키기 위해 입대한 식민지 조선인들로 구성된 부대였습니다. 1920~1930년대 한반도나 만주에서 태어난 사람의 국적은 '일본'이었습니다. 그러한 그들의 조국이나 가족을 지키기 위해 입대한 것을 잘못된 일이라고 할 수 있을까요? 종주국 일본으로서는 한일병합 초기, 식민지 백성 조선인들에게 무기를

---

110) 일본에서는 한국전쟁을 '조선전쟁', 한반도를 '조선반도'라고 부릅니다.

쥐게 하는 것을 그다지 반기지 않았습니다. 조선인들이 일본을 향해 어떻게 대응할지 의심했기 때문이었습니다. 그러다가 상황이 변해서 조선인을 모집해 중공의 항일연군을 토벌하게 된 것입니다. 위 신문에서 보다시피, 만주의 조선인들은 이 조치에 대해 환영했습니다. 식민지 백성이지만 출세할 길이 열린다는 기대감과 이제야 일본제국의 신민臣民으로서 내지인內地人처럼 당당하게 군인이 되어 나라를 지킬 기회가 주어졌다는 자긍심도 한몫한 것이었습니다.

공군(共軍:공산군共産軍)의 화해(禍害:재난과 훼방). 김일성의 비적(匪賊:무장 강도떼) 행위를 보도한 1936년 11월 30일 『한민(韓民)』111) 기사. 공군(共軍)은 공산군으로, 김일성 부대의 약탈행위에 대해서 일본군대가 적극대응한다는 내용이 있습니다.

「동북인민혁명군은 이주 동포의 재물을 약탈하며 사람을 붙잡아가며 인명을 살해함으로 해 지방이 거의 적지가 되어 사람이 붙어 살 수가 없다는데 그 중에도 김일성이 영솔한 부하가 명수도 사오백 명에 달하고…조금만 불만하면 집을 불사르고 사람을 잡아다가 죽이기도 하는데 금년 일년 동안에 그들이 동포의 촌락을 습격한 회수가 사백이십팔회요 피해자의 수효는 이천이백사 명이며… 일본 군대는 이를 토벌하기 위하여 적극 행동을 취한다 하니 손해 받는 자는 가련한 한인뿐이다.」

당시 만주는 일본관동군이 관리하였고, 이곳 조선인들의 국적은 일본이었습니다. 일본군은 자국민 보호를 위해 빨치산들과 싸웠고, 조선인들은 보호를 받을 수 있었습니다. 이처럼 항일연군은 만주의 조선인들을 괴롭힌 마적단이었습니다. 만주국을 위협하던 항일연군은 '항일'을 내걸고 동족을 마구잡이로 '사냥'하며 연명하는 조직이었습니다. 그랬기 때문에 만주에 있던 46만 조선인들은 자신을 항일연군의 위협으로부터 보호해 주는 간도특설대의 창설을 반겼던 것입니다. **우리가 반드시 기억해야 할 것은 '항일'='독립', '항일'='대한민국 건국'이 아니라는 것입니다.** 그들이 말하는 '항일'은 '공산혁명'의 수단이자 '조선민주주의인민공화국'으로 가는 길이며, 사망死亡과 공멸共滅의 길이었습니다(그럼에도 불구하고 대한민국 정부는 홍범도, 이동휘, 여운형, 주세죽 등 수많은 좌익 공산주의자들에게 건국훈장을 수여했습니다. 어떻게 이런 일이 일어났을까요? 우리는 '질문'하고 '생각'해서 답을 찾아야 합니다. 〈부록 3〉 참조).

---

111) 『한민(韓民)』은 대한민국임시정부를 유지·운영하였던 정당 한국국민당의 기관지입니다.

또한, 일정기 공무원과 군인을 모두 '친일파'로 매도하고 있는 좌익세력들의 주장에 대해서도 경계해야 합니다. 당시 식민지 조선인으로 태어난 사람이 입신양명(立身揚名)하기 위해서는 공무원이나 군인이 되는 것이 최선의 선택이었습니다. 그러한 우리 선조들에게 돌을 던질 수 있을까요? 공무원과 군인이 된 합격자들에게 돌을 던질 수 있다고 한다면, 시험에 응시했다 떨어진 불합격자들은 어떻게 해야 할까요? 일본인이 만들어 놓은 제도 속에 살아간 모든 사람이 친일파인가요?

좌익 공산주의자들은 해방을 전후로 반대세력에게 '친일' 프레임을 씌워 매도하며 자신들의 정치적 목표인 '공산혁명'을 이루고자 했습니다. 그러니 용어를 정확하게 알지 못하고 좌익세력이 사용하는 '용어혼란전술'에 속아 넘어간 사람들은 '편 가르기', '갈라치기'에 이용된 것입니다. 2022년의 대한민국도 다르지 않습니다. 주변을 잘 살펴보아야 하고 내 머릿속에 자리 잡은 '용어'들을 잘 들여다보아야 합니다(제5장 참조).

다시 백 장군의 이야기로 돌아갑니다. 그가 만주에서 군인 생활을 하다가 간도특설대로 배치받은 것은 중위 진급을 하던 1943년 2월의 일이었습니다. 당시 만주에는 항일연군이 존재하지 않았습니다. 1941년 3월 노조에토벌대에 의해 이미 괴멸된 후였기 때문입니다. 백선엽 중위가 대적한 것은 만주의 마적단이었습니다. 그리고 설령 항일연군 세력이었다고 하더라도 '독립군'과는 아무런 관련이 없는 조직이니 좌익세력들이 주장하는 '동족을 학살한 친일파'라는 말은 전혀 근거가 없는 이야기가 됩니다. 이처럼 없었던 일을 있었다고 조작하며 자신들의 명분(친일파 몰이)에 이용하는 것을 '날조'라고 합니다. 조작을 통해서까지 자신들이 원하는 목표(반동몰이와 체제전복)를 이루겠다는 것이 좌익세력의 본질입니다.

2020년 7월 15일, '없었던 일을 있었다'라는 주장을 되풀이하며 백선엽 장군의 대전 현충원 안장을 방해하는 좌익세력들과 선동당한 사람들. 저들이 주장하는 '독립', '열사', '지사', '반민족', '친일파' 등이 정확히 무엇을 뜻하는지 분별할 수 있는 지혜가 필요합니다.

덧붙여 간도특설대에서 활약한 창설 요원 중, 우리가 기억해야 할 사람으로 김백일(金白一, 1917~1951) 장군이 있습니다112). 그는 민족주의 항일운동가의 손자로 1917년 북간도 연길현에서 출생, 만주군관학교 5기생으로 간도특설대의 보병 중대장을 맡았습니다. 이분의 본명은 김찬규(金燦奎)였는데, 해방 후 평양에 있던 그에게 김일성이 은밀하게 접근했습니다. 함께 조선인민군을 창설하자고 설득하던 김일성에게 거부 의사를 밝히자, 김일성은 권총을 뽑아 위협하기도 했습니다. 이렇게 며칠 동안 시달리던 그는 평양을 떠나 서울로 내려왔습니다. 그날 우러러본 하늘이 너무나도 맑고 밝아 '온 세상이 붉은색(공산주의)으로 물든다고 해도 나 홀로 하얗게 버텨 내겠다'는 의미로 백일(白一)로 개명했다고 합니다. 이처럼 철저한 반공정신으로 무장된 김백일 장군을 좌익 공산주의자들과 종북 주사파들이 '친일파'로 매도하고 비난하는 것은 당연한 일입니다.

김백일 장군은 6.25남침전쟁 당시, 1군단장으로서 38선을 최초로 넘은 부대의 지휘관이었습니다. 또, 흥남철수작전 때에는 10만 명의 피난민들을 무사히 대한민국의 품에 안길 수 있도록 간곡히 미군을 설득한, 국민을 아꼈던 장군이었습니다. 이처럼 대한민국에 혁혁한 공을 세운 사람이었기에 대한민국 건국建國과 호국護國에 해악만 끼친 좌익세력들은 그를 가만히 둘 수가 없었던 것입니다. 다음 기사 113)114)115)116)117)에서 그 민낯을 확인할 수 있습니다. 만주에서 벌어졌던 좌익세력들과의 전쟁은 현재도 진행 중입니다.

김백일 장군이 '아아, 감격의 38선 돌파'라고 쓰고 있는 모습. 1950년 10월 1일.

---

112) 「김백일 장군과 만주군, 간도특설대의 올바른 이해①」, 2011년 8월 19일 코나스넷.
113) 「'친일파' 김백일 장군 동상에 달걀 100개 투척」, 2011년 6월 15일 오마이뉴스.
114) 「'친일파' 김백일 장군 동상, 검정색 천으로 덮어버려」, 2011년 7월 21일 오마이뉴스.
115) "김백일 동상 옆에 '친일파 단죄의 비' 세우겠다", 2013년 10월 14일 오마이뉴스.
116) 「내년 3.1 100주년 전에 '친일' 김백일 동상 철거해야」, 2018년 10월 21일 오마이뉴스.
117) "친일 김백일 동상, 역사의 망치로 깨부수고 싶다", 2018년 10월 23일 오마이뉴스.

(좌) 거제도포로수용소 유적공원 내 김백일 장군상像과 반일 정신병(5.1.2. 참조)에 걸린 좌익 단체에서 세운 '김백일친일행적단죄비'[118] (우) 거제 시청 앞에서 친일파몰이병(5.1.3. 참조)에 세뇌된 사람들이 시위하는 모습. 역사를 바르게 알면 저런 행위를 할 수가 없습니다.

대한국민으로서 모두가 알아야 하는 사실이 있습니다. 바로 오늘날 우리가 거저 누리고 있는 자유는 결코 거저 주어진 것이 아니라는 사실입니다. 이 자유는 이 장章에 등장한 사람들과 그들을 도와 함께 싸운 수많은 사람들 그리고 잊혀버린 분들의 희생과 헌신을 통해 지켜진 고귀한 선물입니다. 좌익 공산주의자들로 인해 피를 흘렸던 비극들이 종국에는 축복으로 변화되어 현재 대한국민은 자유를 누리고 있습니다. 다음 장에서는 이러한 대한국민으로 살아가는 것이 어떤 의미를 지니는지에 대해서 살펴봅니다.

2020년 7월 13일, 비가 내리는 가운데 서울 광화문광장에 마련된 시민분향소를 찾아 故백선엽 장군을 애도하는 시민들. 문재인 정부와 더불어민주당이 대한민국을 수호守護한 백선엽 장군의 추도를 애써 외면한 이유는 무엇일까요?

---

118) 「[거제] '특급 친일파' 김백일 단죄비 세우는 데 9년 세월」, 2019년 5월 17일 오마이뉴스.

CHAPTER 4

국민으로 산다는 것

제4장 국민으로 산다는 것

제1장에서 우리는 국가國家의 구성요소가 국민國民, 영토領土, 주권主權이라는 것을 다루었습니다. 특히, 국가 정치체제의 변천 과정을 살펴보았고, 군주제에서 공화제로 발전하면서 왕王이 주인인 나라에서부터 일반 백성百姓이 주인이 된 나라를 살펴보았습니다. 이 장에서는 대한민국이라는 자유민주국가에서 '국민'은 어떤 존재이며, 무엇을 의미하는지 알아보도록 합니다.

4.1. '사람'에 관한 호칭呼稱들과 그 정의定義

아래 단어들의 정의는 국립국어원『표준국어대사전』(이하 '표')과 포털사이트 〈NAVER〉에서 제공하는『고려대 한국어 대사전』(이하 '고')을 인용합니다.

▶ 사람
표: 생각을 하고 언어를 사용하며, 도구를 만들어 쓰고 사회를 이루어 사는 동물
고: 직립 보행을 하고, 언어와 도구를 사용하며, 문화를 향유하고 생각과 웃음을 가진 동물

▶ 인간(人間)
표: 생각을 하고 언어를 사용하며, 도구를 만들어 쓰고 사회를 이루어 사는 동물
고: 직립 보행을 하며, 사고와 언어 능력을 바탕으로 문명과 사회를 이루고 사는 고등 동물

순한글 '사람'과 한자어 '인간'의 정의는 거의 일치합니다. 각 사전에서도 비슷하게 정의하는데, 생각, 감정, 언어 및 도구 사용, 직립보행을 한다는 각 개체個體의 특성과 무리를 지어 공동체를 이룬다는 사회적 특성을 기술하고 있습니다. 이하 사회적 차원에서의 '사람'에 대한 정의를 살펴봅니다.

▶ 백성(百姓)
표: 1. 나라의 근본을 이루는 일반 국민을 예스럽게 이르는 말
    2. 예전에, 사대부가 아닌 일반 평민을 이르던 말.
고: 1. 예전에, 벼슬이 없는 상민(常民)을 이르던 말.
    2. 예전에, 사농공상(士農工商)의 뭇사람을 이르던 말.

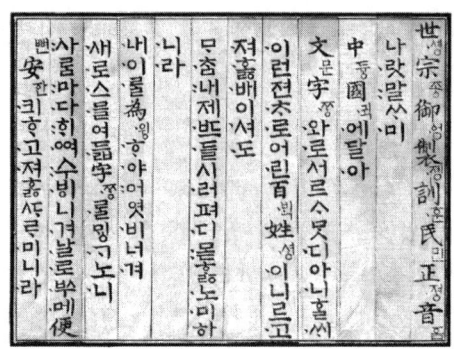
훈민정음 서문

위 훈민정음 서문에서 보듯이 '백성'은 조선시대에 사용되는 용어였습니다. 서문의 첫 문장을 현대어로 바꾸어보면 다음과 같습니다.

「나랏말이 중국과 달라 문자와 서로 통하지 아니하므로 이런 까닭으로 어리석은 백성이 이르고자 하는 바가 있어도 마침내 제 뜻을 능히 펴지 못하는 사람이 많다.」

백성은 연약하고 어리석은 존재로서 그려집니다. 그리고 사전적 정의도 계급제라는 틀 속에서 지배를 받는 존재(평민, 상민)로서의 의미를 지니는 것을 알 수 있습니다.

▶ 국민(國民)
표: 국가를 구성하는 사람. 또는 그 나라의 국적을 가진 사람.
고: 한 나라의 통치권 아래에 있는 사람. 또는 그 나라의 국적을 가진 일정한 권리와 의무를 지닌 사람.

▶ 시민(市民)
표: 국가 사회의 일원으로서 그 나라 헌법에 의한 모든 권리와 의무를 가지는 자유민.
고: 서양에서 국가의 정책이나 정치에 참여할 자격이 있는 국민.
(비고: '시(市)에 사는 사람'과 '근대 서양 사회의 상공업 계층'이라는 정의는 별개입니다.)

'국민'과 '시민'은 국가의 구성원으로서 국적보유자로서, 또는 헌법에 의한 권리와 의무를 가지는 사람으로 표현하는데, 특이한 것은 '사람'이라는 단수(單數)로 정의한다는 것입니다. 즉, 개인이라는 근대화된 의식을 바탕으로 두고 형성되는 존재입니다.

▶ 민중(民衆)
표: 국가나 사회를 구성하는 일반 국민. 피지배 계급으로서의 일반 대중을 이른다.
고: 국가와 사회를 구성하고 있는 사람들. 보통 피지배층을 이루는 노동자, 농민 등을 이르는 말이다.

▶ 인민(人民)

표: 국가나 사회를 구성하고 있는 사람들. 대체로 지배자에 대한 피지배자를 이른다.

고: 국가와 사회를 구성하고 있는 사람들.

'민중'과 '인민'은 좌익 공산주의자들이 주장하는 지배자와 피지배자, 착취자와 피착취자의 개념에서 파생한 단어입니다. 그리고 이 둘 중에서 '약자' 또는 '가지지 못한 자'라는 의미를 내포합니다. 특이한 것은 '대중' 또는 '사람들'이라는 복수(複數)로 정의한다는 것입니다. 따라서 공산주의 사회에는 '개인'이 존재하지 않는다는 것을 어렵지 않게 알 수 있습니다.

고대 중국 사회의 '人'과 '民'에 관한 개념은 趙紀彬(1976), 『논어신탐』의 「택인민」편을 참고합니다. '인'과 '민'은 춘추시대에 서로 대립되는 두 계급으로 '人'은 통치계급, '民'은 피통치계급을 뜻한다고 하는데, 이러한 고대 중국의 전통적 개념이 현대 한국에도 고스란히 남아있습니다. '인'은 '정치인', '지식인', '기업인', '문인', '예술인' 등 사회적 상류층에, '민'은 '서민', '빈민', '탈북민', '농민', '어민' 등 사회적 하층'민'에 나누어 지칭하고 있습니다. 특히 '인민'은 '민'에 방점을 두면서 후자의 피지배 계급을 지칭하는 용어로 사용되었습니다.

한편, 일정기에도 인민이라는 표현이 쓰였고, 해방 후 건국되지 않은 시점에 국민을 대신하는 표현으로 '인민'이 사용된 적이 있었습니다. 특히, '조선인민'이라는 말이 널리 사용되었습니다. 1948년 7월 17일 공포된 제헌헌법전문前文의 '대한국민'이라는 말로 합의하기 전까지 '조선인민', '한국인민' 등이 논의되기도 했습니다. 주권재민(主權在民), 민주국가인 대한민국에서는 '국민'이라는 말이 합당합니다.

▶ 대중(大衆)

표: 대량 생산·대량 소비를 특징으로 하는 현대 사회를 구성하는 대다수의 사람. 엘리트와 상대되는 개념으로, 수동적·감정적·비합리적인 특성을 가진다.

고: 현대 산업 사회를 구성하는 대다수의 사람. 수동적, 감정적, 비합리적인 특성을 가진다.

(비고: '수많은 사람의 무리'라는 정의는 별개)

'대중'은 현대 사회를 구성하는 '대다수'의 사람이라고 정의하는데 그 '대다수'에 포함되지 않는 '소수'를 엘리트 내지는 상류층으로 보는 것 같습니다. 이어지는 '엘리트와 상대되는 개념'이라는 표현에서 유추할 수 있습니다. 특이한 것은 '수동적, 감정적, 비합리적'인 특성을 가진다며 부정적(否定的)인 의미를 부여한다는 것입니다. 영어의 'the masses'는 (별로 많은 교육을 받지 못한, 일반) 대중 또는 서민, 하층민 등을 지칭하는데 상통하는 의미를 지니는 것을 알 수 있습니다. 아무리 똑똑한 개인이라고 하더라도 모여서 군중(群衆) 또는 대중이 되면 쉽게 선동(煽動)당하는 것에서 비롯한 '어리석은 사람들'이라는 저의(底意)가 있는 듯합니다.

이렇게 무리를 짓는 사회적 특성을 가지는 사람의 정의는 다양합니다. 그리고 그 무리짓는 각 개체

(個體)인 '개인'은 다음과 같이 정의합니다.

▶ 개인(個人)
표: 국가나 사회, 단체 등을 구성하는 낱낱의 사람
고: 상동(上同)

공동체의 구성 성분으로서 더 이상 나누어질 수 없는(individual) '사람'이라는 개념으로 서양에서 유래한 단어입니다. 집단을 이루고 공동체 생활을 한 것은 동서양의 공통된 점이라 할 수 있습니다. 그런데 '개인'이라는 개념을 바탕으로 '공동체'를 만들어서 살아가는 체제와 '개인'이라는 개념 없이 '공동체'를 우선시하여 살아가는 체제는 근본적으로 다릅니다. 대한민국도 현재는 긍정적인 의미에서 개인주의가 일반화되어 있지만, 진정으로 각자가 '개인'이라는 자각을 가지고 독립된 주체로서 살아가고 있는지는 점검해볼 필요가 있습니다. 특히나 공동체 생활에 익숙한 문화를 지니고, 해방 전후로 좌익 공산주의의 '공산共産' 개념을 바탕으로 '더불어', '함께', '평등', '대동세상' 등 개인의 자유를 빼앗기 위해 사용되는 용어가 범람(용어혼란전술)하고 있는 대한민국이기 때문입니다.

4.2. 대한국민의 탄생

대한민국에서 태어난 사람은 자연스럽게 대한민국 국민, 즉 '대한국민'이 됩니다. 그러나 38도 이북에서 태어난 사람은 조선민주주의인민공화국의 인민, 즉 '조선인민'이 됩니다. 같은 한반도에서 태어났는데 그 사람이 살게 되는 세상은 극명하게 달라집니다. 자유와 권리를 누리는 삶으로서의 '국민'과 북한 괴뢰 집단의 실권자 김정은의 노예로서의 '인민'이 된다는 것은 주인과 노예의 삶에 비유할 수 있습니다. 사람의 재능과 능력이 아무리 뛰어나도, 무엇이 되고 싶다는 희망을 품고 아무리 노력을 한다 해도, 국가 체제가 그 사람을 뒷받침해주지 못한다면 아무런 소용이 없습니다. 그저 조선로동당에서 시키는 대로 살다가 죽음을 맞이할 뿐입니다. '꿈'과 '희망'이라는 개념조차 없는 세상에서 '무엇이 된다', '무엇이 되고 싶다'라는 생각조차 하지 못하고, 하루 한 끼도 못 먹고 굶주리며 살아가는 것이 조선인민의 삶입니다.

대한국민의 정의는 대한민국 헌법전문에 명시되어 있습니다. 헌법전문은 헌법의 본문本文 앞에 위치한 문장으로서 헌법 서문序文에 해당합니다. 헌법전문에 어떤 내용을 수록收錄할 것인지는 그 나라의 역사, 정치, 문화 등 다양한 배경에 따라 다를 수 있습니다. 일반적으로 헌법전문에는 헌법성립의 유래, 헌법 제정과 개정의 역사, 헌법제정권자, 헌법의 지도이념과 기본원리 등이 기술되어 있습니다[119]. 따라서 헌법전문은 헌법 전체를 해석하는 데 있어서 기준이 되고 방향을 가리키는 헌법의 실질적 최상위 규범이라고 볼 수 있을 것입니다.

---

119) 성낙인, 『헌법학 (제17판)』, 법문사 2017, 126-127쪽.

한 국가의 정체성과 방향을 정하고 있는 헌법에서 규정하는 대한국민의 정의를, 제헌헌법[제정 1948.7.17 헌법 제1호]에서

「유구한 역사와 전통에 빛나는 우리들 **대한국민**은 기미삼일운동으로 대한민국을 건립하여 세계에 선포한 위대한 독립정신을 계승하여 이제 민주독립국가를 재건함에 있어서,」

라고 명시합니다. 헌법과 헌법전문은 정권이 바뀌면서 개정되기도 했는데, 헌법전문에서 3.1운동이 삭제된 적이 없어 대한국민의 정체성이 3.1운동과 불가분不可分의 관계에 있음을 알 수 있습니다 (7.2.1. 참조). 이 중요한 3.1운동에 대해서 흔히들 일제에 항거한 항일抗日의 측면에 초점을 맞추는 시각이 강합니다. 그런데,

「우리는 이에 우리 조선이 독립한 나라임과 조선 사람이 자주적인 민족임을 선언한다.」

라는 독립선언서의 첫 문장에서, 일제로부터의 독립과 함께 조선인의 자주성(自主性)을 강조하고 있는 것을 놓쳐서는 안 됩니다. 자주는 노예가 아닌, 스스로가 주인 된 자유인自由人인 개인個人을 지칭하며, 이러한 존재가 모인 공동체(국가)의 독립을 선포한다는 내용을 담고 있는 것입니다. 당시 식민지 조선에 살던 모든 조선인들이 이러한 사상思想을 공유共有하지는 못했을 것입니다. 그러나 계몽된 지식인들과 이에 감화된 조선인들이 일제에 저항하면서 자주적인 개인으로서의 탈바꿈을 천명(闡明)했던 것입니다.

일본으로부터 해방되어 1919년의 3.1운동 정신을 계승한 존재가 '대한국민'임을 선포했던 것이 1948년 7월 17일의 제헌절이었습니다. 헌법전문에서는 '독립정신을 계승'하여 대한민국을 세웠다고 표현합니다. 이 '독립정신'에 대해서는 저마다의 생각을 가지고 있을 수도 있고 아무런 생각이 없을 수도 있습니다. 1919년에도 그러했듯, 1948년 당시에도, 2022년 현재에도 '독립'이 무엇을 뜻하는지 모르는 사람은 존재할 수 있습니다. 그러나 진정한 '대한국민'은 변하지 않고 오늘날까지 이어지고 있는 3.1운동의 본질적인 의미를 알아야 합니다. 왜냐하면 그 정신을 바탕으로 '자주독립국'인 대한민국이 세워졌기 때문입니다. 대한국민은 독립정신을 가진 사람들을 말합니다. 독립정신은 스스로가 주인이 되어 자유하고, 선택하고, 그 선택에 책임지는 개인의 탄생誕生과 직결됩니다. 또한, 그러한 개인들이 각자의 다양성을 존중하며 공동체를 형성해 나가는 밑거름이 됩니다. 대한민국 국적을 가진 사람들은 이러한 독립정신을 가지고 있는지 자문自問해보아야 합니다. 혹여 '국가가 내 삶의 행복을 책임져 주어야 한다'는 생각을 하고 있다면 독립정신을 가지지 못한 사람입니다(5.1.7. 참조). 이들은 생각하지 않는 사람(5.1.1. 참조)이거나 비(非)대한국민일 수 있으며, 반(反)대한국민(7.2.2. 참조)일 가능성이 높습니다. 특히, 반대한국민 세력들 중에는 '민주' 또는 '민주화'를 주장하며 이미 국민이 주인 된 자주독립국 대한민국을 부정하고 있습니다(5.1.4. 참조).

이렇게 소중한 독립정신을 명확하게 이해하고 정리해서 같은 이름의 책을 저술한 사람이 29세의 청년 이승만이었습니다. 『독립정신』은 그가 대역죄인大逆罪人으로 몰려 한성감옥에 갇힌 가운데, 자유를 꿈꾸고 대한민국이라는 새로운 나라의 비전을 그리며 4개월여에 걸쳐 저술한 역작力作입니다. 부디 독자 여러분께서 이 책120)121)122)을 통해 진정한 '독립정신'을 정리해보시기를 부탁드립니다.

4.3. 헌법에서 정의하는 국민의 권리와 의무

아래 내용은 대한민국 헌법 '제2장 제10조~제39조'에 수록된 내용입니다. 필자는 헌법학자도 법률가도 아니며, 법학 전공자도 아닙니다. 하지만 여기서 헌법 내용을 할애割愛하는 것은 대한국민으로 살아간다는 것에 대한 정의를 이보다 더 명확하게 제시하고 있는 것은 없다고 생각하기 때문입니다. 우리는 대한국민의 권리와 의무를 명문화明文化한 이 귀한 헌법 조항을 음미吟味해 볼 필요가 있습니다. 이하 내용은 다음 자료들123)124)을 참고하여 서술했음을 밝혀둡니다.

제2장 국민의 권리와 의무
제10조 모든 국민은 인간으로서의 존엄과 가치를 가지며, 행복을 추구할 권리를 가진다. 국가는 개인이 가지는 불가침의 기본적 인권을 확인하고 이를 보장할 의무를 진다.

▶ '존엄과 가치'는 인간의 인격성을 말하며, 인간의 인격성은 존엄과 가치의 근거이며 내용이 됩니다. 헌법을 통해 국민의 인간 존엄 실현을 최고의 목표로 하는 '가치 질서를 채택'하고 있음을 알 수 있습니다. 인간의 존엄과 가치를 헌법의 최고 가치로 여긴다는 것은, 이것이 국가의 목표이자, 모든 국가권력에 '방향을 제시'하고 '지침을 제공'한다는 말입니다. 북한에서는 '최고 존엄'이라는 말이 있습니다. 김씨 3부자(父子)를 지칭하는 이 용어는, 다른 인간의 인격성을 부정하며, 그들은 노예에 불과하다는 표현의 다름 아닙니다. 그러면서 모두가 평등한 사회를 건설하자고 선동했던 공산주의자들의 거짓과 어리석음을 스스로 선포하는 표현이라고 할 수 있습니다.

▶ 행복추구권이란 안락하고 만족스러운 삶을 추구할 수 있는 권리입니다. 혹자는 '행복할 권리'로 잘못 이해를 하는데, 큰 차이가 있습니다. 행복은 각자가 느끼는 주관적인 성질을 지니므로 누군가가 나서서 정해주거나 규격화할 수 없는 것입니다. '개인'이라는 자유하고 독립된 존재가 그것을 추구할 수 있는 권리를 보장해주는 것이지, 강제적으로 규정하거나 배급하는 것이 아니라는 이야기입니다. 북한 동포들이 어떠한 삶을 살고 있는지 생각해 보면 이해하기 쉽습니다. 그들은 '행복'이 무엇인지조차 모르며 스스로에

---

120) 리승만, 『독립정신』, 정동출판사 1993.
121) 박기봉 교주, 『독립정신』, 대한민국사랑회 2017.
122) 이승만 연구원, 『우남 이승만 전집1 독립정신』, 연세대학교 대학출판문화원 2019.
123) 김학성, 『김학성의 헌법이야기 국민헌법』, 퓨리탄 2021.
124) 김학성, 『제7판 헌법개론』, 피앤씨미디어 2022.

게 그러한 권리가 있다는 것을 모르고 살아갑니다. 핍박과 강제 속에서 그저 하루하루 연명하는 것만으로도 '행복'을 느끼는 존재로 전락했을지 모르는 일입니다. 이러한 의미에서 제10조는 우리만이 아니라 북한의 동포들과 함께 나누어야 하는 우리의 권리이자 우리 존재의 목적입니다.

제11조 ①모든 국민은 법 앞에 평등하다. 누구든지 성별·종교 또는 사회적 신분에 의하여 정치적·경제적·사회적·문화적 생활의 모든 영역에 있어서 차별을 받지 아니한다.
②사회적 특수계급의 제도는 인정되지 아니하며, 어떠한 형태로도 이를 창설할 수 없다.
③훈장 등의 영전은 이를 받은 자에게만 효력이 있고, 어떠한 특권도 이에 따르지 아니한다.

▶ ①항은 법法 앞의 평등平等을 이야기하며 다른 연유로 차별받지 않고, ②항은 특수계급(무소불위의 특권층)을 허용하지 않습니다. ③항은 훈장을 받은 본인 이외의 특권을 인정하고 있지 않으나, 훈장에 수반되는 연금, 유족에 대한 보훈까지 금하고 있지는 않습니다.

▶ 모든 인간이 평등하다는 인식을 인류가 공유하게 된 것에는 기독교 사상의 '모든 인간은 신 앞에 평등하다'는 사상에서 연유했습니다. 이러한 기독교 사상이 근대 자연법사상에 영향을 주었고, '법 앞의 평등'으로 구체화 된 것이었습니다. 평등에는 절대적 평등과 상대적 평등이 있습니다. 절대적 평등은 모든 사람이 모든 면에서 동등하며, 따라서 동등하게 대우받아야 한다는 의미를 가집니다. 그러나 모든 사람은 각자의 개성이 있으며 그들이 처한 상황도 제각각입니다. 이 세상에는 절대적 평등이 존재할 수 없다는 결론에 다다릅니다. 그런데 이 절대적 평등을 부르짖던 좌익 공산주의자들이 만든 것이 불평등의 극치라 할 수 있는 소련, 중국, 북한 등 공산국가였습니다. 실제로는 모든 사람의 동등한 인격을 보장하되 정당한 사유에 따라 합리적 차별을 허용하는 상대적 평등이 존재하며, 헌법에서 정하는 '평등'도 이 상대적 평등을 의미합니다.

▶ 평등은 '기회의 평등'을 의미하며, 좌익 공산주의자들과 종북 주사파들이 부르짖는 '결과의 평등'을 의미하지 않습니다.

▶ 잘못을 저지르고도 수사망을 피해간다거나, 특별법을 제정해서 후손에게 가산점을 준다는 식의 특혜는 헌법 위에 군림하는 특수계급을 의미하지 않을까요? 이미 대한민국은 법 앞에서 평등한 나라입니다. '평등한 세상'을 꿈꾸는 좌익 공산주의자들과 종북 주사파들이 외치는 '평등'은 거짓이며 오히려 특권계급을 만드는 우愚를 범하게 됩니다. 북한과 중공을 보면 답이 나옵니다. 특권층을 제외한 대부분의 인민人民들은 가난과 질병, 심각한 탄압에 신음하고 있습니다.

제12조 ①모든 국민은 신체의 자유를 가진다. 누구든지 법률에 의하지 아니하고는 체포·구속·압수·수색 또는 심문을 받지 아니하며, 법률과 적법한 절차에 의하지 아니하고는 처벌·보안처분 또는 강제노역을 받지 아니한다.
②모든 국민은 고문을 받지 아니하며, 형사상 자기에게 불리한 진술을 강요당하지 아니한다.
③체포·구속·압수 또는 수색을 할 때에는 적법한 절차에 따라 검사의 신청에 의하여 법관이 발부한 영장을 제시하여야 한다. 다만, 현행범인인 경우와 장기 3년 이상의 형에 해당하

는 죄를 범하고 도피 또는 증거인멸의 염려가 있을 때에는 사후에 영장을 청구할 수 있다.
④누구든지 체포 또는 구속을 당한 때에는 즉시 변호인의 조력을 받을 권리를 가진다. 다만, 형사피고인이 스스로 변호인을 구할 수 없을 때에는 법률이 정하는 바에 의하여 국가가 변호인을 붙인다.
⑤누구든지 체포 또는 구속의 이유와 변호인의 조력을 받을 권리가 있음을 고지받지 아니하고는 체포 또는 구속을 당하지 아니한다. 체포 또는 구속을 당한 자의 가족등 법률이 정하는 자에게는 그 이유와 일시·장소가 지체없이 통지되어야 한다.
⑥누구든지 체포 또는 구속을 당한 때에는 적부의 심사를 법원에 청구할 권리를 가진다.
⑦피고인의 자백이 고문·폭행·협박·구속의 부당한 장기화 또는 기망 기타의 방법에 의하여 자의로 진술된 것이 아니라고 인정될 때 또는 정식재판에 있어서 피고인의 자백이 그에게 불리한 유일한 증거일 때에는 이를 유죄의 증거로 삼거나 이를 이유로 처벌할 수 없다.

▶ 국민이 가지는 신체의 자유를 기술하며, 이 자유의 보호를 위해 2항에서 7항에서 신체의 자유를 보장하는 각종 '실체·절차적' 장치를 두고 있습니다.

▶ ①항은 신체의 자유와 적법절차의 원리, ②항은 고문받지 않을 권리와 묵비권(진술거부권), ③항은 영장주의, ④항은 변호인의 조력을 받을 권리, ⑤항은 체포·구속이유 등의 고지를 받을 권리, ⑥항은 체포·구속적부 심사제, ⑦항은 자백의 증거능력과 증명력 제한에 대해 규정하고 있습니다.

제13조 ①모든 국민은 행위시의 법률에 의하여 범죄를 구성하지 아니하는 행위로 소추되지 아니하며, 동일한 범죄에 대하여 거듭 처벌받지 아니한다.
②모든 국민은 소급입법에 의하여 참정권의 제한을 받거나 재산권을 박탈당하지 아니한다.
③모든 국민은 자기의 행위가 아닌 친족의 행위로 인하여 불이익한 처우를 받지 아니한다.

▶ ①항은 이중처벌금지를, ②항은 형벌 불소급 원칙을 규정하고 있습니다.

▶ 특히 ③항은 대한민국이 처했던 특수한 사정으로 인해 남아있는 흔적이라고 할 수 있습니다. 과거 특정한 사람의 범죄에 대하여 일가친척이나 그 사람과 일정한 관계를 맺고 있는 사람이 연대책임을 지고 처벌을 받았던 제도인 '연좌제緣坐制'가 있었습니다. 연좌제는 고대로부터 근대에 이르기까지 동서양에서 존재했습니다. 왕정(王政)시기에 대역죄를 지은 죄인의 집안을 멸하는 것도 그 한 예라고 할 수 있습니다. 대한민국 건국 후 남로당 등 좌익 공산주의 세력에 의한 체제 전복 사태와 6.25남침전쟁과 빨치산 폭거 등으로 죄를 지은 사람뿐만 아니라 그 후손에게도 일정한 제재를 가하는 제도였습니다. 신원조회로 사상범의 가족 또는 친족임이 밝혀지면 공무원이나 군인(장교)로 임명하지 않거나, 해외여행을 제한하기도 했습니다. 1980년 8월 1일 제5공화국(전두환 정권)이 신설, 이듬해 3월 25일부터 시행되었습니다. 공산폭도들에 의해 체제를 위협받는 대한민국의 특수성으로 인해 근대 형법의 기본원리인 '자기책임 원리'가 뒤늦게 적용되기 시작한 것입니다. 좌익세력들이 물고 뜯는 전두환 정권에 의해 실현됐다는 것을 잘 생각해봐야 합니다.

제14조 모든 국민은 거주·이전의 자유를 가진다.

▶ 거주·이전의 자유는 자신이 원하는 곳에 '주소(住所)'나 '거소(居所)'를 설정하고 체류(滯留)하며, 이전할 자유를 말합니다. 또, 자기 의사에 반하여 주거지를 옮기지 않을 자유도 포함합니다.

제15조 모든 국민은 직업선택의 자유를 가진다.

▶ 엄격한 신분제 사회였던 조선과는 다르게, 자신이 직업을 자유롭게 '선택'하고, 그 직업에 '종사'하는 자유를 말합니다. 즉, 직업결정의 자유와 직업수행의 자유를 포함합니다.

제16조 모든 국민은 주거의 자유를 침해받지 아니한다. 주거에 대한 압수나 수색을 할 때에는 검사의 신청에 의하여 법관이 발부한 영장을 제시하여야 한다.

▶ 주거의 자유는 인간의 존엄과 밀접하여, 개인의 기본적 생활공간을 보장함으로써 그 공간에서 안식할 수 있는 권리를 말합니다. 이를 통해, '사생활 보호'와 '인간의 존엄과 행복추구권'을 보장할 수 있습니다.

제17조 모든 국민은 사생활의 비밀과 자유를 침해받지 아니한다.

▶ 사생활의 비밀과 자유를 보장함으로써, 개인 정보 등을 포함한 사생활 보호의 근거가 됩니다.

제18조 모든 국민은 통신의 비밀을 침해받지 아니한다.

▶ 우편, 전화 등 통신은 국가가 운영하고 담당하는 영역이었고, 지금도 유지되고 있습니다. 통신이라는 수단에 있어 개인의 '의사소통'의 비밀을 보장함으로써 국가의 침해를 제한하고 기본권으로 보장합니다.

제19조 모든 국민은 양심의 자유를 가진다.

▶ 법질서는 민주적 다수의 정치적 의사와 도덕적 기준에 따라 형성되기 때문에 국가의 법질서에서 벗어나려는 '소수의 양심'에 대한 배려가 요구됩니다. 헌법이 양심의 자유를 보장하는 것은 다수가치로서의 법질서와 소수의 양심이 충돌할 경우, '소수의 양심'을 지켜주겠다는 의지의 표명입니다. 양심형성의 자유, 양심표명의 자유, 양심실현의 자유로 나눌 수 있습니다.

▶ 이 소중한 양심의 자유를 악용하는 세력이 있습니다. 좌익 공산주의자들과 종북 주사파들은 인간의 기본권이 보장되는 대한민국이라는 테두리 안에서 자유와 권리를 누렸면서, 자신의 양심에 따라 대한민국 체제를 부정하고 파괴하려고 하는 것입니다.

▶ 양심의 자유를 바탕으로 병역의 의무를 거부하는 사람들이 있습니다. 이들 역시 분단된 한반도의 특수성 아래, 대한민국이라는 버팀목의 보호하에 자유와 권리를 누렸습니다. 그러나 집총(執銃)거부를 함으로써 의무를 내려놓았습니다. 다행스럽게도 대체복무제도가 만들어지면서 '병역기피자'로 낙인찍지는 않습니다. 이들의 주장을 '소수자 인권' 보호라는 차원에서 국가의 안보(安保)가 아닌 개인의 인권에 손을 들어준 판결이 있었던 것입니다. 만약 대다수가 양심의 자유로 병역을 회피한다면, 나라는 누가 지켜야 할까요?

정답은 없습니다. 모두가 만족할 만한 선택이 있을 수 없는 것처럼, 이것이 인간 세상의 한계라는 것을 인정할 수밖에 없을 것 같습니다.

제20조 ①모든 국민은 종교의 자유를 가진다.
　　　　②국교는 인정되지 아니하며, 종교와 정치는 분리된다.

▶ 종교의 자유가 보장되기까지 많은 세월과 생명이 필요했습니다. 이 자유는 교권(敎權)과 결합된 국가 정치권력과의 투쟁을 통해서 획득한 자유로 모든 정신적 자유의 근원이 됩니다. 인간은 물질의 충족으로만 존재하지 않는 '영적 존재'이기에 영적인 평안이 없이는 자유와 존엄 그리고 행복이 보장될 수 없습니다.

▶ 특히 ②항의 정교분리는, '정치권력은 교회를 보호해야 하며 교회에 간섭할 수 없다'는 원의(原意)를 가지고 있습니다. 양심의 자유를 보장하듯, 종교의 자유도 국가가 보장해야 한다는 말입니다. 종교의 자유는 신앙을 갖거나 갖지 않을 '신앙형성의 자유'와 자신의 신앙을 외부에 표명하거나 강제로 표명하지 않을 자유인 '신앙고백의 자유' 그리고 자신의 신앙에 따라 행동하는 '신앙실천의 자유'를 말합니다.

제21조 ①모든 국민은 언론·출판의 자유와 집회·결사의 자유를 가진다.
　　　　②언론·출판에 대한 허가나 검열과 집회·결사에 대한 허가는 인정되지 아니한다.
　　　　③통신·방송의 시설기준과 신문의 기능을 보장하기 위하여 필요한 사항은 법률로 정한다.
　　　　④언론·출판은 타인의 명예나 권리 또는 공중도덕이나 사회윤리를 침해하여서는 아니된다. 언론·출판이 타인의 명예나 권리를 침해한 때에는 피해자는 이에 대한 피해의 배상을 청구할 수 있다.

▶ 언론·출판의 자유는 자신의 생각이나 의견을 언어와 문자 등을 통해 외부에 표현하는 자유를 말합니다. 언론은 구두口頭에 의한 표현이고 출판은 문자와 상형象形에 의한 표현을 말하며 그 매개체는 어떠한 형태이건 가능하며 제한이 없습니다.

▶ 언론·출판의 자유는 자신의 생각을 자유롭게 외부세계에 표현함으로써 개인의 인격 발현을 가능하게 하고, 개인과 개인의 정신적 소통을 가능하게 합니다. 자유로운 의사 표현을 가능하게 하는 보장된 공간을 통해 민주정치가 유지될 수 있습니다.

▶ 집회의 자유는 자신의 의견을 집단으로 표명함으로써 '여론형성'에 기여합니다. 또, 부당한 정치권력에 대한 항의표시를 집단적으로 표현함으로써 '권력 통제'의 기능을 합니다.

▶ 결사의 자유는 다수가 공동의 목적을 실현하기 위해 자유롭게 단체를 결성하는 자유로, 개인의 '행동영역 확대', '지속적인 의사표현과 활동'을 가능하게 합니다. 결사의 자유는 단체를 자유롭게 결성할 '적극적 결사의 자유'와 결사에 가입하지 않을 '소극적 결사의 자유'를 포함합니다.

▶ 검열은 허가받지 않은 사상이나 의견의 발표를 금하는 것으로, 행정당국이 자신에게 불리한 내용의 표현을 사전에 방지함으로써 국민의 독창성, 창의성 및 공공성을 담은 표현활동을 침해하는 것을 말합니다. 오늘날 신문, 잡지, 지상파 방송보다 강력하고 광범위한 유튜브 등 온라인 매체들이 표현의 자유를 충족

시켜주고 있습니다. 그러나 정치적 이유로 '부정선거', '백신' 등을 다루는 영상에 대한 검열이 가해지고 있는 현실은 헌법이 보장한 표현의 자유를 침해하는 것이 아닐까요? 또한, 좌익 세력의 전위대인 민노총의 집회는 허가하고, 대한국민의 집회를 불허하는 행정당국은 헌법 위에 군림하는 것은 아닌지 생각해보아야 합니다.

제22조 ①모든 국민은 학문과 예술의 자유를 가진다.
②저작자·발명가·과학기술자와 예술가의 권리는 법률로써 보호한다.

▶ 학문의 자유는 진리 탐구의 자유로, 연구대상·연구방법·연구시기·연구장소 등을 결정할 '학문연구의 자유'와 연구성과를 자유롭게 발표하는 '학문연구발표의 자유'를 말합니다.

▶ 예술의 자유는 '예술창작의 자유', '예술표현의 자유'를 말합니다.

▶ 저작자·발명가·과학기술자와 예술가의 권리는 저작권법·특허법·상표법·실용신안법·디자인보호법·공연법 등으로 보호하고 있습니다.

제23조 ①모든 국민의 재산권은 보장된다. 그 내용과 한계는 법률로 정한다.
②재산권의 행사는 공공복리에 적합하도록 하여야 한다.
③공공필요에 의한 재산권의 수용·사용 또는 제한 및 그에 대한 보상은 법률로써 하되, 정당한 보상을 지급하여야 한다.

▶ 모든 사람에게 재산권이 보장될 때 자신의 삶을 스스로 책임질 수 있게 됩니다. 즉 독립된 개인, 자유인으로서 살아갈 수 있습니다. 그리하여 개인의 자유와 창의는 보장되고 인간의 존엄과 가치가 증대됩니다.

▶ 헌법이 보장하는 '재산권'은 '재산적 가치'가 있는 모든 권리를 말하며, '사유재산제도'와 '사유재산권'을 그 내용으로 합니다. '사유재산제도'는 생산수단의 사유를 허용하고, 사유재산권 보장의 전제가 됩니다. 사유재산권은 그 내용을 실현할 수 있는 최소한의 법질서가 보장되어야 합니다. 상속제도를 부정하거나 생산수단을 국유화하거나, 전면적 계획경제의 도입은 헌법이 보장하는 사유재산 제도에 대한 중대한 침해로 위헌입니다. 헌법이 보장하는 '사유재산권'이란 사유재산제도의 기초 위에서 재화의 '소유·사용·수익·처분'할 수 있는 권리를 말합니다. 따라서 국민의 재산 소유를 부정하거나 처분을 금지하는 법률은 사유재산권을 침해하는 것으로 위헌입니다.

제24조 모든 국민은 법률이 정하는 바에 의하여 선거권을 가진다.

▶ 선거권은 선거인단의 구성원으로 국민이 각종 공무원을 선출하는 권리를 말합니다. 선거를 통해 국가권력을 만들고, 국가권력에 정당성을 부여하며, 그 행사를 통제하기도 합니다. 보통선거, 평등선거, 직접선거, 비밀선거의 원칙을 지키며 처음으로 이 권리를 행사한 것은 1948년 5월 10일이었습니다.

제25조 모든 국민은 법률이 정하는 바에 의하여 공무담임권을 가진다.
▶ 공무담임권은 선출직 공무원에 입후보할 자격인 '피선거권'과 능력 및 적성에 따라 공직에 취임할 수 있는 '공직 취임권', 공무를 담당·유지할 수 있는 '공무담임권'을 포함합니다.

제26조 ①모든 국민은 법률이 정하는 바에 의하여 국가기관에 문서로 청원할 권리를 가진다.
②국가는 청원에 대하여 심사할 의무를 진다.
▶ 청원권은 국가기관에 자기의 희망이나 고통을 진술하고 그 시정을 요구하는 권리입니다.

제27조 ①모든 국민은 헌법과 법률이 정한 법관에 의하여 법률에 의한 재판을 받을 권리를 가진다.
②군인 또는 군무원이 아닌 국민은 대한민국의 영역안에서는 중대한 군사상 기밀·초병·초소·유독음식물공급·포로·군용물에 관한 죄중 법률이 정한 경우와 비상계엄이 선포된 경우를 제외하고는 군사법원의 재판을 받지 아니한다.
③모든 국민은 신속한 재판을 받을 권리를 가진다. 형사피고인은 상당한 이유가 없는 한 지체없이 공개재판을 받을 권리를 가진다.
④형사피고인은 유죄의 판결이 확정될 때까지는 무죄로 추정된다.
⑤형사피해자는 법률이 정하는 바에 의하여 당해 사건의 재판절차에서 진술할 수 있다.
▶ 재판청구권은 국가에 대하여 재판을 청구할 권리입니다. 모든 국민은 법적 분쟁이 발생한 경우, 독립된 법원에 의한 공정하고 신속한 재판을 받을 권리를 가집니다. 재판청구권은 다른 기본권을 보장해 주기 위한 '절차적 기본권'입니다.

제28조 형사피의자 또는 형사피고인으로서 구금되었던 자가 법률이 정하는 불기소처분을 받거나 무죄판결을 받은 때에는 법률이 정하는 바에 의하여 국가에 정당한 보상을 청구할 수 있다.
▶ '형사보상 청구권'은 국가가 형사사법의 과오로 형사책임을 추궁당하지 않을 자를 형사피의자나 형사피고인으로 다룸으로써 발생한 피해를 보상하기 위한 것입니다. 형사보상은 적법한 형사사법권에 기한 피해를 '정의의 관점'에서 보상해주는 것으로, 불법적 공권력 행사로 피해가 발생한 경우, 이를 전보해 주는 국가배상과 구별됩니다.

제29조 ①공무원의 직무상 불법행위로 손해를 받은 국민은 법률이 정하는 바에 의하여 국가 또는 공공단체에 정당한 배상을 청구할 수 있다. 이 경우 공무원 자신의 책임은 면제되지 아니한다.
②군인·군무원·경찰공무원 기타 법률이 정하는 자가 전투·훈련 등 직무집행과 관련하여 받은 손해에 대하여는 법률이 정하는 보상 외에 국가 또는 공공단체에 공무원의 직무상 불법행위로 인한 배상은 청구할 수 없다.
▶ 국가배상청구권은 공무원의 직무상 불법행위로 손해를 입은 국민이 국가나 공공단체에 손해배상을 청구할 수 있는 권리입니다.

▶ ②항은 이중배상금지에 관한 조항으로, 위험성이 높은 직무에 종사하는 자에 대하여 사회보장적 위험부담으로서의 보상제도를 별도로 마련함으로써 그것과 경합되는 배상청구를 배제하려는 취지에서 비롯된 것입니다.

제30조 타인의 범죄행위로 인하여 생명·신체에 대한 피해를 받은 국민은 법률이 정하는 바에 의하여 국가로부터 구조를 받을 수 있다.

▶ 범죄피해자의 구조청구권은 타인의 범죄행위로 생명을 잃거나 신체에 대한 피해를 받은 국민이나 유가족이 가해자로부터 충분한 배상을 받지 못한 경우에 국가에 대하여 구조를 청구할 수 있는 권리입니다.

제31조 ①모든 국민은 균등하게 교육을 받을 권리를 가진다.
②모든 국민은 그 보호하는 자녀에게 적어도 초등교육과 법률이 정하는 교육을 받게 할 의무를 진다.
③의무교육은 무상으로 한다.
④교육의 자주성·전문성·정치적 중립성 및 대학의 자율성은 법률이 정하는 바에 의하여 보장된다.
⑤국가는 평생교육을 진흥하여야 한다.
⑥학교교육 및 평생교육을 포함한 교육제도와 그 운영, 교육재정 및 교원의 지위에 관한 기본적인 사항은 법률로 정한다.

▶ 교육을 받을 권리를 규정하는 조항입니다. 근대 이전 교육의 기회는 특수계층에게만 허용되었습니다. 교육을 받을 권리는 개인의 능력에 따라 균등한 교육을 받을 권리입니다.

▶ ①항의 교육을 받을 권리, ②항의 교육을 받게 할 의무, ③항의 무상 의무교육, ④항의 교육의 자주성 보장, ⑤항의 국가의 평생교육 진흥의무, ⑥교육제도 법정주의를 규정하고 있습니다.

제32조 ①모든 국민은 근로의 권리를 가진다. 국가는 사회적·경제적 방법으로 근로자의 고용의 증진과 적정임금의 보장에 노력하여야 하며, 법률이 정하는 바에 의하여 최저임금제를 시행하여야 한다.
②모든 국민은 근로의 의무를 진다. 국가는 근로의 의무의 내용과 조건을 민주주의원칙에 따라 법률로 정한다.
③근로조건의 기준은 인간의 존엄성을 보장하도록 법률로 정한다.
④여자의 근로는 특별한 보호를 받으며, 고용·임금 및 근로조건에 있어서 부당한 차별을 받지 아니한다.
⑤연소자의 근로는 특별한 보호를 받는다.
⑥국가유공자·상이군경 및 전몰군경의 유가족은 법률이 정하는 바에 의하여 우선적으로 근로의 기회를 부여받는다.

▶ 지속적인 실업 상태는 인간의 존엄성을 위협하게 되므로, 헌법은 근로의 자유를 새롭게 인식함으로써 이를 기본권으로 보장하게 됩니다. 이처럼 근로의 권리를 국가가 적극적으로 나서서 보호하고 국민의 생존권으로 인정하고 있습니다. 우리 헌법에서 근로의 권리는 개인의 생존을 위한 '개인의 권리'이지만, 사회주의 헌법에서 근로는 인민들의 '생존을 위한 대가'로써 '공적 의무' 차원의 성격을 가지는 것과 대비됩니다.

▶ ①항은 국민이 가지는 근로의 권리, 고용증진의무, 적정임금과 최저임금 보장, ②항은 근로의 의무, ③항은 근로조건의 법정주의를 이야기하고, ④항의 여자 근로의 특별보호와 ⑤항의 연소자 특별보호와 ⑥항의 국가유공자 등에 대한 우선 취업기회 부여를 규정하고 있습니다.

제33조 ①근로자는 근로조건의 향상을 위하여 자주적인 단결권·단체교섭권 및 단체행동권을 가진다.
②공무원인 근로자는 법률이 정하는 자에 한하여 단결권·단체교섭권 및 단체행동권을 가진다.
③법률이 정하는 주요방위산업체에 종사하는 근로자의 단체행동권은 법률이 정하는 바에 의하여 이를 제한하거나 인정하지 아니할 수 있다.

▶ 사회의 대다수를 점하지만 사회적 약자로 볼 수 있는 근로자들의 근로조건을 확보하는 '공동체 유지기능'을 가지면서 '노사평화'에 이바지하는 근로 3권을 보장하는 조항입니다. 근로자들은 노동조건의 개선을 목적으로 노동조합을 자주적으로 구성하여 사용자와 교섭하고 최후의 수단으로서 행동으로 옮기는 '파업·태업·보이콧·피케팅' 등을 할 수 있습니다.

제34조 ①모든 국민은 인간다운 생활을 할 권리를 가진다.
②국가는 사회보장·사회복지의 증진에 노력할 의무를 진다.
③국가는 여자의 복지와 권익의 향상을 위하여 노력하여야 한다.
④국가는 노인과 청소년의 복지향상을 위한 정책을 실시할 의무를 진다.
⑤신체장애자 및 질병·노령 기타의 사유로 생활능력이 없는 국민은 법률이 정하는 바에 의하여 국가의 보호를 받는다.
⑥국가는 재해를 예방하고 그 위험으로부터 국민을 보호하기 위하여 노력하여야 한다.

▶ '인간다운 생활을 할 권리'는 인간 생존에 필요한 '물질적 최저 생활'을 청구할 수 있는 권리입니다. 물질적 최저 생활은 '생물학적 생존 수준' 이상의 '인간다운 생계 수준'으로 국민의 소득 수준, 생활 수준, 국가 재정과 정책 등 다양한 요소를 고려하여 입법부의 재량에 달려 있습니다.

▶ ①항은 인간다운 생활을 할 권리를 보장하고, ②항은 이를 위해 사회보장·사회복지 증진의 의무, ③, ④항은 상대적 약자인 여자, 노인과 청소년의 복지향상, ⑤항은 신체장애자 등 생활무능력자에 대한 보호, ⑥항은 재해 예방 등 국민의 생명과 재산을 보호할 국가의 의무를 규정하고 있습니다.

제35조 ①모든 국민은 건강하고 쾌적한 환경에서 생활할 권리를 가지며, 국가와 국민은 환경보전을 위하여 노력하여야 한다.

②환경권의 내용과 행사에 관하여는 법률로 정한다.
③국가는 주택개발정책등을 통하여 모든 국민이 쾌적한 주거생활을 할 수 있도록 노력하여야 한다.

▶ '환경권'과 국가의 '주거생활 확보 의무'를 규정하고 있습니다.

▶ 환경권은 쾌적한 환경에서 건강하게 살 권리입니다. 이는 산업화에 따른 공해의 폐해로부터 보호받기 위한 권리의 개념으로 생겨났습니다. 환경은 물·대기·삼림 등의 '자연환경'과 일조(日照)·소음(騷音)·조망(眺望)·경관(景觀) 등 '생활환경'이 됩니다.

▶ 환경권은 '침해예방'과 '침해회복'을 청구 할 수 있는 '침해배제 청구권'과 쾌적한 환경을 조성해달라고 요구할 수 있는 '생활환경 조성 청구권'으로 구성됩니다.

제36조 ①혼인과 가족생활은 개인의 존엄과 양성의 평등을 기초로 성립되고 유지되어야 하며, 국가는 이를 보장한다.
②국가는 모성의 보호를 위하여 노력하여야 한다.
③모든 국민은 보건에 관하여 국가의 보호를 받는다.

▶ 혼인은 서로 다른 두 성性이 합하여 온전한 하나를 이루도록 한 것으로, 각기 다른 두 남녀가 생활 공동체를 구성하고 평생 지속하겠다는 합의입니다. '혼인'과 그 결과 만들어지는 부부(夫婦), 그리고 부모와 자녀의 생활공동체인 '가족(家族)'은 정치적 공동체의 최소 단위입니다. 헌법은 이와 같은 혼인제도와 가족제도를 보장합니다.

▶ '헌법이 보장하는 혼인제도'는 개인의 존엄이 보장되고 양성평등을 기초로 성립되는 '민주적' 혼인제도입니다. 민주적 혼인제도는 일부일처(一夫一妻)제, 자유로운 의사에 기초한 혼인 등을 그 내용으로 합니다. 이에 따라 조혼(早婚), 정혼(定婚), 계약혼(契約婚), 강제혼(强制婚)은 민주적 혼인제도에 위배됩니다.

▶ 임신·출산·수유·양육은 여성의 특권이자 인류 존립을 위한 필요조건입니다. 자녀의 출산과 양육은 국가를 유지하기 위한 기반이 됩니다. 따라서 적정한 출산율과 인구증가는 공동체 전체와 깊은 관련이 있습니다. 모성 보호는 모성의 건강에 대한 보호뿐만 아니라 임신·출산·수유·양육에 관한 모든 사회·경제적 여건에 대한 국가 보호입니다. 모성에 대한 양육지원이 중요한 이유는 모성이 양육 부담을 감수할 수 있어야 임신과 출산이 가능하기 때문입니다. 모성은 모성보호를 위한 각종 시책과 제도의 시행을 국가에 청구할 수 있습니다.

▶ 건강은 가족과 국가의 존립과 발전에 기본이 되는 요소입니다. '보건권'은 자신과 가족의 건강을 유지하는데 필요한 급부를 요구할 수 있는 권리입니다. 국가는 보건교육, 질병 예방, 영양개선 및 건강 생활의 실천 등에 힘써야 합니다. 국가나 자치단체는 국민에게 담배의 직접흡연, 간접흡연과 과다한 음주가 국민건강에 해롭다는 것을 교육 홍보해야 합니다.

제37조 ①국민의 자유와 권리는 헌법에 열거되지 아니한 이유로 경시되지 아니한다.
　　　　②국민의 모든 자유와 권리는 국가안전보장·질서유지 또는 공공복리를 위하여 필요한 경우에 한하여 법률로써 제한할 수 있으며, 제한하는 경우에도 자유와 권리의 본질적인 내용을 침해할 수 없다.

▶ ①항은 헌법에 규정된 기본권뿐만 아니라, 비록 명문화되지 않았더라도 국가가 국민에게 인정되어야 할 자유와 권리를 충분히 보호해야 함을 확인시켜 주고 있습니다. ②항은 국가안전보장·질서유지 또는 공공복리를 위하여 필요한 경우에 한하여 국민의 자유와 권리를 제한할 수 있도록 합니다. 그러나 이런 경우에도 '본질적인 내용은 침해할 수 없다'라는 단서를 달아 '과잉규제금지'를 규정하여, 제한을 하더라도 국민의 자유와 권리를 존중하도록 했습니다.

제38조 모든 국민은 법률이 정하는 바에 의하여 납세의 의무를 진다.

▶ 국민으로서 가지는 세금(稅金) 납부(納付)의 의무입니다.

제39조 ①모든 국민은 법률이 정하는 바에 의하여 국방의 의무를 진다.
　　　　②누구든지 병역의무의 이행으로 인하여 불이익한 처우를 받지 아니한다.

▶ 국민으로서 가지는 국가 방위(防衛)의 의무입니다.

이상 헌법에 수록된 대한국민의 '권리와 의무'에 대해서 살펴보았습니다. 국민은 국가에 소속된 구성원으로서 다양한 자유와 권리를 가진다는 것을 확인할 수 있었습니다. 이러한 자유와 권리는 해당 국가의 국민을 대상으로 하며, 국가의 능력과 국가가 허용하는 범위 내에서 국민이 누리게 되는 것입니다. 따라서 국민의 혜택은 국력과 국가 체제의 발달 정도에 영향을 받게 됩니다.

또한, 이러한 혜택을 누리고 공동체를 유지하기 위해서 그 구성원들이 해야 할 일들, 바로 의무가 있습니다. 구성원은 공동체의 안전을 지키고 유지에 필요한 비용을 부담하며 구성원 간의 기본적인 의무를 지켜야 합니다. 마찬가지로 정치적 공동체인 '국가'를 유지하기 위해서는 국민이 부담해야 할 일이 있습니다. 국가가 제공하는 자유·생명·재산에 대한 보호는 이에 상응하는 국민의 의무를 요구하기 마련입니다. 이렇듯 '국민의 기본의무'는 국가를 유지하는 중요한 역할을 담당합니다.

국민의 기본의무는 국민이 국가 구성원으로서 부담하는 기본적 의무를 말합니다. 이 의무는 헌법이 직접 국민에게 부여한 의무입니다. 일반적으로 '국민의 4대 의무'는 국방의 의무, 납세의 의무, 교육의 의무, 근로의 의무로, '국민의 6대 의무'는 여기에 공공복리에 적합한 재산권 행사의 의무와 환경보전의 의무가 더해집니다.

▶ 국방의 의무
헌법 제39조 1항: 모든 국민은 법률이 정하는 바에 의하여 국방의 의무를 진다.

▶ 납세의 의무

헌법 제38조: 모든 국민은 법률이 정하는 바에 의하여 납세의 의무를 진다.

▶ 교육의 의무

헌법 제31조 2항: 모든 국민은 그 보호하는 자녀에게 적어도 초등교육과 법률이 정하는 교육을 받게 할 의무를 진다.

▶ 근로의 의무

헌법 제32조 2항: 모든 국민은 근로의 의무를 진다.

▶ 공공복리에 적합한 재산권 행사의 의무

헌법 제23조 2항: 재산권의 행사는 공공복리에 적합하도록 해야 한다.

▶ 환경보전의 의무

헌법 제35조 1항: 모든 국민은 건강하고 쾌적한 환경에서 생활할 권리를 가지며 국가와 국민은 환경보전을 위하여 노력하여야 한다.

공동체와 구성원의 관계에 있어 우리는 흔히 '공동체가 지켜져야 개인(구성원)이 존재할 수 있다'라고 설명합니다. 공동체를 유지하기 위한 의무는 개인의 자유를 '제한'하고, 개인은 이를 위해 '헌신과 봉사'를 한다는 시각이 지배적입니다. 이 말이 잘못된 것은 아니지만, '의무'에 있어 개인의 '수동성'을 내포하는 설명이라고 볼 수밖에 없습니다. 필자는 의무란 수동적인 성격의 것이 아니라, 개인(국민)이 갖는 적극적인 특권特權임을 강조하고 싶습니다.

국방의 의무를 예로 들어 보겠습니다. 요즘엔 '신성(神聖)한' 국방의 의무라는 말을 듣기 어려워졌습니다. 그만큼 세상이 변했다는 반증일 것입니다. 그러나 한 청년이 나라를 지키는 임무를 수행할 수 있는 병역을 부여받았다는 것은, 나라가 그 개인을 한 구성원으로 인정했다는 의미도 됩니다. 일정기 당시, 식민지 조선인은 군인이 되어 일본제국을 지킬 자격이 부여되지 않았던 시기가 있었습니다. 일본인과 달리 조선인은 국가 방위의 부름을 받을 수 없는 존재였던 것입니다. 일본인과 조선인은 일본제국이라는 같은 국적(國籍)의 사람이었지만, 조선인의 입장에서는 차별대우를 받았습니다. 그런데 일본제국의 입장에서는 애국심이 보장되지 않은 식민지인을 교육시켜 총칼을 쥐어주는 것은 반역이나 반란의 위험을 감내해야 하는 행위였습니다. 그래서 3.3.2.절의 간도특설대에서 보았듯, 조선인을 부대원으로 선발하는 제도가 마련된 것에 대다수 조선인들은 두 손 들고 환영했던 것입니다. 1938년의 육군특별지원병제도를 시작으로 1942년에는 징병제도 도입이 결정되었습니다. 이를 통해 일본인처럼 군인으로서 같은 대우를 받을 수 있음에 기뻐하는 조선인들이 많았습니다. 물론, 죽음이 기다리고 있는 전쟁터로 끌려가는 것을 못마땅하게 여기는 사람들도 있었을 것입니다. '일본이 일으킨 전쟁에 왜 조선인이 희생되어야 하는가?'라는 질문이 있을 수도 있지만, 그 당시 조선인의 국적은 일본이었다는 사실을 상기해야 합니다. 다음 국민총력함경북도연맹(国民總力咸鏡北道連盟)의 일본어 교육 장려문[125]을 살펴봅니다.

당시 원문	현대 번역문
國語를 몰으면 皇民의 羞恥 半島人도 大東亞戰爭에 參加하게 뒤어 南洋方面에 가서 榮光스러운 軍役에 活動하는 사람도 잇다 그러나 그들 半島靑年中에는 그곳 토박이들이 國語로 뭇는 말에 對答못하는 사람도 잇는 듯하니 皇國臣民으로서 또 그들의 指導者로서 얼마나 羞恥한 일인가?	국어를 모르면 황민의 수치 반도인(조선인)도 대동아전쟁에 참가하게 되어 남양(남태평양)방면에 가서 영광스러운 군역에 활동하는 사람도 있다. 그러나 그들 반도청년들 중에는 그곳 토박이들이 국어(일본어)로 묻는 말에 대답못하는 사람들도 있는 듯하니 황국신민으로서 또 그들의 지도자로서 얼마나 수치스러운 일인가?

조선인은 일본 국적자로서 일본제국을 위해 싸우는 것을 영광스럽게 여기고, 군생활을 잘 해내기 위해 일본어를 익혀야 했습니다. 국방의 의무는 그 나라의 국민에게 주어지는 것으로서 조국 일본을 위해 열심히 복무했던 사람, 어쩔 수 없이 했던 사람 등 다양한 경우가 있었을 것입니다.

이제 세상이 바뀌어 일본이 아닌 나의 조국 대한민국을 위해서 국방의 의무를 다한다는 것은 자랑스럽고도 감격스러운 일이라고 할 수 있습니다. 단순한 의무가 아니라 국민으로서의 특권임도 사실입니다. 내가 소속된 국가, 나를 보호해 줄 국가, 그리고 내가 지켜야 할 국가가 있다는 것이 얼마나 안심이 되고 감사한 일인지 모릅니다.

오늘날 우리 대한국민은 대한민국 임시정부 요인들이 꿈에도 그리던 실체있는 조국과 매 순간 함께 하고 있습니다. 소중한 것은 그것을 잃은 후에 그 소중함을 알게 된다고 합니다. 그러한 일이 발생하기 전에, 아니 발생하지 않도록 국민 된 도리를 다하고 대한국민으로서 살아가고 있는 것에 감사하며 이를 우리 후손들에게도 전해주어야 할 것입니다.

4.4. 대한국민의 삶을 보장한 두 가지 혁신革新[126]

대한민국의 건국으로 국민주권이 실현되는 민주공화국이 탄생했습니다. 그러나 자유인으로서 홀로 서기(獨立)의 삶을 방해하고 있는 '현실의 벽'이 사라진 것은 아니었습니다. 먹고사는 물질적인 문제와 무지無知로부터 파생되는 정신적인 문제를 넘어서야 진정 '국민'이 될 수 있었습니다.

---

125) 咸鏡北道 「国語全解運動実施状況」 1942년 5월 (大野綠一郎文書 1203·『成鏡北道管内狀況』所收).
126) 좌익 공산주의자들이 말하는 '혁신'이나 종북 주사파들이 말하는 '진보' 등 용어혼란전술 상의 용어가 아니라, 실제로 묵은 풍속·관습·조직·방법 따위를 완전히 바꾸어서 새롭게 한다는 의미.

4.4.1. 농지개혁農地改革

일정기 당시 농사짓는 사람의 70%(표1)에서 지역에 따라서 많게는 90% 이상(표2)이 지주로부터 땅을 빌려 농사를 짓는 소작농(반자작소작농 포함)이었습니다. 이들은 매년 수확량의 절반을 지주에게 바쳐야 했으며, 지주로부터 소작이 끊기지나 않을까 노심초사하는 삶을 살아야 했습니다. 신분제가 폐지되었다고 하나, 경제적인 독립을 할 수 없었던 처지로 인해 농민農民이라기보다는 농노農奴의 상태에 머무를 수밖에 없었습니다.

법적으로는 평등하지만, 제도의 미비로 현실에서 불평등하게 살 수밖에 없는 것이 대다수 농민의 삶이었습니다. 대한민국의 탄생으로 민주국가가 만들어졌지만, 실질적인 민주주의가 실현되기 위해서는 제도의 정비가 필요했습니다. 국민주권의 실현을 이루기 위해서는 당시 대다수 농민의 생존권이 보장되어야 했습니다.

〈표 1〉 식민기간 중 소작농의 증가현황[127]   (단위:%)

연도	지주	자작농	반자작소작농	소작농
1913	3.1	22.8	32.4	41.7
1918*	3.1	19.7	39.4	37.8
1924	3.8	19.4	34.6	42.2
1930	3.6	17.6	31.0	46.5
1932	3.6	16.3	25.3	52.8
1936		17.9	24.1	51.8
1940		19.0	25.3	55.7
1943		17.6	15.0	65.0
1945**		14.2	16.8	69.1

비고: *1918년은 일제의 조선토지조사사업이 완료된 해, **1945년 수치는 해방 후 12월 현재 남한만의 통계.

〈표 2〉 경영형태 별 호수 및 그 비율[128]

	자작농	자작겸 소작농	소작농	계
여주군	471	2,949	6,653	10,073
	4.70%	29.30%	66%	100%
경기도	18,436	66,680	139,022	224,138
	8.30%	29.70%	62%	100%

농지개혁은 경자유전(耕者有田)의 원칙에 의거 1948년 제헌헌법 제86조 "농지는 농민에게 분배하며 그 분배의 방법, 소유의 한도, 소유권의 내용과 한계는 법률로써 정한다."로 명시되었습니다. 이에

---

127) 브루스 커밍스, 『한국전쟁의 기원』, 일월서각 1986, 79쪽.
128) 조선총독부, 『조선의 소작관행 속편, 소작에 관한 중요사항』, 1932, 112-113쪽.

따라 1인당 토지소유 상한선은 3정보, 토지대금은 수확량의 150%로 정해 3년간 수확량의 50%를 지불하면, 4년째부터는 농민의 소유가 될 수 있었습니다. 내 땅에서 내 힘으로 일해서 먹고 살 수 있으니 더 이상 지주에게 굽신거리며 살 필요가 없어졌습니다. 실질적인 계급 타파가 이루어지고 농민이 '자유인'으로 된 것입니다. 이렇게 해서 우리나라 경작지의 95.7%가 자작지로 되었습니다. 이는 이웃 나라 일본의 90%보다도 높은 수치였습니다.

하지만 개혁이 쉽지만은 않았습니다. 당시 지주들과 지주 국회의원들의 반발을 이승만 대통령, 개혁 추진 의원들과 농민들이 물리치고 진행시켰습니다. 이때 한민당의 김성수(金性洙, 1891~1955) 의원은 자신이 소유한 2,993정보(또는 3,247정보로 언급되는 900만 평 가량의 넓이)의 엄청난 대지를 처분해야 했는데, 개혁을 위해 기꺼이 내놓았고 동료 의원들을 설득하기까지 했습니다.

결과적으로 수천 년 동안, 이 땅 위에서 고된 노동을 하며 힘들게 살던 농민들이 자유를 누릴 수 있게 되었습니다. 농지개혁은 오랫동안 지속되었던 지주와 소작농의 계급 대립을 종식시킬 수 있었습니다. 또, 머지않아 발발한 6.25남침전쟁에서 국민이 북괴의 선전에 속지 않고 자신의 땅을 지키기 위해 대한민국에 충성하고 공산주의에 대항할 수 있는 발판을 마련했습니다. 소작농이었던 사람들은 노력한 만큼 자신의 소유가 늘어나게 되었고, 자식들을 교육시킬 여력이 생기게 되면서 각자의 노력에 따라 대학에 진학하며 '개천에서 용난다'라는 말이 이루어졌습니다.

반면 북한에서는 토지개악(改惡)이 이루어졌습니다. 소련군 총정치국장 이오시프 쉬킨(Iosif Shikin, 1906~1973)이 1945년 12월 25일자로 작성한 '쉬킨 보고서'는 이 개악을 직접적으로 언급하고 있습니다. 쉬킨은 북한에 부르주아 민주 정권을 수립하라는 스탈린의 지령이 늦어지고 있는 문제점을 지적하고 대안을 제시했습니다. 이 보고서 결론의 5개 항목 중 네 번째 항목에서 다음과 같이 언급합니다.

「인민민주주의 운동의 발전은 대지주의 토지 소유로 인해 지체되고 있다. 이런 상황 때문에 가까운 시일 내에 농지개혁을 실시할 필요성이 대두된다.」

이듬해 3월 5일 발표된 북한의 토지개혁안은 로마넨코 민정장관 지시로 러시아어 초안을 번역해서 만든 것이었습니다. 북한은 이처럼 비자주적으로 소련의 지령을 받아 공산화를 위한 토지개악을 실현하는 데 한 달도 걸리지 않았습니다. 반면 남한은 미군정이 토지개혁을 실시하려고 하자 이승만을 비롯한 주요 지도자들이 들고 일어나 우리 손으로 건국한 이후 새로운 정부가 추진해야 하는 중대사라고 하며 반대했습니다.

북한의 토지개혁 법령 제5조는 '몰수한 토지 전부는 농민에게 무상으로 영원히 양여한다'고 하지만, 제10조는 '농민에게 분여된 토지는 매매치 못하며, 소작 주지 못하며, 저당하지 못한다'라고 못박아 두었습니다. '소유권'을 인정하지 않으며, 땅이 없으면 농사지을 수 없는 사람들의 '거주 이전의 자유'마저 박탈하겠다는 것이었습니다.

이처럼 종속적인 북한의 토지개혁은 새로운 노예계급을 만들었습니다. 무상분배라고 하면서 '소유권'은 인정하지 않고 '강제 노동권'만을 분배한 것입니다. 실제 수확의 50~70%를 강탈하고, 집단 농장체제로 전환한 1954년 4월에는 형식상의 '소유권'도 사라졌습니다. 김씨일가와 노동당원이라는 특권계급과 나머지 농노계급이 탄생함으로써 조선보다 가혹한 사회로 퇴보하게 된 것입니다.

'토지개혁 범(법)령만세'와 뒤쪽에 '(북)조선림시인민위원회 만세'라고 쓰여진 플래카드를 든 북한사람들

4.4.2. 교육혁명敎育革命

'醫醫醫醫醫醫'라는 말이 있습니다. 그 뜻은 '의사가 의사라고 의사냐? 의사가 의사다워야 의사지.'라는 말입니다. 우스갯소리로 들릴 수도 있지만, 오늘날 대한민국과 전 세계 혼란의 문제는 바로 그 '다움'에 있다고 봅니다. 그 존재에 합당한 '다움'이 있어야 하는데, '답지 못하기' 때문입니다. 사람이 사람답기 위해서는 4.1.의 사전적 정의에서 보았듯이 '생각'을 해야 합니다. 생각을 하려면 지식이 있어야 하는데, 이 지식을 얻기 위해서는 글을 알아야 합니다. 그런데 조선시대 대부분의 사람들은 글을 알지 못했습니다. 배울 기회가 주어지지 않았고, 배우고 싶어도 책이 너무 비싸서 공부할 수도 없었습니다. 양반들만이 글공부를 할 수 있었고, 과거시험을 통해 출세할 수 있었습니다. 이러한 신분제도는 넘을 수 없는 벽으로 작용하며 고착화되었고, 빈부가 세습되는 체제를 견고하게 만들었습니다. 신분제와 차별적인 교육시스템은 일반 백성의 삶을 이중으로 옥죄는 작용을 했습니다.

1894년 갑오개혁을 통해 노비제와 양반과 상민을 나누는 반상(班常)제가 폐지되었습니다. 그러나 이것은 형식에 불과했습니다. 문벌門閥, 반상, 귀천貴賤에 관계없이 인재를 선발하여 등용한다고 했지만, 글을 모르는 상민이 등용될 수는 없는 것이었습니다. 당시 조선의 상황을 목격한 영국의 지리학자이자 여행가인 이사벨라 비숍(Isabella Bird Bishop, 1831~1904)은 『조선과 그 이웃 나라들』이라는 책에서 다음과 같은 말을 남겼습니다.

"양반이나 귀족들은 생업을 위한 아무 일도 하지 않는다."
"양반들은 기생충이나 다를 바 없는 계급이다."
"한국 관리들은 살아있는 백성의 피를 빠는 흡혈귀다."

이사벨라 비숍의 『조선과 그 이웃 나라들』

형식상 신분제는 폐지되었지만, 현실에서는 여전히 건재健在했던 것입니다. 이처럼 특수계층의 글과 지식의 독점은 개인의 능력과 노력이 있다고 하더라도 인정받을 수 없는 절망감을 더해줄 뿐이었습니다.

관립중학교에서 대수학을 가르치는 헐버트 선교사

당시 조선에는 한글이라는 독자적인 문자가 있었음에도 불구하고 활용되지 못했습니다. 이 한글의 우수성을 파악하고 연구해서 널리 보급한 사람이 있었으니 바로 감리교 선교사 헐버트(Homer Bezaleel Hulbert, 1863~1949)였습니다. 그는 1886년 고종의 초청으로 최초의 근대식 교육기관인 육영공원(育英公院) 교사로 취임했고, 1889년 우리나라 최초의 한글 교과서 『사민필지(士民必知)』를 집필했습니다. 이 책의 뜻은 '선비와 백성이 반드시 알아야 할 지식'으로 세계 지리와 정세, 각국의 풍습, 산업 등에 대해서 설명하고 있습니다. 앞으로 조선이 세계 속에서 국제 간의 교류를 위해 조선인에게 필요한 기본적인 지식을 갖추기 위해 만들어졌습니다.

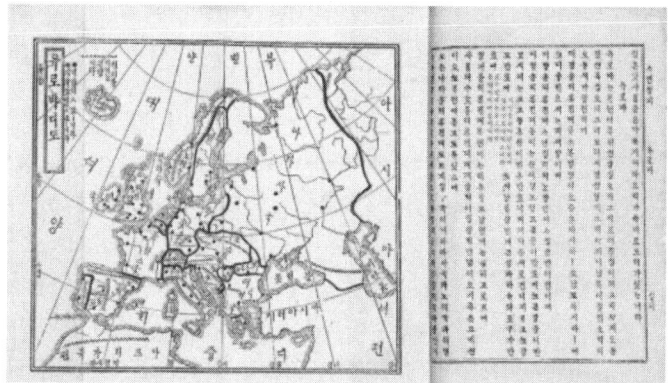
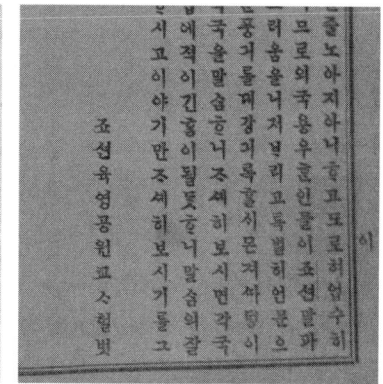

헐버트 선교사가 집필한 『사민필지』

그는 한글을 더 연구하여 한글 표기에 띄어쓰기, 점찍기를 도입하고 맞춤법을 교정했습니다. 한글 학자 주시경(周時經, 1876~1914) 선생이 그의 제자입니다. 또 아펜젤러(Henry Gerhard Appenzeller, 1858~1902) 선교사가 설립한 배재학당에서 교사와 삼문(三文)출판사의 책임자로 일하면서 성경과 신문 등 한글로 된 자료를 보급하는 데에도 앞장섰습니다. 조선의 역사에 정통한 그는 『The Passing of Korea(대한제국 멸망사)』 등 여러 권의 책도 저술했으며, 아리랑을 최초로 채보하는 등 한국을 위해 많은 일을 했습니다. 일제의 침략행위를 비난하고 독립운동가를 지원하는 등의 공로를 인정받은 그는 사후 건국훈장 독립장이 추서되었습니다. 한국인보다 한국을 더 사랑했고, 자신의 조국보다 한국에 헌신한 헐버트 선교사는 자신의 바람대로 한국 땅에 묻혔습니다.

그런 헐버트가 1889년 9월, 뉴욕트리뷴(New York Tribune)지에 한글을 다음과 같이 소개했습니다.

"조선에는 각 소리를 고유의 글자로 표기할 수 있는 진정한 소리글자(true alphabet)가 존재한다. … 한글 조합의 과학성은 환상적이다. 글자 구조로 볼 때 한글에 필적할만한 단순성을 가진 문자는 세상 어디에도 없다."

헐버트와 같은 선교사들과 지식인들의 영향으로 한글이 보급되기 시작했습니다. 칠흑과 같은 어둠의 땅에 조금씩 서광曙光이 비치기 시작한 것입니다. 사람들은 글을 알고 깨어나기 시작했습니다. 그러나 일제로부터 해방되었을 당시 이 땅의 문맹률은 80%였습니다. 사람을 사람답게 하려면 무엇보다도 절실한 것이 '교육'이었습니다. 이런 교육의 필요성을 철저하게 알고 있는 사람이 바로 이승만이었습니다. 그는 미국의 조지 워싱턴 대학에서 학사, 하버드 대학에서 석사, 프린스턴 대학에서 국제정치학 박사학위를 취득한 수재였습니다.

헌법을 통해 농지개혁을 실현했듯, 교육혁명 역시 헌법을 통해 이루어졌습니다. 제헌헌법 제16조 "모든 국민은 균등하게 교육을 받을 권리가 있다. 적어도 초등교육은 의무적이며 무상으로 한다. 모든 교육기관은 국가의 감독을 받으며 교육제도는 법률로써 정한다."로 명시했습니다. 국민은 차별받지 않고 교육을 받을 권리가 있으며, 초등교육은 국가에서 보장한다는 것이었습니다. 이것은 획기적인 혁명이었습니다. '자기 의사 결정권'이 없는 아이들의 기본적인 교육받을 권리를 부모로부터 국가가 보장하는 것이기 때문입니다129).

훌륭한 법이 마련되었지만, 6.25남침전쟁으로 인해 초등교육 의무제도가 시행된 것은 1954년의 일이었습니다. 그리고 1960년에는 문맹률이 20%로 격감했고 지금은 글을 모르는 사람을 찾아보기 힘든 시대가 되었습니다.

우리나라의 교육열은 전시상황에서도 식을 줄 몰랐습니다. 초등학교는 물론이고 전시연합대학130)을 열어 미래의 인재를 양성함으로써 전후 복구를 도모했던 것입니다. 대학생들의 군면제는 차별이라는 원성을 샀고, 전투력 약화를 우려하는 여론의 비난을 받았지만, 이승만 대통령은 꿋꿋하게 밀고나가 전후복구는 물론 산업화의 초석을 다질 수 있었습니다. 더 나아가 전시임에도 불구하고 외교력을 동원하여 해외유학을 통해 많은 인재들을 양성할 수 있었습니다.

1952년 전쟁 중에 건물 없이 교육 중인 지방의 국민학교

---

129) 살림살이가 어려웠던 당시에는 부모가 자식 교육보다 일을 시키는 것이 우선되기도 했습니다.
130) 6.25남침전쟁으로 부산, 대전, 광주, 전주에 설치된 대학으로 1951년 2월 18일 개강하여 1952년 3월 말 각 대학의 자체 개강으로 해산되었습니다.

<표 3> 군인 및 민간인 해외 유학 인원수[131]

연도	군인(명)	민간인(명)	군인/민간인(%)
1951	317		100
1952	814	426	66
1953	1,038	632	62
1954	1,193	1,129	51
1955	1,751	1,079	62
1956	1,080	520	68
1957	1,402	435	96
1958	1,076	389	73
1959	1,357	419	76
1960	1,569	394	80
계	11,595	5,423	68

(좌) 1951년~1960년의 10년간 해외유학생 수는 17,000명에 이르렀고 이들은 엘리트로서 엘리트로 성장하게 됩니다.
(우) 미국 유학 중인 군인들의 모습(1950년대)

 이처럼 대한민국에서는 교육혁명을 통해 의식이 깨어나고 자신의 삶에 책임을 지는 국민으로서 살아가게 되었습니다. 그렇다면 북한은 어떤 모습일까요? 북한은 소련식 공산주의를 이식하기 위한 도구로 교육을 활용했습니다. 그리고 사회주의 건설과 체제 유지에 필요한 인재 양성에 목적을 두었습니다. 헌법에도 이를 반영하여 '공산주의적 새 인간형' 육성을 목표로 함을 명시했습니다. 그런데 김정일 시기 개정된 2009년 헌법 제43조에서 '국가는 사회주의 교육학의 원리를 구현하여 후대들을 사회와 인민을 위하여 투쟁하는 견결한 혁명가로, 지덕체를 갖춘 주체형의 새 인간으로 키운다'라고 수정했고 현재도 유지 중입니다.

 '주체형의 새 인간'이란 ①'김일성·김정일주의'로 철저히 무장한 인간, ②개인의 이익보다 사회적 집단의 이익을 중시하는 인간, ③혁명적 낙관주의 정신을 겸비한 인간, ④대중동원 운동 및 사회노동에 적극적으로 참여하는 인간을 의미한다고 합니다. 이처럼 주체사상과 김씨 부자를 위한 도구, 개인의 독립이 아닌 집단을 위한 희생이 우선시 되는 교육은 참다운 교육일 수 없습니다. 어렸을 때부터 세뇌당하고, 의무교육이라는 탈을 쓴 강제교육과 출신성분이나 당黨간부의 추천에 의한 대학 배정은 개인의 자유를 철저히 유린하는 행위에 불과합니다. 사람이 가지는 표현의 자유뿐만 아니라 사상의 자유마저 철저히 앗아가는 주체사상과 김씨 부자 우상화를 통한 교육은 조선시대 왕정보다 더 강압적인 퇴보라고 할 수 있습니다. 이런 교육을 받는 사람들은 계몽된 국민이 아니라 철저히 국가에 의존하고 종속된 인민으로서 살아갈 수밖에 없는 것입니다.

 대한민국에서 태어난 우리는 개인의 자유를 누리고 있습니다. 농지개혁과 교육혁명으로 인하여 물

---

131) 조성훈, 『한미군사관계의 형성과 발전』, 국방부 군사편찬연구소 2008, 161쪽.

질적, 정신적인 자유를 누릴 수 있게 되었기 때문입니다. 무엇보다 대한민국의 규범인 헌법에서 국민의 자유와 권리를 보장해주고 있기 때문입니다. 그런데 언젠가부터 우리의 자유와 권리가 제약을 받기 시작했습니다. 우리는 대한국민의 대한국민 다움을 되찾아야 합니다. 국민이 국민다워야 하고, 개인이 개인다워야 합니다.

정체성이 분명한 사람은 분명한 목표를 가지고 살아갈 수 있습니다. 그러나 정체성이 흐린 사람은 그럴싸한 말에 현혹眩惑되기 쉽고 주변 환경에 휘둘리기 쉽습니다. 이 '다움'을 회복하기 위해서는 지식과 지혜를 필요로 합니다. 그런데 지식에 거짓을 섞어 퍼뜨리는 세력이 존재합니다. 헌법 위의 법을 제정하거나, 헌법 테두리 안에서 국민의 자유와 권리를 제한하는 법률을 발의하는 세력도 존재합니다. 겉으로 그럴싸한 명분을 내세우지만, 실제로는 권력 유지를 위한 수단에 불과합니다. 대한국민의 다움을 제거하고 '인민화人民化'하려는 것이 그들의 저의底意입니다. 깨어있어야 합니다. 분별해야 합니다. 공부해야 합니다.

참조
이호, 『이승만의 토지개혁과 교육혁명』, 백년동안 2015.

4.5. 대한국민의 길

이제 대한민국에서 태어난 대한국민은 자연스럽게 자유를 누리고 있습니다. 휴대전화로 마음대로 통화할 수 있고, 보고 싶은 영상을 볼 수 있습니다. 내가 원하는 시간에 원하는 곳으로 이동할 수 있습니다. 능력이 있다면 하고 싶은 일을 할 수 있는 세상입니다. 이러한 자유를 우리는 거저 누리고 있는 것입니다. 하지만, 처음부터 그랬던 것은 아니었습니다. 국민의 수준도 천차만별이었고, 사회제도와 인프라도 제대로 갖춰지지 않은 시기가 있었습니다. 대한민국의 건국 초기의 무지와 가난을 거쳐 6.25남침전쟁으로 인한 폐허를 복구해가며, 허리띠를 졸라매고 노력한 끝에 취할 수 있었던 성과였습니다.

아래 내용은 로버트 올리버(Robert Tarbell Oliver, 1909~2000)[132] 박사가 건국 당시 국민의 수준과 국제관계 속에서 독립을 이루고 이끌어나가야 했던 이승만 대통령이 떠안은 난관難關에 대해서 서술한 글입니다.

「국민들은 자치의 경험은 물론 행정 및 기술업무 수행을 위한 훈련이 전혀 안 되어있었다. 서구적 의미의 정당은 존재하지 않았고, 첨예하게 대립하고 있는 파벌뿐이었다. 1945년까지의 교육

---

[132] 그는 미국 망명시절 이승만 박사의 국제정치고문을 맡아 유엔을 무대로 민주정부 수립을 위한 외교활동을 막후에서 전개해 건국의 초석을 마련했고, 건국 후에는 대통령 수석고문으로서 한국 실정을 미국 조야에 알리는 메신저 역을 수행했습니다. 그는 "정치가로서의 이승만은 애국심과 설득력을 갖춘 신념의 사람으로, 그의 '고집'은 단순히 고집이 아니라 신념의 표현이었다."라고 이승만 대통령을 평가했습니다.

은 일본식 사상 주입을 위해 일본어로 진행되었다. 결과적으로 한국과 관련된 역사지식은 불완전하거나 왜곡되어 있기 일쑤였다. 미군정청에 대한 인상이 좋지 않던 국민들은 우방을 어디에서 찾아야 할지, 진정한 우방이 있기나 한 것인지 혼란을 겪고 있었다. 해방 후 3년간 남한에서 아무런 제약없이 활개치던 공산주의자들은 수단방법을 가리지 않고 신생 정부를 전복·파괴하려 했다. (중략) 게다가 세계 어디를 가도 마찬가지지만 단순한 국민들은 그렇게도 갈망했던 독립을 되찾았으니 모든 고난도 순식간에 해결 될 것으로 여겨 문제를 더욱 어렵게 만들었다. "자 이제 우리도 정부를 갖게 되었으니 이제부터 배불리 먹고, 불안에 떨 필요도 없으며, 자식들 공부시킬 걱정은 없겠지!" 신생 공화국 대통령이 기적을 가져올 것으로 기대하는 사람들은 교육수준이 낮고 세상물정에 어두운 국민뿐이 아니었다. 그런 면에서는 외국인들도 마찬가지였다. 오랫동안 추구해 온 광복이 국민들의 기대에 부응하지 못하면 그 허물은 당연히 최고 통치자의 몫이라고 여겼다.」133)

「이승만의 나이 일흔셋. 그러나 그는 희망찬 가슴으로, 반세기 이상 몸 바쳐 온 대의(大義)에 몸 바친다는 각오로 앞날을 내다보고 있었다. 그의 앞에는 복종이 미덕인 유교적 규율에 물든 동양적 사고(思考)로 4,400년간 명맥을 이어온 왕조의 기틀 위에 민주정부의 골격을 다지기 위한 막중한 책무가 놓여 있었다. 최우선 과제는 분단된 국가의 경제적 자급자족을 이룩하는 일이었다. 북쪽의 광물자원과 수력발전 시설은 외세에 빼앗기고 남쪽에 있는 것이라고는 350만의 북한 피난민들까지 겹쳐 북적대는 인구뿐이었다. 그는 세계 최대의 교활한 침략자와 북쪽 국경을 맞대고 있는 국제적 상황에 대처해야 했고, 대한민국의 건국을 있게 한 유엔도 무마해야 했다. 60개 회원국 중에는 최악의 적대국뿐만 아니라 자국의 이익을 위해서라면 한국쯤은 서슴없이 희생시킬 나라들도 포함되어 있었다.」134)

위와 같이 어려운 시기를 지나온 것이 대한민국이었습니다. 한반도는 변화하는 국제정세에 큰 영향을 받는 지정학적 요충지입니다. 이 사실은 역사가 말해주고 있습니다. 두 번 다시 과거처럼 무지와 무능으로 일관하다가 다른 나라에게 나라를 빼앗기는 과오를 저질러서는 안될 것입니다. 과거에는 무능한 군주로 인해 주권이 일본에 넘어갔고, 이 땅에서 태어난 사람은 일본제국의 신민으로 살아가야 했습니다. 군주가 깨어있어 개혁을 단행했다면, 그런 일은 일어나지 않았을 것입니다.

이제 이 땅 위의 대한민국은 국민이 주인인 나라가 되었습니다. 그렇다고 모든 국민이 국정(國政)을 이끌어 나갈 수는 없습니다. 그래서 대의민주제를 채택한 우리나라는 선거를 통해서 국회의원과 대통령을 선출합니다. 똑똑하고 분별할 능력이 있는 국민은 자질(資質)이 있고 능력이 좋은 사람을 뽑을 것입니다. 그렇지 않은 국민은 자질도 없고 능력도 없는 사람을 뽑을 것입니다. 과거에는 무능한 임금을 탓할 수 있었지만, 이제는 무능한 선출직 공무원뿐만 아니라 무능한 국민까지 탓해야 하는 세상이 된 것입니다. 민주주의제도가 마냥 좋은 것은 아닙니다. 깨어있고 지식있는 사람들이 이끌면 모두가

---

133) 로버트 올리버, 『이승만-신화에 가린 인물-』, 건국대학교 출판부 2002, 285쪽.
134) 앞의 책, 284쪽.

혜택을 함께 누릴 수 있지만, 그렇지 않은 사람들이 이끌어가면 모두가 불편과 고통을 감내해야 하는 것입니다. 심지어 '민주'라는 이름으로 헌법을 무시하고 패거리 정치, 혹은 인민재판식 정치를 통해 공산화로 달려갈 수 있는 것입니다. 이것을 중우정치(衆愚政治) 구체적으로는 합법을 가장한 공산주의 라고 할 수 있습니다. 그리고 그 결과는 국민의 노예화입니다.

주권은 국민에게 있다는 '국민주권' 혹은 '민주民主'라는 개념 이외의 다른 어떠한 개념으로 나라의 틀을 바꾼다고 생각해봅시다. 그 나라의 주인은 '국민이 아니다'라는 명제命題가 간단히 도출됩니다. 이 사실만 놓고 봐도 그 나라의 주인은 특수한 계층일 것이며, 그러므로 그 나라는 평등(平等)이라는 개념이 이미 파괴된 국가라는 것을 알 수 있습니다. 이런 형태의 최초 국가가 소련이며, 현재까지 존속하는 나라는 중공과 북한임을 알고 있습니다. 이러한 사실事實과 사실史實이 명백한데도 불구하고 이 길을 가려고 하는 세력이 있습니다.

좌익 공산주의자들과 종북 주사파 세력들인데, '지금 세상에 무슨 공산주의자냐?', '누가 북한을 찬양해?'라고 생각하신다면 오산誤算입니다. 여전히 이런 사람들은 존재합니다. 붉은 완장을 차고 사람들을 때려잡는 자만이 공산당이 아닙니다. 시대가 변함에 따라, 그들도 형태를 바꿨고 수단手段과 방법方法도 바꿨습니다. 그들도 진화進化했다는 것입니다. 그런데 바뀌지 않은 것이 있으니 바로 그들의 본성本性인 '거짓'과 그들의 목표目標인 '한반도 적화'입니다.

과거 지하에서, 그리고 이제는 드러내놓고 벌어지는 좌익 공산주의자들과 종북 주사파들의 권모술수權謀術數로 대한민국은 체제의 위협을 받고 있습니다. 이 위협은 곧 국민들의 생명生命과 재산財産을 향하고 있습니다. 대구10월 폭동, 제주4.3 남로당 폭동반란, 여수14연대 남로당 반란과 6.25남침 전쟁과 같은 아니, 그 이상의 혼란과 위기를 마주하고 있는 것입니다. 이제 대한국민은 어떻게 대처해야 할까요? 무엇보다 대한국민의 대한국민 '다움'을 회복하는 것이 우선입니다. 이 장에서 언급된 국민으로서의 정체성이 분명해야 합니다. 그래야 대한국민과 반(反)대한국민을 분별할 수 있는 힘이 생깁니다. 피아식별(彼我識別)이 가능해진다는 말입니다. 잊지 마십시오. 한반도는 전쟁이 끝나지 않았습니다. 총성(銃聲)만 멈췄을 뿐, 해방이후 좌익 공산주의자들과 파생(派生)된 종북 주사파들의 공작은 지금도 쉬지 않고 계속되고 있습니다. 이를 간파(看破)하고 분별(分別)하기 위해서는 우리 대한국민을 좀먹는 '질병(疾病)'의 실체를 분명히 알아야 합니다. 다음 장에서 그러한 질병과 병자들에 대해서 알아봅니다.

감사의 글

감사感謝의 글

지금까지 필자에게 도움을 주신 분과 단체가 너무나도 많습니다. 이분들과의 교제와 배움 속에서 책이라는 열매를 맺게 되었습니다. 우선 책을 쓸 수 있도록 기획의 원천이 되어주었던 분들에게 고마움을 전합니다. 이분들이 이 책을 '읽고 생각'하는 기회가 있기를 바랍니다.

석·박사학위를 취득했거나 '사師·士'자 직업을 가졌지만, 전교조 교육에 세뇌되어 대화와 토론이 불가능하며, '생각'을 하지 못하거나 하지 않는 동기와 선후배들. 목사牧師라고 하지만 '정교분리政敎分離'가 무엇인지도 모르는 목사. 역사의 주관자이신 하나님보다 인간들을 경외하는 목사. 칼뱅의 '기독교강요'로 박사학위를 취득했다는데 '정교분리'가 무엇인지도 모르는 박사. '상담학'을 전공했는데, 상대방의 이야기에 귀를 기울이지 않고 입을 막아버리는 상담자. '세상을 보는 렌즈를 닦자'며 집단상담을 하지만, 정작 닦아야 할 '티끌'을 알려줘도 닦지 않기를 선택하는 상담자와 내담자. 사실을 이야기하고 '생각'을 묻는 질문에 '감정'으로 답변하거나, 침묵으로 일관하는 대졸 이상의 사회인들. 입으로는 하나님을 알기 원한다고 하지만 '하나님이 행하신 역사'를 외면하고 알려고 하지 않는 자칭自稱 크리스천. 김대중, 노무현, 문재인, 이재명에 쌍수 들고 만세를 외치는 자칭 크리스천. 과거 필자에게 반일, 반미, 지역감정을 심어주려 애쓰던 혹은 자신이 그런 행위를 하는지도 모르던 선생님들과 세뇌된 친구들. 80-90년대 좌경화된 캠퍼스에서 세뇌된 사촌 형과 누나들. 군생활 중이던 필자를 확실하게 각성시켜준 문재인, 임종석, 조국, 추미애 등. 질문하지 않는 세대, 생각하지 않는 세대. 좌익사관에 세뇌된 세대에 이르기까지. 필자의 삶이 변화되는데, 그리고 집필을 향한 의지를 확고하게 해준 여러분에게 감사를 표합니다. 그리고 이제는 그만, 여러분의 삶도 변화 받기를 바라는 마음으로 이 책을 출간하게 되었습니다.

2020년 4.15총선을 앞에 두고, 비상시국을 직면할 수 있도록 도와주신 리박스쿨의 손효숙 대표님, 최정미 국장님, 대한민국역사지킴이의 배호성 회장님, 리박스쿨을 통해 많은 가르침을 주신 21C미래교육연합 조형곤 대표님, 자유일보 최영재 편집국장님께 감사드립니다. 또한, 강의 준비와 진행에 많은 도움을 주고, 이제는 어엿한 강사가 된 최진 군에게도 감사를 전합니다.

비례대표 당선을 위해 '4.15총선 지역구 출마'라는 기회를 주셨던 당시 기독자유통일당 고영일 대표님과 대한민국을 깨우기에 앞장서시는 전광훈 목사님께 감사의 말씀을 전합니다. 광주에서는 한 번도 경험하지 못한 체험을 했고, 이를 통해 총선 이후 변화된 삶을 살아가고 있습니다. 국민의 '자유와 권리'에 반하는 정책에 대항하여 대한민국을 지키는데 앞장선 사랑제일교회를 비롯한 여러 교회의 충실한 성도 여러분께도 감사드립니다.

우리나라 역사, 사상 및 남북관계와 국제정치 등에 대해 양서를 저술해 주신 양동안 교수님, 이주영 교수님, 이춘근 박사님, 이희천 교수님, 이주천 교수님, 김용삼 대기자님, 김병헌 소장님께 감사드립니다. 덕분에 대한민국의 역사와 사상에 관심을 갖고 재미있게 공부할 수 있었으며 현실 정치와 국제관계를 바라보게 되었습니다. 집필하는 과정에서 중요한 포인트를 집어주시고 교열·교정해주신 이승만포럼 김효선 사무총장님께도 감사의 말씀을 전합니다. 정암리더십스쿨을 열어 지도해 주시고 양서를 읽도록 해주신 이호 목사님, 차별금지법 반대 청년연대의 김성훈 대표님, 김광수 대표님께도 감사드립니다.

정의를 바로 세우고 진실을 알리는데 앞장서시는 제주4.3사건재정립시민연대의 전민정 대표님, 제주4.3의 역사와 사료를 보존하기 위해 힘쓰시는 대정현 역사자료전시관의 김웅철 관장님, 대한민국에 대한 올바른 가치관과 깊은 연구로 제주4.3을 알려주신 김영중 전 제주경찰서장님께도 감사의 말씀을 전합니다. 미국 보수주의 운동사 그리고 빨갱이들의 본질과 실체를 재미있게 알려주신 K-Con.School의 황성준 위원님과 학교를 섬기시는 김미애 권사님, 다양한 기획과 섬김으로 올바른 보수주의를 전파하고 북한을 품고 기도하는 따보따보 프로젝트의 이슬아 대표님께도 감사의 말씀을 전합니다.

대한민국의 자유를 지키고 대한민국을 바로 세우는 자유수호포럼의 박혜령 대표님, 정성희 목사님, 문경태 특위 위원장님, 이상진 상임대표님, 헌법을 생각하는 변호사 모임 회장 구상진 대표님, 백승목 고문님, 예비역 공군 중장 김형철 대표님, 매봉통일연구소장 남광규 대표님, 조세사학회장 정병용 대표님, 바른사회시민회의 박인환 대표님, 전 통일연구원장 김태우 대표님, 김태우2 공동대표님, 전 한국제도경제학회장 신도철 대표님, 공자학원 실체 바로알기 운동본부의 한민호 대표님 등 전문가분들과 함께한 세미나와 포럼 덕분에 많은 것을 배울 수 있었습니다. 귀한 모임 만들어주시고 함께 해주셔서 감사합니다. 앞으로도 모임이 지속되고 발전해서 다음 세대에게도 널리 전할 수 있게 되기를 바랍니다.

평소 유튜브를 보지 않던 필자의 지난 2년 동안, 시간을 할애할 수밖에 없도록 좋은 컨텐츠를 제작해 주신 감사드릴 채널들이 있습니다. 진실을 전파하면서 다양한 영감과 확신을 주신 『뉴스타운』의 조우석 이사님, 『성창경TV』의 성창경 기자님, 『김필재TV』의 김필재 기자님, 『VON NEWS』의 김미영 대표님, 『박상후의 문명개화』의 박상후 대표님, 『글로벌디펜스뉴스』의 성상훈 대표님, 『History Trip』의 이선교 목사님과 모든 채널 관계자 여러분께도 감사의 말씀을 전합니다. 당면한 현안에 대한 깨우침과 함께 기도와 간구와 찬양으로 대한민국을 일으키고 북한을 품에 안은 『에스더기도운동』, 이를 섬기시는 이용희 교수님과 '에스더기도운동본부'에 동참하시는 여러분들께도 감사의 말씀을 전합니다. 또한 일본의 역사와 한일韓日 및 국제관계 그리고 반일反日의 허구를 깰 수 있도록 해준 『김치와사비キムチわさび』, 『WILL増刊号』, 『及川幸久 THE WISDOM CHANNEL』, 『大人の教養TV』, 『カッパえんちょー』 채널과 관계자 여러분께도 감사의 말씀을 전합니다. 그리고 이 책을 집필하는 데 있어 조언을 아끼지 않고 격려해주셨던 광야에서 외치는 자의 소리 『JESUS WAVE』의 김성욱 대표님께도 심심한 감사를 드립니다.

군생활 동안 소소한 질문에 대해서 친절하게 답해주시고 신앙信仰과 신념信念에 대해 알려주신 백재억 목사님께 감사드립니다. 어쩌면 당연할 수 있는 교회에서 제창하던 애국가를, 그 이후로는 교회에서 불러보지 못했습니다. 역사 탐방, 6.25참전용사와의 인터뷰, 사료 발굴을 통해 하나님의 이야기를 우리 세대에 전달하고 다음 세대를 양육하시는 하늘교회 김재동 목사님, 진현정 사모님과 다음 세대교육과 자료 제작에 애쓰시는 한인숙 전도사님. 기도로 응원해준 청년부의 윤미진 자매님, 성지은 자매, 김성민 형제, 김미영 자매, 박지혜 자매, 최동훈 형제, 이유림 자매, 최동성 형제, 김경민 형제, 김상민 형제와 하늘교회 권사님과 집사님께 감사드립니다.

이 책이 출판되는 데 있어서는 다음 분들을 빠트릴 수 없습니다. 많은 배려를 해주신 경성문화사의 박성태 전무님, 독자들에게 내용이 잘 전달될 수 있도록 꼼꼼하게 편집을 맡아주신 편집본부의 김유진 주임님에게 감사의 말씀을 전합니다. 또 성실하게 교열을 봐준 임희진·희연 자매, 정성을 다하여 교정해주신 자유수호포럼의 김태식 처장님과 세심한 표지 디자인 작업으로 섬겨준 이승주 형제님에게도 감사드립니다.

일정기와 해방 후 빨갱이들의 온갖 난동과 폭동반란 그리고 6.25남침전쟁으로 생존에 위협을 당하고 살아남아 대한민국을 지켜내고 기틀을 닦으신 위대한 세대(The Greatest Generation). 대한민국과 자유세계를 위해 베트남전에 참전하고, 대한민국 산업화의 역군이 되어 마침내는 88서울올림픽을 개최한 자유수호 세대에 경의를 표합니다. 묵묵히 살아오신 여러 세대의 삶 덕분에 오늘날의 대한민국이 있습니다. 우리는 선대先代에 빚진 자들이며, 피땀으로 지켜낸 이 소중한 자유를 후대後代에 전할 의무義務를 지닌 존재存在입니다.

특별히 유년 시절부터 명절 때마다, 6.25 당시 참호전(塹壕戰)과 구사일생(九死一生), 보릿고개를 겪은 그 모진 삶을 나눠 주신 외할아버지와 외할머니께 감사드립니다. 무릎 꿇고 앉아 지겹도록 듣던 그 이야기로 인해 오늘날의 제가 있습니다. 그리고 사랑하는 나의 가족. 사랑과 성실 그리고 인내로써 자식을 키우고 하나님을 믿는 신앙을 전해주신 아버지, 어머니 그리고 언제나 격려와 응원을 아끼지 않는 누나에게도 감사의 말씀을 전합니다. 끝으로 모든 존재의 근원이자, 돌아갈 곳, 우리 삶의 이유와 목적이 되시는 하나님 아버지께 영광을 올려드립니다.

2022년 8월
강휘중

하늘을 품은 작은 비 - 가랑비

KOREA INSIDE OUT - 역사편歷史篇

초 판 인 쇄	2022년 8월 30일
2 쇄 발 행	2022년 9월 30일
발 행 인	강휘중
발 행 처	가랑비
주 소	서울특별시 강남구 논현로124길 27, 5층
전 화	02-3442-1231
편집·인쇄	경성문화사
I S B N	979-11-979405-0-7

정가 16,000원